本书获得如下基金资助：
国家自然科学基金（71864029）：贫困地区进城农民生计转型的福利保障研究——以西北贫困地区为例
理论经济学西部一流学科建设资金支持（编号：NXYLXK2017B04）

贫困地区进城农民生计转型的福利研究
——以西北贫困地区为例

李金香　牛远远　著

中国财经出版传媒集团
中国财政经济出版社

图书在版编目（CIP）数据

贫困地区进城农民生计转型的福利研究：以西北贫困地区为例／李金香，牛远远著．--北京：中国财政经济出版社，2021.12

ISBN 978-7-5223-0980-4

Ⅰ.①贫… Ⅱ.①李… ②牛… Ⅲ.①不发达地区-农民-生活状况-研究-西北地区 Ⅳ.①D422.7

中国版本图书馆CIP数据核字（2021）第246411号

责任编辑：刘五书　封面设计：楠竹文化
责任印制：张　健

贫困地区进城农民生计转型的福利研究
——以西北贫困地区为例
Pinkun Diqu Jincheng Nongmin Shengji Zhuanxing de Fuli Yanjiu——Yi Xibei Pinkun Diqu Weili

中国财政经济出版社 出版

URL：http：//www.cfeph.cn
E-mail：cfeph@cfemg.cn

社址：北京市海淀区阜成路甲28号　邮政编码：100142
营销中心电话：010-88191522
天猫网店：中国财政经济出版社旗舰店
网址：https：//zgczjjcbs.tmall.com
北京财经印刷厂印刷　各地新华书店经销
成品尺寸：170mm×230mm　16开　17.25印张　274 000字
2021年12月第1版　2021年12月北京第1次印刷
定价：68.00元
ISBN 978-7-5223-0980-4
（图书出现印装问题，本社负责调换，电话：010-88190548）
本社图书质量投诉电话：010-88190744
打击盗版举报热线：010-88191661　QQ：2242791300

前言

该书是本人2018年申请的国家自然科学基金资助项目“贫困地区进城农民生计转型的福利保障研究——以西北贫困地区为例”的研究成果。到书稿完成，历时近4年。当初申请这个选题，也是基于自己多年对农村居民生计的一些认识。随着城镇化以及移民搬迁，在本人生活的宁夏，尤其在生活条件还比较差的农村地区，人烟稀少，大部分年轻人外出打工或定居城镇。在农村人口向城镇的迁移过程中，农民的生产生活正在经历由传统向现代的重大转变，但是，进入城镇，其生计、就业、保障还是有一些困境的。我的亲戚就有从比较贫困的山区进到城镇的，在城市里，他们的生计并不顺利，一些社会保障与城市居民还是有一定差距的。于是，从福利的角度，研究过去被确定为贫困地区的进城农民的福利状况成为我申请基金的一个选题。

本书在文献梳理时，对相关概念进行界定。关于福利的概念一直没有统一的认识。本书借鉴了获诺贝尔经济学奖的亚洲人阿玛蒂亚·森（Amatya Sen，1993）的观点。森认为，福利既不是效用，也不是基本物品，而是一个人选择自由的生活，即可行性能力，也就是人有可能实现的所有功能性活动的集合。森提出了经济条件、透明性保证、防护性保障、社会机会及政治自由五种衡量福利的功能性活动。本书借鉴了这个含义的外延，结合国内学者的研究，确定了福利内容。福利，不是狭义的界定，进城农民的福利包含了经济、保障、住房、就业、受教育等多方面。由于研究贫困地区的进城农民，其生计要转型，本书对生计的概念以及可持续生计分析框架有关理论和在国内的应用做了阐述，同时也研究了进城农民的生计问题。

本书基于一定的调查，除了主要调查宁夏贫困地区的进城农民外，还调查了与宁夏邻近的甘肃、陕西的几个县市，选择了一定数量的样本进行调查，保证了数据的可靠性和真实性。

研究中，采用了一定的方法：

1. 结构方程模型（Structural EquationModeling，SEM），是一种融合了因素分析和路径分析的多元统计技术。

2. 聚类分析，也称群分析、点群分析，是研究分类的一种多元统计方法。

3. 倾向匹配得分法，这个方法是评估某项目实施后的效应，如鼓励人口迁移，评估迁移后的效应，项目参与者的全体构成实验组或处理组，未参与者构成控制组或对照组，然后比较分析项目实施后的效果。

4. 福利贫困的 FGT 贫困指数，该贫困指数是经济学家福斯特、格瑞尔和索贝克（Foster、Greer 和 Thorbecke）于 1984 年提出来的贫困测量指数，该方法是度量贫困的一种方法。

5. 灰色关联分析法，是灰色系统理论的主要研究方法之一。灰色系统理论由邓聚龙教授在 20 世纪 80 年代首次研究得出，这种借助数学建模方法的系统研究理论现已广泛应用于社科等多种领域。

本书注重数量和一定数理方法的应用，针对不同的进城农民对象以及面临的不同福利问题，提出了提高进城农民福利的措施，以期对有关各方提供参考。

本书的内容主要包括：以贫困地区进城农民家庭为研究对象，基于对进城农户生计基础的脆弱性的分析，在充分描述和总结贫困地区进城农民福利保障现状和问题的基础上，分析农民福利保障的水平及福利变化的程度，揭示农民福利贫困的程度、城乡福利差异对生计结果的影响；探究进城农民生计转型中的福利保障的作用及其机理，评估各福利指标对农民生计转型的贡献程度，进而提出改善农民福利、促进生计转型的福利保障措施。

1. 构建适合贫困地区进城农民福利的理论分析框架和研究方法。构建客观有效的福利评价指标体系。系统整理和分析国内外有关进城农民福利的研究，如社会福利贫困指数、福利的其他测量方法，分析比较其利弊，提供适合贫困地区实际的理论框架和研究方法体系。

2. 在可行能力理论基础上，依据设计的福利水平测度指标对进城农民福利水平进行评估。首先要分析进城农民和城镇居民的福利差异，再设计数理方法评估进城农民的福利贫困及福利水平。

3. 具体研究进城农民生计转型的各福利保障因素对最终生计结果的作用机理。分三个专题论述：一是分析不同原因的进城农民家庭生计转变现状；二是研究福利保障、家庭资本、生计结果之间的作用机理；三是研究不同福利群体生计差异。

4. 提出进城农民生计转型的福利保障措施。

作者

2021 年 11 月

目录

上篇　理论方法篇

下篇 应用实证篇

上篇　理论方法篇

第一章 导 论

第一节 研究背景及意义

一、研究背景

人口由农村迁移到城镇是一种世界范围内的趋势。城镇化是社会生产力发展所引起的人类生产方式、生活方式和居住方式改变的过程，是深刻影响经济社会发展的重大社会现象。改革开放至今，我国城镇化水平大幅提升，城镇化率从 1978 年的 17.92% 增长到 2019 年的 60.60%；2019 年城镇常住人口 84843 万人，比 2018 年末增加 1706 万人，乡村常住人口 55162 万人，减少 1239 万人[①]。按照中国初步实现现代化和全面小康社会建设的战略要求，更多农民工家庭将在城市定居。

在农村人口向城镇的迁移过程中，农民的生产生活正在经历由传统向现代的重大转变，在这个过程中，面临着生计、就业、迁移、保障、地位

① 国家统计局．中华人民共和国 2019 年国民经济和社会发展统计公报．国家统计局官方网，2020 年 2 月 28 日．

等诸多困境。在贫困地区，困境更为突出。由于自然条件恶劣，为了脱贫，部分农民自愿或非自愿迁移到城镇。他们中有的在政府组织下整体搬迁到异地落户务农，有的到市（县、镇）自谋出路。其中，有相当一部分农民，是从农村迁移到所在的县（镇），即所谓的本地城镇化、半城镇化，在县镇靠打零工为生。这是因为贫困地区的农民，自身到外地谋生的能力和资本欠缺，就近迁移到县镇，地缘、人脉、生计成本等都相对适合。而且民族地区，生活习惯的适应也是影响外迁的重要因素。从近年迁移情况看，就近县域（镇）迁移占据绝大部分。离开农村，失去或放弃或流转长期赖以生存的土地，原有的以种地养殖为主的生计方式已经发生根本改变。即使部分农民离村不弃地，即住在城里，兼种少量地块，在目前需要规模和精细种养才有收益的情况下，所种养的农产品和畜产品也只是自给，而城镇生活的较高成本需要农民从事农业以外的工作。部分进城农民的生计不同程度出现了困境，尤其是失地、缺乏技术和文化程度低的农民。在贫困地区，进城农民工的生计问题尤为突出，进城后不适应的情况很多，多数还是靠打散工维持生计，收入并不稳定，部分家庭出现了较大的困难。自谋出路，缺乏发展的基础，又因为农民工没有社会福利保障而风险较大。城市居民享有的福利待遇以及社会保障农民工享受不到，就业仍然在较低层次，子女教育福利、住房福利等也与城市居民有一定差距。相当多农民工收入处于不稳定状态。对于部分家庭的成年劳动力，进城后不如在农村，家庭生活水平的提高难以实现。目前，普遍采用的货币补偿方式无法解决失地农民的就业保障和生活保障等其他诸多问题，在丧失土地保障这最后一道防线后，他们就必须面对就业和生活保障的双重考验，很可能沦为“种地无田，上班无岗，低保无份，养老无钱”的四无之人（史清华，2014）[①]。因此，大批农民进入县镇，其总体的生计适应性和改善需要引起关注。生计方式如何转变？公共政策需要引导进城农民生计转型，而转型过程中福利保障作用不可忽视。我国福利整体上需要重视，“重新审视社会福利的重要性与不可替代性，在坚持国民福利与国民经济同步发展的条件下，客观检视现行社会福利制度安排的缺陷，真正走出一条适合国情的中

① 袁方，蔡银莺. 城市近郊被征地农民的福利变化测度——以武汉市江夏区五里界镇为实证. 资源科学，2012，34（3）：449－458.

国式社会福利事业发展道路”（郑功成，2013）①。对于进城农民更是如此。解决进城农民面临的问题，彻底改变他们当前的困境，采取适合的福利保障措施，促进生计转型，是公共政策努力的方向。本书以西北贫困地区进城农民为研究对象，探讨贫困地区迁移至县镇的农民家庭的生计转型中的福利保障问题。具体探讨福利保障与生计转型的关系及其转型的作用机理以及影响福利保障的因素、福利保障的设计问题，提出针对个体行为和政策设计的措施建议。

二、研究意义

（一）本书研究问题

1. 进城后生计方式如何转变才能可持续？进城后不再种地养殖，完全是从事农牧业之外的工作才能谋生，对于农民需要的技能和谋略是不同于农村的。影响生计转型的因素有哪些以及这些因素作用的机理和结果如何？

2. 贫困地区进城农民的福利保障对生计转型的作用是什么？如何作用？进城农民和城市居民在社会保障方面目前还有多大差距？社会福利有多大差距？对于农民来说，其经济基础、人力资本等处于弱势，需要特殊性的福利保障。能够使生计手段转变的福利是什么？福利保障影响生计转型的机理需要探究。

3. 适合贫困地区进城农民生计转型的福利体系如何构建？哪些福利对生计具有最强的针对性？福利体系设计有哪些方面？是否对生计转变起到杠杆效应？

（二）研究意义

1. 理论意义

研究贫困地区进城农民的福利保障问题、尤其研究进城农民的生计转型的福利保障有一定理论意义。目前很多学者对于农民工生计问题、农民

① 郑功成．中国社会福利的现状与发展取向．中国人民大学学报，2013（1）：2－10.

工社会保障问题从不同的视角进行了研究①。对于涉及贫困地区的进城农民生计转型与福利保障的关系的研究较少。针对贫困地区的弱势群体差别化的福利设计还需要深入研究。福利保障在生计转型中的作用机理尚需要探究。基于福利经济学和可持续生计理论，调查范围限定为从贫困地区进入县城的农民家庭，对其生计转型的福利保障问题进行研究，对构建福利保障体系提出针对性意见，这将丰富和拓展有关进城农民工的学术性研究。

2. 现实意义

（1）保护进城弱势农民群体发展的要求。县域范围的农民工进城定居，其地位总体上还是边缘化，生计、就业等处于较低层次②。同时，从农村到城镇，观念和职业发生巨大改变，这种转型，需要适应。本书在前人研究的基础上，以贫困地区进入县域范围的农民家庭户为研究对象，基于进入县城农民家庭的数据，以西北地区为例，研究进城农民家庭户的生计转型。把研究对象限定在县域范围，一是数据可以取得；二是作为公共政策，以县域范围实施具有可行性和针对性。本项目研究因各种原因进城农民家庭，包括自发进城务工定居的农户、实施移民搬迁的劳务移民农户、土地流转进城农户、城市拆迁进城农民。农民工一般技能不高、文化程度较低，社会资本缺乏，属于城市里的弱势群体。进城后要解决生产和就业问题，确保稳定的收入来源，这是最核心的问题（汪三贵，2016）③。

（2）贫困地区实现新型城镇化的必然要求。中国特色新型城镇化发展，就是要注重以人为本、着力解决人的城镇化问题，核心是人的生产和生活方式的转变。同时人的城镇化则主要指农村人口不断向城市转移，农民不断向市民转化，享受与市民均等的公共服务，过上与市民一样的生活。贫困地区也要顺势而为，但是由于基础薄弱，所需要的外部扶持和福利更多。本项目研究进城农民的生计转型中的福利改善，就是要探索贫困地区城镇化的道路、模式，发展中关注进城农民的生计状况改善和福利；要区别于物的城镇化，不要只是城市规模扩张，建设用地增加、资源向城市集中的

① 安祥生，陈园园，凌日平．基于结构方程模型的城镇化农民可持续非农生计分析——以晋西北朔州市为例［J］．地理研究，2014，33（11）：2021－2033.

② 靳小怡，李成华，杜海峰．可持续生计分析框架应用的新领域——农民工生计研究［J］．当代经济科学，2011（3）：103－109.

③ 汪三贵．中国农村贫困家庭的识别［J］．农业技术经济，2007（1）：20－31.

土地城镇化，贫困地区更要关注进城人口的生活和发展。否则，迁移进城相当于农村贫困人口变成城市贫困人口。

（3）贫困地区全面脱贫、实现小康、走向富裕并且能够巩固脱贫成果，生计和发展得以持续的社会目标的必然要求。中国城镇居民家庭恩格尔系数一直下降，从2013年的31.2%进一步下降到2019年的28.2%[①]，这个系数已经达到小康。但是对于西北贫困地区，没有全面达到，农村贫困仍然存在，进城农民工依然有不少贫困和低于小康水平。以宁夏为例，2019年末，脱贫攻坚成效显著。但是，按照每人每年2300元（2010年不变价）的农村贫困标准计算，年末全区农村贫困人口1.88万人，贫困发生率0.47%[②]。直到2020年底，我国贫困人口才全部脱贫。对于最难脱贫的部分群众，最好的办法是搬迁，这在西北贫困地区已经证明是最有效的脱贫之路。脱贫后就是走向小康，而其中一部分人必然搬迁到城镇，或家庭主要劳力到城镇务工。

第二节 研究目标与研究内容

一、研究目标

（一）总目标

以贫困地区进城农民工家庭为研究对象，基于对进城农户生计基础的脆弱性分析，在充分描述和总结贫困地区进城农民福利保障现状和问题的基础上，分析农民福利保障的水平及福利变化的程度，揭示城乡福利差异对生计结果的影响；探究进城农民生计转型中的福利保障的作用及其机理，评估各福利指标对农民生计转型的贡献程度，进而改善农民福利、构建促

① 国家统计局．中华人民共和国2013年、2019年国民经济和社会发展统计公报．中国统计信息网 http：//www. cnstats. org.

② 贫困发生率是指贫困人口占目标调查人口的比重。宁夏回族自治区统计局，http：//tj. nx. gov. cn/tjsj_ htr/tjgb_ htr/202004/t20200430_ 2054423. html.

进生计转型的相应福利保障体系及实施措施。

（二）具体目标

1. 构建适合贫困地区进城农民福利的理论分析框架和研究方法体系。探究进城农民生计转型的福利保障的作用及其机理。

2. 基于森的可行能力理论，构建客观有效的福利评价指标体系，反映进城农民福利变化情况。

3. 研究进城农民与城镇居民福利差异对其可持续生计的影响。具体分析各个福利保障因素对于进城农民的生计资本、生计策略、生计结果的贡献影响，分析哪些方面的福利保障需要加强。

4. 从能力剥夺的视角测量进城农民福利贫困水平，从功能性活动视角，对农民福利的贫困进行静态和动态分解，以揭示引起福利贫困的主要因素，通过动态分解进一步揭示引起福利贫困变动的主要因素。

5. 总结对农民福利的研究成果，构建有助于贫困地区进城农民的生计转型的福利保障体系，提出具体措施。

二、研究内容

（一）构建适合贫困地区进城农民福利的理论分析框架

福利是一个非常不统一的概念。对于福利，国内外学者提出了不同的解释。福利经济学家诺曼·巴里著有《福利》一书，指出福利很少存在一致共识，是一个无法解决的争议领域（巴里[①]，2005）。福利指标的构建是一个关键。解决的办法是：结合这些年我国福利居民福利保障的变化，结合国外福利体系涵盖的内容，结合贫困地区经济水平，经专家讨论、深入农民中调研，在众多变量中选择最能体现城镇可持续生计的福利指标以及每种指标的权重。

本书所研究的是西部原贫困地区的农民，由贫困转向脱贫，继而达到小康水平，伴随着城镇化的大趋势，在各种力量推动下进入城镇。根据其

① 诺曼·巴里．储建国（译）福利［M］．长春：吉林人民出版社，2005：17.

生活实际需要和福利需要，从家庭人均年收入、与城镇居民家庭人均年收入差距、非农年收入变化、养老保险缴纳等级、医疗保险缴纳等级、住房状况、就业种类、就业机会以及子女上学条件等指标来解释福利。分别从经济方面、保障方面、住房方面、就业方面、受教育方面衡量进城农民的福利效应。

1. 经济方面

由于城市具有更多挣钱机会以及城市生活的多种便利，吸引更多农民进城。进城农民的收入问题始终是一个综合的反映农民实惠的指标，尤其是货币收入，可以进行多种支付选择，获得更多自由。更多人进城，也是为了获得更多收入。而获得收入，是体现农民可行能力的重要方面。收入用家庭人均年收入、与城镇居民家庭人均年收入差距、非农年收入变化三个指标衡量。收入是根据现阶段（2019 年）统计公布的人均城镇和农村居民家庭人均收入为依据而设置 5 等分组数据。

经济方面的另外一个体现就是居住条件。城市与乡村差别很大，居住的环境不同，城市基础设施完善，室内设施等都是体现福利的因素。而且在中国，家庭财产价值主要体现在房屋上，进城后拥有一套城市住房无疑提升了进城农民的福利水平。

2. 生活保障方面

生活保障包括养老保险、医疗保险、失业保险以及政府补贴政策。在农民进城以前，农民和城镇居民最大的不同，是城镇居民有养老金和医疗保险。而随着进城，农民也不同程度获得了养老金，医疗保险则城乡居民全覆盖。但是养老保险缴纳的等级不一样，收入高的、条件好的，或者保险意识强的缴纳的等级高，反之就低。本书设计了养老保险缴纳等级和医疗保险缴纳等级 2 个变量。

3. 就业方面

所谓可行能力，不仅仅是收入的获得，还应该是某种生存能力和发展能力。就业是获得这种能力的途径。对于农民来说，自身技能、学历存在弱势，进城后就业的种类、就业机会是生存和发展的条件。就业的种类不同，获得的能力也不同。就业种类和就业机会是反映不同就业结果的重要变量，不仅反映自身的就业水平、就业质量，也反映了就业的结果。

4. 教育情况

包括成年劳动力的人力资本提升，通过就业培训、技能获得、子女教育等途径实现。

现阶段中国的一般百姓，由于20世纪80年代计划生育的原因，独生子女家庭大量出现，家庭的小孩教育变得格外受重视，不仅城镇居民，对于进城农民也是如此。从教育的需求看，最大的不是农民自身这一代的需要，而是子女的教育、孙辈的教育。而城乡教育方面的较大差距，也是进城的一大动力，所以设计了子女上学条件这个变量。

5. 心理状况

心理状况是指与城镇同事或邻里的关系、适应状况、融入程度等。

根据现阶段的实际情况，结合公开的统计数据，对于各项变量赋予一定数值范围，对于有的变量定类、定序的，也设置了相应的数字表示其类型和不同的等级，具体指标依据所研究的问题不同而有差异。对于定值变量数字越小，代表的标志值越小，反之越大。

从以上几方面构建客观有效的福利评价指标体系；探究进城农民生计转型的福利保障的作用及其机理；系统整理和分析国内外有关进城农民福利的研究，如社会福利函数、福利的测量，分析比较其利弊，提供适合贫困地区实际的理论框架和研究方法体系。

（二）对进城农民福利水平进行评估

在可行能力理论基础上，依据设计的福利水平测度指标对进城农民福利水平进行评估。总结进城农民福利的基本事实和问题；设计调查对象的问卷，包括农民的经济状况、工作状况、生活状况、精神感受、社会保障等，通过实地调查等方式搜集数据，采用农民和农民工的数据库。

从功能性活动视角，对农民福利的贫困进行静态和动态分解，以揭示引起福利贫困的主要因素，通过动态分解以进一步揭示引起福利贫困变动的主要因素。在该部分将利用实地调研的数据从能力剥夺的视角测量农民福利贫困。

具体研究进城农民生计转型的各福利保障因素对最终生计结果的作用机理。本书把生计资本、脆弱性背景、福利保障、生计策略和生计结果指标的具体特征赋予一定的变量。对于进城的农民家庭，各种资本表现赋予具体变量：物质资本，如城市自有住房、生活耐用消费品；人力资本，如文化程度、非农技能培训；金融资本，如存款、信贷机会；社会资本，如城市中亲朋好友数目、亲朋好友的职业；脆弱性背景，如失业风险、疾病等；福利指标，如医疗、就业培训、土地产权、住房补贴等，生计策略，如就业性质；生计结果，如留城务工收入、职业层次、娱乐丰富度等等，这些生计因素与福利有一定的关系。分析不同原因的进城农民家庭生计转变现状以及与城镇居民比较的生计水平差异；研究福利保障、家庭资本、生计结果之间的作用机理。不同福利、生计资本，脆弱性背景、生计策略和生计结果之间的关系背景复杂，互相影响，有外生性和内生性。运用结构方程模型能够比较好地解决复杂变量之间的问题。

（三）提出贫困地区进城农民的生计转型的福利保障的一系列措施

提出一系列适合贫困地区进城农民生计转型并且生计可持续的福利保障措施，兼顾可行、效率、公平，有助于农民生计水平的整体提高。这些福利保障措施，既有福利待遇，也有社会保障；既考虑进城农民，也同比城镇居民。

第三节 采取的研究方案及可行性分析

一、采用的技术方法

（一）结构方程法

结构方程模型（Structural Equation Model，SEM）是探究理论、概念之间关系和结构的统计方法。结构方程模型整合了因子分析、路径分析和多重线性回归分析的思想和方法，是一种多变量复杂关系的建模工具。结构方程模型可以分析多因多果的联系和潜变量间的关系，并能够模拟多因子的内在逻辑关系，是非常重要的多元数据分析工具。所建立的结构方程模型包括：（1）测量模型，反映潜变量和观测指标间的关系；（2）结构模型，反映潜变量之间的结构关系。

测量模型（The Measurement Model），描述潜变量 η、ξ 与观测变量 X、Y 间的关系，如（1.1）式所示：

$$Y = \Lambda y\eta + \varepsilon;\quad X = \Lambda x\xi + \delta \tag{1.1}$$

变量组成的 $m\times1$ 向量；Λy 为 Y 在 η 上的 $q\times n$ 的因子负荷矩阵；ε 是 p 个测量误差组成的 $p\times1$ 向量；X 为 q 个外生观测变量组成的 $q\times1$ 向量；ξ 为 n 个外生潜变量组成的 $n\times1$ 向量；Λx 为 X 在 ξ 上的 $p\times m$ 因子负荷矩阵；δ 是 q 个测量误差组成的 $q\times1$ 向量；δ、ε 为 X、Y 测量误差构成的矩阵，不能由潜变量解释的部分（见图 1－1）。

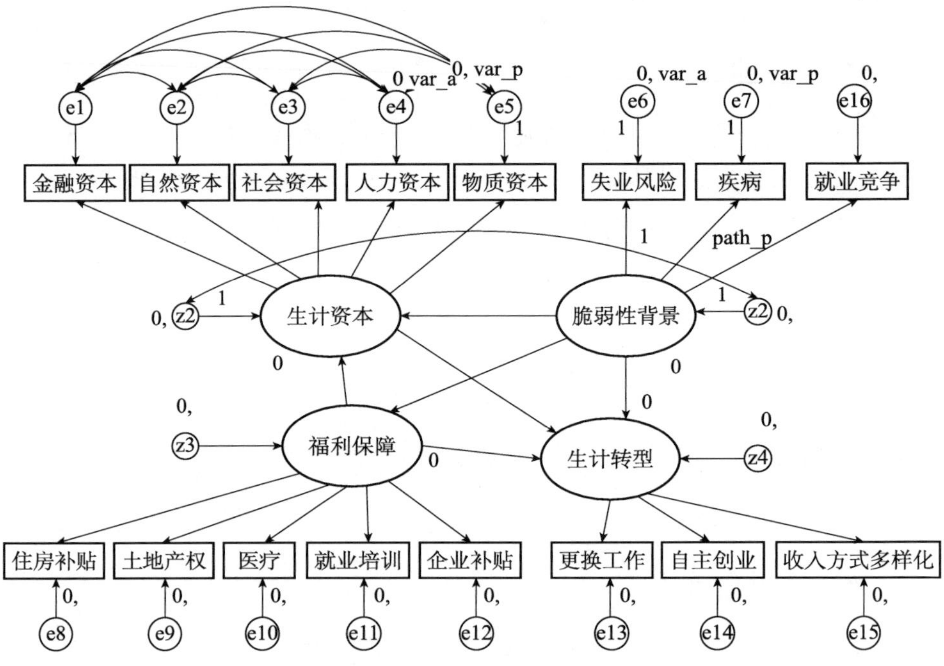

图 1－1　进城农民生计与福利关系的结构方程模型

（二）福利贫困测量方法

如何测量农民的福利水平？考虑到贫困地区的农民情况，其福利总体上不足，所以这里采用福利贫困的概念。考虑到森（1983，1985）的贫困理论是绝对贫困的概念，可以用可行能力的被剥夺来合理识别，贫困是基本“可行能力”的绝对剥夺。贫困的概念中终究存在一个不可缩减的“绝对内核”（Absolute Core），即缺乏获得某种基本物质生存机会的“可行能力”，且衡量这种“可行能力”的标准是绝对的。这里选取可以度量绝对贫困的FGT贫困指数来研究进城农民福利贫困，其表达式如式（1.2）所示：

$$FGT_a = \frac{1}{n}\Sigma\left(\frac{Z - F^a}{Z}\right) \tag{1.2}$$

式（1.2）中，F是农民工福利水平，Z是福利贫困线，当农民工i的福利水平Fi低于福利贫困线Z时，农民工i处于福利贫困状态。当$\alpha = 0$时，FGT_0为福利贫困发生率，是福利贫困广度指标，反映福利贫困人口占总人口的比例；当$\alpha = 1$时，FGT_1为福利贫困距离指数，是福利贫困深度指标，反映福利贫困人口的福利水平与福利贫困线的相对距离；当$\alpha = 2$时，FGT_2为加权福利缺口指数，是福利贫困强度指标，由于福利越贫困的人口越远离福利贫困线，该指标相当于在加权平均时赋予特别贫困人口以更大的权数，揭示了福利贫困人口内部的福利差距。

（三）聚类分析法

1. 聚类分析法

聚类分析法是多变量统计技术，有分层聚类法和迭代聚类法。聚类分析也称群分析、点群分析，是研究分类的一种多元统计方法。这个方法的思想是：所研究的样品（网点）或指标（变量）之间存在程度不同的相似性，也就是亲疏关系（以样品间距离衡量）。

本书采用K均值聚类法（K-Means），其算法步骤如下：

（1）选择一些类/组，并随机初始化各自的中心点。中心点是与每个数据点向量长度相同的位置。

（2）计算每个数据点到中心点的距离，距离哪个中心点最近就划分到哪一类中。

（3）计算时每一类中心点作为新的中心点。

（4）重复以上步骤，直到每一类中心在每次迭代后变化不大为止。

2. 聚类的对象

由于所研究的福利水平与劳务移民进城农民所在的地域有直接关系，经济条件好的地区，相应的福利水平就高；经济条件差的地区，福利的水平也相应较差。本书选取各个县的经济状况的指标：城镇化率（%）、地区生产总值比上年增长（%）、人均地区生产总值比上年增长（元）、人均社会消费品零售额（元）、城镇非私营单位在岗职工平均工资（元）、城镇常住居民人均可支配收入（元）、农村常住居民人均可支配收入。以这些指标对各个不同县市进行聚类，划分类型。

（四）层次分析法

研究不同福利群体的生计差异，将农民工家庭选择在两类不同经济水平的市、县、镇，评价其福利的生计效果。用层次分析法和灰色关联法。

层次分析法（Analytic Hierarchy Process-AHP）是一种典型的系统工程分析方法，它将人们复杂的系统思维过程数学化、层次、条理化，把复杂问题的各种因素整合为相互联系的有序层次，有助于保持决策者思维的一致性。其基本思想，是根据问题的性质和要达到的目标，将问题按层次分析成各个组成因素，再按支配关系分组成有序的递阶层次结构。对同一层次内的因素，通过两两比较的方式确定诸因素之间的相对重要性权重。下一层次的因素的重要性，既要考虑本层次，又要考虑到上一层次的权重因子，逐层计算，直至最后一层。

（五）方案的灰色关联度

层次分析法是为了确定评估福利政策对生计结果的效应的指标的权重，本身不是目的。要评估福利效应，选择两个福利不同的县城，采用灰色关联度法进行评估。对于两个系统之间的因素，其随时间或不同对象而变化的关联性大小的量度，称为关联度。在系统发展过程中，若两个因素变化的趋势具有一致性，即同步变化程度较高，即可谓两者关联程度较高；反之，则较低。因此，灰色关联法是根据因素之间发展趋势的相似或相异程度，亦即“灰色关联度”，作为衡量因素间关联程度的一种方法。灰色关联法可以研究现象间动态的关系。

本书采用这一评价方法来研究不同经济水平市、县、镇进城农民的福利的生计效应。

设相对最优方案为 $u_0 = (f_{01}, f_{02}, \cdots, f_{0n})$，则规范化处理后 $u_0 = (1, 1, \cdots, 1)$，设计方案 u_j 的评价指标 v_j 与相对最优方案 u_0 的评价指标 v_f 之

间的灰色关联度为：

$$\gamma_{ij} = \frac{\xi \max_i \max_j |f_{ij} - 1|}{|f_{ij} - 1| + \xi \max_i \max_j |f_{ij} - 1|} \tag{1.3}$$

式（1.3）中，$\xi\epsilon$（0，1）为分辨系数，可以人为确定，一般取0.5，$i=1, 2, \cdots, m$；$j=1, 2, \cdots, n$。

由以上分析可知，m×n个构成进城农民福利方案多目标决策的灰色关联度矩阵为

$$\gamma = \begin{bmatrix} \gamma_{11}, \gamma_{12}, \cdots, \gamma_{1n} \\ \gamma_{21}, \gamma_{22}, \cdots, \gamma_{2n} \\ \cdots\cdots \\ \gamma_{m1}, \gamma_{m2}, \cdots, \gamma_{mn} \end{bmatrix} (Y_{ij}) m \times n \tag{1.4}$$

n个评价指标相对于总目标的权值向量为

$W=(w_1, w_2, \cdots, w_n)$，则各设计方案 u_t 与相对最优方案 u_0 的加权关联度 γ_i 组成关联矢量 γ'。

$$\gamma' = \gamma W = (\gamma_1, \gamma_2, \cdots, \gamma_i \cdots, \gamma_n) \tag{1.5}$$

公式（1.5）中，

$$\gamma_i = \sum_j^n \gamma_{ij} w_j, i = 1, 2, \cdots, m \tag{1.6}$$

根据式（1.6）的物理意义，γ_i 越大，说明进城农民福利设计方案 u_i 越接近相对最优方案 u_0。因此，当 $\gamma_i = \max(\gamma_1, \gamma_2, \cdots, \gamma_m)$ 时，方案 u_i 为设计中的最优方案。

对于进城农民家庭的福利，不同经济条件的城镇的福利效应揭示清楚后，其福利模式和福利设计可以推行，不适宜的可以改善。借鉴学者们的研究成果，从提高生计能力的角度探讨所需福利保障。在福利薄弱地区建立比较可行的福利政策，研究生计的改善与福利政策的关系。

二、调查数据的获得

（一）现有数据

2010—2019年研究中已经积累的农户调查数据；相关部门调研数据；

2011—2019 年宁夏、甘肃、陕西城镇和农村社会调查数据；统计年鉴数据；《宁夏经济年鉴》等。

（二）调研数据

主要调研对象为西部贫困地区进城农户。这里主要是针对就近进入本地县城的农户，采用划类选典的办法。按照进城来源的差异，分为 5 种类型，每种类型抽样调查 200 份问卷。重点选择山区县域范围进城户、川区经济条件较差县进城户。选择宁夏、甘肃、陕西一些县域的进城农民工，同时也选择了川区的部分进城农民工，然后对城镇户家庭进行抽样调查，按照地区经济水平的差异进行调研，设计问卷 1087 份。为了对比和示范，项目还选择部分条件较好地区的进城贫困农户 720 户进行对比。由于工作量较大，借助学生和有关社会调查的力量完成，于学校寒暑假、春节期间对返乡农民进行调研。项目在山川两个县镇各选择典型户 250 户，进行 2 年的跟踪调查，建立档案，收集意见，反馈信息。

第四节 研究的路线与特色

一、研究的路线

研究的路线按照下述步骤进行（见图 1 –2）。

1. 对生计、生计资本、福利、福利保障等相关概念进行界定，构建适合本项目的理论框架和方法。

2. 统计描述分析、对比分析进城农民生计资本与城镇居民生计资本的差异及两者的福利差异。

3. 用结构方程法、FGT 贫困指数来研究农民工福利贫困。探讨福利因素对生计的贡献程度。福利保障与进城农民生计资本、生计策略以及生计可持续性、生计结果之间的作用机理和相互关系。

4. 探讨改善贫困地区进城农户生计结果的福利保障体系。运用层次分析法和灰色关联法。

5. 综合分析，得出结论，提出政策建议。

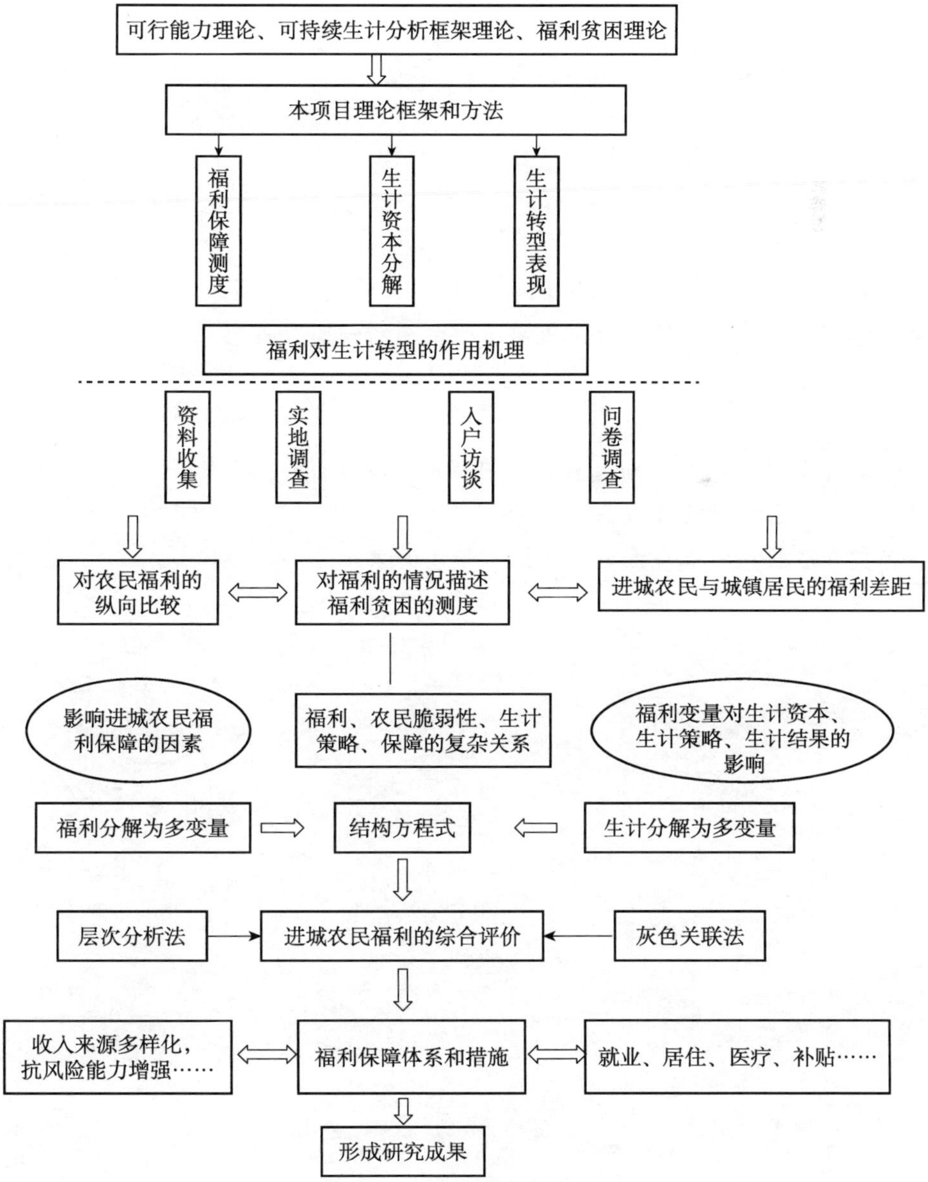

图 1-2　研究路线图

二、研究的特色

（一）研究内容

与以往研究相比，研究贫困地区各类原因进城农民家庭户的福利问题，将扶贫、小康建设和城镇化相结合，有一定的现实意义。

（二）研究视角

研究进城农民工群体的生计转型所涉及的福利待遇及福利保障，将可持续生计与福利研究相结合，提供了一个较新的研究视角。

（三）研究方法

现有文献中运用结构方程模型研究福利问题的学者较少。对于福利评估，应用层次分析法建立评价指标，在此基础上，选择不同的地区，运用灰色关联度法比较福利保障的效应，笔者看来也是一种尝试。

第二章

关于进城农民生计和福利的相关研究

第一节 生计的概念及相关研究

一、生计及可持续生计

（一）生计

“生计”一词，在研究贫困和农村发展的论述当中应用较多。生计即“一种生活的手段（方式）”，其概念范围超过了收入的概念，生计的关注点不仅是以获得的收入或者达到的消费来衡量的一个净产出，而是更加关注达到一种生活所需要的手段。对于生计概念的理解，不同学者有不同的见解，因此对于生计的定义有些许差异。20 世纪 80 年代以来，国外学者和国际组织大量研究了农户的生计与可持续生计。通过研究，强调了农村生计多样化的研究，学者艾利斯（Ellis，2000）认为，“资产（自然的、物质的、人力的、金融的和社会的资产）、行动和获得这些的权利受到制度和社会关系的调节，这一切决定了个人和农户获得收入的活动”①。强调生计的

① Ellis E . Rural Livelihoods and Diversity in Developing Countries ［M］. NewYork：Oxford University Press，2000：26 －78.

可持续性研究中，康恩斯（Scoones）将生计定义为“生计是由生活所需要的能力、资产（包括物资资源和社会资源）以及行动组成”（Scoones，1998）。被大家普遍接受的生计概念是：一种生计“包括能力（capacities）、资产（assets）以及一种生活方式所需要的活动（activities）”（英国国际发展署 The United Kingdom Department for International Development，DFID，2000）。该定义关注人们在追求提高生存所需的收入水平的过程中，所拥有的资产和他们的选择之间的联系。开默博（Chambers）和康韦（Conway，1992）认为，“生计是谋生的方式，该谋生方式建立在能力、资产（包括储备物、资源、要求权和享有权）和活动的基础之上。如果人们能应对胁迫和冲击，并从中恢复、维持和增加资产，保持并提高能力，为下一代生存提供机会，在长期或短期内，在当地或全球范围内为他人的生计带来净收益，同时又不损坏自然基础，这样的生计具有持续性”[①]。由此可见，用生计的概念来阐述农户的生活、生产以及各种手段、措施，内涵更为丰富。

本书借用学者苏芳所使用的生计概念，即人们为了谋生所需要的能力、资产，包括物质和社会的资源以及所从事的活动等（苏芳等，2009）[②]。

（二）生计分析框架

基于生计与可持续生计的概念，一些研究者和国外组织研究出多个生计分析框架。诸如，Scoones（1998）提出可持续生计分析框架；贝宾顿（Bebbington，1999）提出以资本和能力为核心，综合分析农户生计、脆弱性和贫困框架[③]，艾利斯（Ellis，2000）提出生计多样性分析框架，美国非政府组织 CARE（国际贫困救助组织）提出的以基本需要和权利为基础的生计途径等。这些生计分析框架以人的资产和活动为中心，从多个角度来理解贫困，并提供了一些综合解决方案，因而得到了世界银行和许多非政府组织的倡导。在众多生计分析框架中，英国国际发展署（DFID，1998）的

① Chambers. R.，ConwayG. Sustainable Rural Livelihoods Practical Concepts for The 21st Century. Brighton：Institute of Development Studies.（IDS），Discussion Paper，1992：296.

② 苏芳，徐中民，尚海洋．可持续生计分析研究综述［J］．地球科学进展，2009（1）：61－68.

③ Scoones I. Sustainable Rural Livelihoods：A Framework for Analysis. Brighton：Institute of Development Studies（IDS）. Working Paper，1998：72.

SLA 框架（可持续生计分析框架）最具影响力。该框架基于微观的个体，由脆弱性背景、生计资本、结构和制度的转变、生计策略和生计结果五部分组成。该框架阐述了不同的生计资本状况决定农户具体的生计策略选择的观点。各类资产的可及性或可获取性及农户对各类资产的利用受到社会因素、外在趋势和冲击因素等的制约①。

二、关于进城农民生计研究

（一）农民工可持续生计脆弱性研究

国内学者基于可持续生计分析框架，研究进城农民生计等问题，主要对生计资本分析、生计策略（靳小怡、李成华、杜海峰，2011）、生计结果以及三者间相互关系进行了研究②。有的学者从“脆弱性→生计资产→生计策略→生计后果→生计资产”这一生计链条出发，研究农民工生计的脆弱性，农民工生计资本的脆弱性导致了其生计结果的脆弱性，基于此分析农民工生计脆弱的制度，进而找出最合适的解决办法③。苏飞等（2013）使用多个测量指标，对杭州市 8 区的农民工进行了研究分析，测算 5 种生计资本，并对其赋予不同权重，根据结果可知，在杭农民工生计资本具有典型的脆弱性特征，主要表现在物质资本薄弱、人力资本不足、社会资本匮乏、金融资本虚化等方面，并基于此研究结果提出了建议④。任义科（2015）以山西省 L 市 370 个农民工为研究对象，基于此样本数据，通过建立 OLS 和 Ordinal 回归模型，对比了人力资本、社会资本对农民工就业质量影响的性别差异。通过对比分析可知，农民工工资收入、日工作时间及工作稳定性

---

① DFID. Sustainable Livelihoods Guidance Sheets [M]. London: Department For InteMational Development, 2000.

② 靳小怡，李成华，杜海峰．可持续生计分析框架应用的新领域：农民工生计研究 [J]．当代经济科学，2011 (3)：103 - 109.

③ 任义科，张生太，杜巍．农民工生计脆弱性的制度分析及其政策建议 [J]．中国行政管理，2011 (2)：39 - 41.

④ 苏飞，马莉莎，庞凌峰等．杭州市农民工生计脆弱性特征与对策 [J]．地理科学进展，2013 (3)：389 - 399.

与其个人特征关系更加紧密，相较而言，社会资本的影响相对较小[①]。

农民进城后，没有社会网络关系，社会资本缺失，因此影响了其生计。学者们研究社会资本的作用（科尔曼，2005），拓展了可持续生计分析框架应用的新领域，研究农民工社会网络的核心边缘结构（任义科、杜海峰、李树茁，2010）。进城农民只有重新构建现代型社会资本，才能在城市中获取更多的资源、更高的经济地位和社会地位[②]。也有学者研究再就业中的社会资本的效用与局限（赵延东，2002）。社会资本对城镇化后农民在城市中的收入和经济地位的作用甚至可能超过人力资本，社会资本对不同人力资本的进城农民的经济收入影响力是不同的（高文书，2009）[③]。

（二）对于进城与农民贫困关系研究

侯为民（2015）通过研究城镇化进程中农民工的贫困问题，发现进城务工的农民工对中国经济增长有巨大贡献，但自身却带有多重的相对贫困化特征。主要表现在：物质贫困、权利贫困、精神贫困、能力贫困和福利贫困。造成此问题的原因主要是生活成本不断增加，劳动力市场分割，城市中的“孤岛效应”，教育和培训机制缺失及制度歧视[④]。对于此问题，应加快户籍制度改革步伐，稳步增加农民工工资，增加经济、医疗等保障，健全法律法规，加强农民工职业培训，以尽快解决农民工多维贫困问题。白志华（2012）[⑤] 通过研究山西全省 57 个贫困县贫困地区城镇化发展的途径与对策，提出加快城镇化发展，是全面建设小康社会的必然要求。

（三）对农民工生计风险研究

对于进城与农民贫困关系，有学者从风险的角度进行探讨。潘云新、

---

① 任义科，张生太，杜巍．农民工生计脆弱性的制度分析及其政策建议［J］．中国行政管理，2011（2）：39－41.

② 李聪，李树茁，费尔德曼等．劳动力迁移对西部贫困山区农户生计资本的影响［J］．人口与经济，2016（6）：20－26

③ 高文书．人力资本与进城农民工职业选择的实证研究［J］．人口与发展 2005，15（3）：38－43.

④ 侯为民．城镇化进程中农民工的多维贫困问题分析［J］．河北经贸大学学报，2015（3）：99－105.

⑤ 白志华．山西省贫困地区农村城镇化发展模式的再思考［J］．科技情报开发与经济，2013（10）：142－145.

苏飞等（2013）将维持可持续生计各个环节中所遇到的风险，诸如生计资本风险、生计活动风险和生计结果风险等纳入一个生计风险评估体系内，三者相互交织，相互作用共同构成农民工生计风险。基于影响风险的因素，通过对杭州市农民工生计抗风险能力的识别、评估及测算，提出相应解决措施[①]。对于风险的研究，较多地体现在城镇化与贫困的研究中，这在前文已有阐述。

（四）关于影响进城农民生计的因素

1. 人力资本对农民工生计的影响

从人力资本视角出发研究农民工可持续发展问题（杨钧，2013）[②]。人力资本与进城农民职业选择相关，就业层次与受教育程度呈正相关，受教育程度越高的城镇化农民越有可能进入相对较高的职业层次（张新岭、赵永乐、林竹，2007）。有学者从农民工市民化意愿方面进行研究，从而探讨人力资本对农民工生计的影响[③]。陈昭玖（2016）等从成本收益分析视角探究人力资本、地缘特征对农民工的市民化意愿的影响机理，并采用结构方程模型对影响农民工市民化意愿的因素进行了实证分析。通过研究可得，人力资本、地缘特征显著影响农民工的市民化意愿，呈正向相关关系。人力资本积累越多、提升地缘特征的推拉力越具优势，农民工的市民化意愿越强[④]。田北海（2013）综合运用地位结构观与网络结构观，考察农民工"在内部劳动力市场的向上流动"和"向外部劳动力市场的流动"情况，基于人力资本和社会资本两方面，分析影响农民工职业流动的主要因素。通过分析可得，在人力资本方面，专业资格证书有助于农民工在内部劳动力市场的向上流动，而受教育水平对农民工向外部劳动力市场的流动有积极作用。这些研究，从不同角度揭示了人力资本在生计策略、生计结果中的

---

① 苏飞，马莉莎，庞凌峰等．杭州市农民工生计脆弱性特征与对策［J］．地理科学进展，2013（3）：389－399.

② 杨钧．人力资本视角下的农民工可持续发展问题研究［J］．黄冈师范学院学报，2013（4）：27－30.

③ 张新岭，赵永乐，林竹．农民工就业：人力资本和社会资本的耦合分析［J］．农村经济，2007（12）：117－120.

④ 陈昭玖，胡雯．人力资本、地缘特征与农民工市民化意愿——基于结构方程模型的实证分析［J］．农业技术经济，2016（1）：37－47.

作用过程，充实了研究农民工生计的内涵[①]。

2. 自然条件和家庭拥有资产对进城农民生计的影响的研究

学者谢旭轩（2010）认为，生计策略和活动不只是转化结构与过程产生的结果，而是联系资产、结果及对外部环境适应能力（脆弱性）的生计过程，并且与转化结构及过程存在互动关系。通过实证研究，谢旭轩等认为，资产对生计产出乃至整个生计状况有着重大影响[②]。我国学者安祥生以朔州市为研究对象，利用结构方程模型测定了脆弱性背景—生计资本—生计策略—生计结果相互之间复杂的影响机制；通过研究发现，脆弱性背景与生计策略显著负相关，且通过影响生计策略间接对生计结果产生负影响；人力资本、物质资本、金融资本均对继续留城务工的生计策略正相关；继续留城务工的生计策略对娱乐生活的丰富度有正向影响，就业性质则对收入增加有正向影响力（安祥生，2014）[③]。

3. 进城农民生计策略的研究

生计策略的研究，集中在农民工返潮、留城意愿、务工目的地的选择等方面。研究者探讨影响农民工务工目的地分布的因素（高更和，2012）[④]，从另外角度揭示生计策略的选择原因。影响农民工生计策略选择的因素除了城乡经济差异、户籍制度、个体人口学特征等常见因素外，还涉及自然资本、人力资本和社会资本等个体层面的微观生计资产因素。农村劳动力外出务工的可能性与其自然资本拥有量呈负相关，但这种影响模式是非线性的（曾旭辉，2003）[⑤]。有学者从制度层面分析生计所需要的政策设计[⑥]。研究关于中国自下而上城镇化的制度分析，提出加快农村城镇化，转移农

---

① 田北海，雷华等．人力资本与社会资本孰重孰轻：对农民工职业流动影响因素的再探讨——基于地位结构观与网络结构观的综合视角［J］．中国农村观察，2013（1）：34－47.

② 谢旭轩，张世秋，朱山涛．退耕还林对农户可持续生计的影响［J］．北京大学学报（自然科学版），2010，46（3）：457－464.

③ 安祥生，陈园园，凌日平．基于结构方程模型的城镇化农民可持续非农生计分析——以晋西北朔州市为例［J］．地理研究，2014，33（11）：2021－2033.

④ 高更和．农民工务工目的地分布研究——以河南省为例［J］．经济地理，2015（5）：127－132.

⑤ 曾旭辉．非正式劳动力市场人力资本研究：以成都市进程农民工为个案［J］．中国农村经济，2004（3）：34－38.

⑥ 栾驭，任义科，赵亚男．农民工生计资本与社会融合［J］．山东社会科学，2012（11）：174－177.

村剩余劳动力（辜胜阻，成德宁，1999）[①]。

第二节
关于福利的研究

一、福利的提出

关于福利的解释，国内外学者有不同见解。在英文中，“福利”（Welfare）一词由“Well”和“Fare”构成，其中“Well”即美好，“Fare”即生活，将两者联合起来即可看出“福利”一词的基本含义。福利有两种含义：一是“人类追求的一种幸福状态”；二是“帮助人们满足社会、经济、教育和医疗需要的项目、待遇或服务制度”[②]。现代福利经济学创始人庇古（A. C. Pigou）在其所著的《福利经济学》中认为，福利是一个人的主观感受，是来自于个人的满足感。庇古从边际效用价值论角度，对福利的含义进行阐述，用效用来表示个人的福利，指出福利是一种来自个人的主观方面的感受，是一种个人的满足感，社会的福利是全部个体福利的总和[③]。边沁将效用视作人们的快乐感或幸福感，并提出幸福计算法和最大多数幸福原则[④]。而马歇尔[⑤]将效用定义为“欲望”，认为效用是人们通过消费物品所获得的一种心理满足感，它是人们主观性的对物品是否能够满足人们欲望能力的一种评价。

诺曼·巴里（1990）在其《福利》一书中提到，“对于福利，也许存在某种最小限度的共识，我们进入了一个几乎无法解决的争议领域。”“福利

① 辜胜阻，成德宁．农村城镇化的战略意义与战略选择［J］．中国人口科学，1999（3）：32－37.

② 徐惟诚．不列颠百科全书［M］．北京：中国大百科全书出版社，1999.

③ 庇古（A. C. Pigou），金镝译．福利经济学（上）［M］．北京：华夏出版社，2007：9.

④ 徐同远．边沁的功利主义理论与分析法学思想［J］．比较法研究，2008（6）：119－130.

⑤ 杜丽群，王欢．经济思想演进历程中的学科认知——从蒙克莱田的“政治经济学”到马歇尔的“经济学”［J］．政治经济学评论，2019，10（4）：150－161.

是社会科学中十分有争议性的概念，它容易引发政治学和经济学中诸流派的激烈论战”①。诺曼·巴里的这本书主要研究分析福利观念与各种政治哲学之间的关联，为关心福利问题的读者提供有益的理论参考。

第一位获得诺贝尔经济学奖的亚洲人阿玛蒂亚·森（Amatya Sen，1993）认为，福利既不是效用，也不是基本物品，而是一个人选择自由的生活，即可行能力，也就是人有可能实现的所有功能性活动的集合，并提出了经济条件、透明性保证、防护性保障、社会机会及政治自由五种衡量福利的功能性活动②。

福利哲学起源于19世纪的功利主义，那个时候的政治哲学主流是亚当·斯密的自由放任主义，但同时也存在其他福利观念。尽管斯密认为市场可以让人们在追求自己利益的同时促进公共利益，但他也披露了对市场失灵的担心，认为政府在法律和秩序之外，还有建立和维护某种公共工程和公共机构的责任。换句话说，福利不是通过纯粹交易而最大化的，因为存在不能由市场定价的但又有需求的事物，它需要政府发挥作用。边沁提出了某种集体形式的福利观念，他的“最大多数人的最大快乐”可以成为政府福利政策的依据。但此观念的模糊之处在于，他既可以建构比《国富论》远为自由放任的经济理论，也可以建构允许国家权力扩张的福利理论。后来的功利主义者在福利方向上发展着边沁的理论。边沁的秘书查德威克根据效率原则给国家行动发了执照，对政府改进福利的能力持乐观态度。

从福利经济学的发展史来看，原始的福利思想始于古希腊和古罗马时代。亚里士多德讨论“公平”和“效用”问题时就包含了早期的福利思想。福利经济学的创始人庇古（A. C. Pigou）被认为是最早阐释福利概念的经济学家。

现代西方经济学把20世纪20年代出现的庇古的福利经济学视作旧福利经济学，把30年代开始的以卡多尔、希克斯等人为核心的福利经济学称为新福利经济学。以庇古为代表的旧福利经济学以边际效用基数论为理论基础，旧福利经济学认为，国民收入总量越大，社会经济福利就越大；国民收入分配越平均，社会经济福利就越大。个人追求的是最大满足，也就是

① 诺曼·巴里．储建国（译）．福利［M］．长春：吉林人民出版社，2005：17.

② Amatya Sen. Capability and Well-being［J］. The Quality of Life，1993：30－73.

最大效用。效用是可以衡量和计算的，此时个人的经济福利就是个人满足的总和，社会经济福利就是个人经济福利的总和。要增加经济福利，就必须要提高国民收入，并且还要消除国民收入分配不均的问题。以卡多尔、希克斯等人为代表的新福利经济学以边际效用序数论为理论基础，新福利经济学认为效用是不可衡量的，所以个人间的效用是没有可比性的。福利也不是简单的个人满足的总和，而是基于自由选择条件下的个人福利的满足。个人是自己福利的最好判断者，社会福利取决于组成社会的所有个人的福利，如果至少有一个人的境况好起来，而没有一个人的境况变坏，这样整个社会的境况就算好了起来。

国内学者厉以宁（2002）认为，福利是人权的体现，社会生产的目的是为了促进人的全面发展，使人类福利水平得以提高[①]。黄有光（2005）认为，福利即福祉，是指人的快乐，既包括感官上的愉悦和疼痛，也包括精神上的快乐和痛苦[②]。

陈良谨[③]（1990）、郑功成[④]（2010）、褚福灵[⑤]（2010）认为，狭义社会福利中的福利是指为弱者提供的福利性服务与保障，是社会保障的外延，与社会救助、保险等共同构成社会保障体系。彭华民（2011）[⑥]、周沛（2007）[⑦]、景天魁（2009）认为，广义社会福利中的福利是指国家依法为公民提供旨在保证一定生活水平和尽可能提高生活质量的资金、物品、机会和服务的制度，其范围包括教育、就业、基本生活、养老、健康等各种保障[⑧]。森（Sen）提出政治自由、经济状况、社会机会、透明性保证、防护性保障五种衡量福利的工具。本书从森的理论出发，借鉴他人研究，构建衡量福利水平的指标体系，对福利进行测度。

---

① 厉以宁．福利与人权［J］．求是学刊，2002（3）：49－51.

② 黄有光，张清津（译）．福祉经济学：一个趋于更全面分析的尝试［M］．大连：东北财经大学出版社，2005.

③ 陈良谨主编．社会保障教程［M］．北京：知识出版社，1990.

④ 郑功成．中国社会保障改革与未来发展［J］．中国人民大学学报，2010（5）：1－14.

⑤ 褚福灵．中国社会保障体系的科学架构研究［J］．社会保障研究，2010（1）：59－71.

⑥ 彭华民．中国组合式普惠型社会福利制度的构建［J］．学术月刊，2011，43（10）：16－22.

⑦ 周沛．论社会福利的体系构建［J］．南京大学学报（哲学·人文科学·社会科学版），2007（6）：60－67，140.

⑧ 景天魁．社会保障：公平社会的基础［J］．中国社会科学院研究生院学报，2006（6）：16－22.

二、福利的内容

福利的概念有多种歧义，主要反映在具体包括的内容上。阿马蒂亚·森提出，“可行性能力”的福利经济学分析框架，拓宽了人们对福利的认知。森认为，“个人福利”可以通过个人实际拥有的和可能拥有的功能来进行描述。可以选择关注个人获得各种作为个人生活的一部分且具有价值的功能的实际能力作为评价福利的方法，该方法是以个人的能力集为核心基础。一个人的福利可以从其生存的质量（quality of life）上来进行判断。生命的活动可以看成一系列相互关联的生活内容（functioning），与生活内容密切相关的是实现生活内容的“能力”，它反映了人类获取各种生活内容的不同组合。通过对功能性活动评估来实现对福利的测量更加客观全面，一方面避免了通过主观感觉衡量福利水平的随意性，另一方面也避免了仅依赖收入或其他资源和条件来界定福利的不全面性（史清华，2014）。实证研究中，研究者通常基于研究目的和样本特征进行相关功能的选取，但对此并没有达成统一共识（史清华，2014）①。按照森的“功能性活动”，对于福利的功能性活动的测量，森于 2002 年提出政治自由、经济状况、社会机会、透明性保证、防护性保障 5 种衡量福利的工具。布来多里尼（Brandolini）和德·艾里斯（D'alessio，1998）基于 1995 年意大利银行的家庭调查数据，从 6 个方面考察功能性活动，分别是健康、教育、就业、住房、社交和经济条件②。艾克瑞（Alkire，2002）认为应该从生活、知识、娱乐、审美、社交、理性和宗教 7 个方面考察功能性活动。纳斯巴玛（Nussbaum，2003）提出了相对完整的可行能力清单，包括生活、身体健康、身体完整、思维、情感、理性、关系、娱乐、控制环境和其他等 10 个功能③。托马斯（Tommaso，2006）实地调查印度儿童时，从生存、身体健康、身体完整、

---

① 袁方，史清华. 不平等之再检验：可行能力和收入不平等与农民工福利. 管理世界，2013（10）：1-13.

② Brandolini A , Dalessio G Year. Measuring Well-being in the Function Space. General Conference of The International Association for Research in Income and Wealth [C], Cracow , Poland. 1998.

③ Nussbaum M . Capabilities as Fundamental Entitlements: Sen and social justice [J]. Feminist Economics. 20039 (2-3): 33-59.

教育、闲暇情况、情感和社会交往共 7 个方面的功能性活动来说明福利[①]。

国内学者贾燕、李钢等（2009）在此基础上，将个体技能水平和生活质量纳入衡量福利功能性的活动中[②]。张安录（2013）从组织生产、经济收入、健康与休闲、社会保障、居住条件与环境、社会参与、子女教育、社会公平 8 种农户家庭功能性活动中选择评价指标，对农地城市流转的农户福利效应进行测度、评判[③]。

但是，很多研究者进行相关功能的选取并没有达成统一共识。国内学者高进云等（2007）运用失地农民调查数据，从经济状况、社会保障、居住、社区生活、环境和心理 6 个方面研究功能的变化[④]。本书中的个人福利水平视为个人生活质量、发展潜能及幸福指数的综合反映（方福前，2009）[⑤]。

在福利经济学中，有一种分类，根据福利的内容可将福利分为经济福利、社会福利和生态福利 3 个方面。社会福利是指一切旨在改善人民物质、文化生活的社会措施（见表 2－1）。

表 2－1　　经济福利、社会福利、生态福利概念辨析

经济福利		人们拥有的商品和服务的数量和质量，可以用货币度量
社会福利	广义的社会福利	比社会保障更古老、更全面，包括公共文化、教育、卫生设施、社会救助以及社会保险
	狭义的社会福利	指为帮助特殊的社会群体、疗救社会病态而提供的服务，又称福利服务，如儿童福利、老人福利、残疾人福利，服务对象则是社会的边缘群体。福利仅是社会保障体系的一个组成部分，故属于狭义的社会福利

① Tommaso M L. Measuring the Well-being of Children Using a Capability Approach：An application to Indian data［R］Child Working Paper 05/2006，Center for Household Income，Labour and Demographic Economics，2006.

② 贾燕，李钢，朱新华等．农民集中居住前后福利状况变化研究——基于森的“可行能力”视角［J］．农业经济问题，2009（2）：30－36.

③ 王珊，张安录．农地城市流转的农户福利效应测度［J］．中国人口·资源与环境，2014（3）：108－112.

④ 高进云，乔荣锋，张安录．农地城市流转前后农户福利变化的模糊评价——基于森的可行能力理论［J］．管理世界，2007（6）：45－55.

⑤ 方福前，吕文慧．中国城镇居民福利水平影响因素分析——基于阿马蒂亚·森的能力方法和结构方程模型［J］．管理世界，2009（4）：17－26.

续表

生态福利	生态福利是随着人类经济、社会、政治生活的发展提出来的，强调人与环境的相互联系、相互作用。樊雅丽[①]（2009）认为，生态福利是对社会福利的补充和完善，是生态化的社会福利，赋予社会福利以生态环境的内涵。邓禾、蒋杉秋（2014）认为，生态福利是因居民生存和发展的需要，而由政府向居民提供的一种以生态利益为内容的新型社会公共福利[②]

社会福利是个人福利与整个社会福利供给和满足的总和。社会福利用什么指标来反映呢？何凌云、秦遵文（2019）采用经济指标、环境指标、社会指标、主观幸福感 4 个指标综合反映社会效益。其中经济指标通过收入分配、消费水平、就业和住房条件来反映；环境指标以空气质量、废弃物处理、水质标准、绿化水平、农村环境来反映；社会指标包括公共服务和公共安全；主观幸福感主要体现为对生活的满意度和对民生的总体满意度[③]。

不同学者基于不同角度对福利的认识也有不同，诸如表 2 -2 中所反映的内容。

表 2 -2　　　　主观福利 客观福利 个人福利概念辨析

福利	按性质分类	主观福利	是指由个体基于自己设定的标准对其生活状态所做的判断，这种判断反映个体的物质和精神生活的状态，通常用生活满意度来测量
		客观福利	是指个体获得有价值的功能的能力（Sen，1993）[④]，是对主观福利的补充和完善，通常用人均国民生产总值测量
	按受众规模分类	个人福利	指个人的欲望或需要所得到的满足和由此感受到的心理和生理上的幸福和快乐[⑤]
		群体福利	又称“社会福利”，此处的“社会福利”与上文提及的社会福利不同，其只是指福利规模大，是社会成员中个人福利的总和

① 樊雅丽．生态福利的引入与社会化——社会政策的研究视角［J］．河北学刊，2009（6）：132 -135.

② 邓禾，蒋杉秋．生态福利制度探索［J］．重庆大学学报（社会科学版），2014，20（1）：126 -130.

③ 何凌云，秦尊文．主观幸福感、效用与社会福利［J］．学习与实践，2019（9）：33 -47.

④ Sen A. Capability and Well-being［J］. The Quality of Life，1993：30 -73.

⑤ 荣朝和．简明市场经济学［M］．北京：高等教育出版社，1998.

三、社会福利的惠及范围

英国1601年颁布的《济贫法》为迁入城市的农民提供了一些救济。从1883年到1889年，德国议会先后通过了疾病保险法、工伤意外保险法、残疾与老年保险法，并批准建立了疾病保险、意外保险、老年与残疾保险三部保险法。

社会福利制度改革扩大了社会福利的覆盖范围。当时社会福利制度的主要受益者，可以分为劳动者、残疾人、老年人、妇女、老人、儿童、农民等。不同的国家采用不同的社会福利模式。例如对于老年人来说，社区养老、养老补贴和养老保险都是社会福利的形式。社会福利包括就业、教育、医疗和卫生保健、养老和住房。这些问题关系社会发展和民生长远发展，是关系国计民生的重大问题。就就业而言，失业保险是一种很好的社会福利。西方发达国家制定了一系列鼓励生育的政策，其中之一就是支持新生儿教育。医疗保险覆盖范围逐步扩大，制度类型也实现了由分割到整合。医疗保险改革正从个人发展向协同发展推进。为引进人才提供住房福利、保障性住房、住房公积金等社会福利，在一定程度上缓解了购房压力，加快了购房进程。

四、福利理论在农民工群体问题研究中的应用

福利理论已广泛应用于农民、农民工、农村的老年人及儿童等群体。随着我国的经济改革，许多农民从土地中解放出来，为促进工业化、城镇化及响应退耕还林政策，越来越多的农民由农村向城镇迁移，由此“农民工”的概念也随之产生。

在就业机会增加的同时，农民工也面临着许多挑战。该群体对我国经济增长及产业结构转型有突出贡献（蔡昉①，2010；张广婷等②，2010；程

① 蔡昉．刘易斯．转折点与公共政策方向的转变——关于中国社会保护的若干特征性事实［J］．中国社会科学，2010（06）：125－137.

② 张广婷，江静，陈勇．中国劳动力转移与经济增长的实证研究［J］．中国工业经济，2010（10）：15－23.

名望等，2018），但由于户籍制度、自身素质等原因，该群体在社会中长期处于劣势地位，其所得和贡献不成比例。近年来，农民工群体的福利问题已受到政府、社会各界及学者们的关注，旨在保障农民工基本权益（钱文荣[①]等，2013），从而提高该群体整体福利水平。我国自 1993 年开始实施最低工资制度，以保障城市低收入劳动者的基本生活需求。农民工作为低收入群体，是最低工资制度的重点保障对象（谢勇，2010）[②]。

另外，我国于 2010 年 10 月开始实施《社会保险法》，重点关注农民工在城市的社会保障问题，尤其是“五险一金”的缴纳。推进农民工社会保障信息化的建设（齐娜娜[③]，2019）、提高社保参保率（陈冬梅[④]，2014）、促进就业正规化（陆万军[⑤]，2018）、从城市接纳和个人心理两个维度提高农民工融入程度（赵建国[⑥]，2018）等都是提高农民工群体的福利水平的重要途径。

黄文琳[⑦]（2018）认为，教育福利的缺失是妨碍农民工群体在城市发展和实现市民化的重要因素，因此应提高农民工的教育福利。农民工实现多渠道、高质量就业的前提是具备就业岗位所需的技能和素质，而教育是提升技能和素质的重要渠道。作为制造业所需的劳动力主体，农民工的教育福利亟需足够的重视和落实。党的十九大报告明确提出要优先发展教育事业，提高就业质量和人民收入水平，强调“推进教育公平”“完善职业教育和培训体系”“使绝大多数城乡新增劳动力接受高中阶段教育、更多接受高等教育”“大规模开展职业技能培训”“提供全方位公共就业服务，促进农

---

① ③钱文荣，李宝值．初衷达成度、公平感知度对农民工留城意愿的影响及其代际差异——基于长江三角洲 16 城市的调研数据［J］．管理世界，2013（9）：89 – 101.

② 谢勇．最低工资制度在农民工就业中的落实情况及影响因素研究［J］．经济管理，2010，32（3）：164 – 170.

③ 齐娜娜，米霞．我国农民工社会保障对策探析［J］．改革与开放．2019（20）：58 – 61.

④ 陈冬梅，袁艺豪．为什么社保改革后农民工参保率依然相对低？——以上海市杨浦区为例的实证研究［J］．上海经济研究，2014（10）：109 – 116.

⑤ 陆万军，张彬斌．就业类型、社会福利与流动人口城市融入——来自微观数据的经验证据［J］．经济学家，2018（8）：34 – 41.

⑥ 赵建国，周德水．养老保险、定居期望与新生代农民工城市融入［J］．农业技术经济，2018（10）：36 – 47.

⑦ 黄文琳，社会治理与新生代农民工教育福利研究［J］．社会福利（理论版），2018（7）：14 – 19.

民工多渠道就业创业”。

在我国的城镇化快速发展过程中，农民的大量土地被合法或非法、公开或变相征收用于城市建设，便出现了失地农民这一群体。对于农民而言，土地是其生活保障与精神寄托，城镇化进程极大地改变了失地农民群体的生活方式，该群体的福利水平也日益受到关注。

在国外发达国家，征地补偿方面，严格区分公共目的征用和其他目的征用。在确定土地赔偿款时，要按照市场价格和因土地征收造成的各种损失实施补偿，充分保证失地农民的社会福利。关于土地征用补偿纠纷，当事人若不满主管部门所定的补偿额，可向法院提起上诉，由法院做最终裁决；在社会福利体系方面，综合考虑失地农民的生活需求，建立完善福利制度体系。菲尔撒德（Fearnside，2001）认为，在征地过程中，被征地农民没有拿到合理的补偿是造成失地农民生活困难的主要原因①。克荣德（Kironde，2002）认为，政府采用较低的价格征收土地，使得失地农民基本诉求得不到满足，且在失地后，其再就业也成为一大难题②。

我国学者对于失地农民的福利研究也有很多见解。对于失地农民回迁安置方面，余雪飞（2010）提出，对于失地农民安置要全面考虑该群体的社会福利问题，诸如失去经济来源、再就业难度、种植补贴、无法享受与城镇居民同样的医疗、养老等社会福利③。贾县民、万静丽（2011）通过对失地农民年龄的研究，发现处于不同年龄段的失地农民面对的问题不同④。年轻的失地农民主要关心再就业问题，而中年失地农民更加关注其子女教育和老人健康问题，老年的失地农民重点关注其基本生活的保障和健康问题。幸素园（2016）从失地农民满意度出发，认为在回迁安置中既要有表面补偿，还需将其隐形权益纳入考虑范围，全方位综合考虑农民权益，为

---

① Fearnside P M. Land-tenure Issues as Factors in Environmental Destruction in Brazilian Amazonia: the case of Southern Pará [J]. World Development, 2001, 29 (8): 1361 - 1372.

② Kironde L. Comments on Management of Peri-Urban Land and Land Taxation [C]. Kampala: the World Bank Regional Land Workshop. 2002.

③ 余雪飞．城中村改造中村民福利变化和保障问题研究——以广州市为例［J］．安徽农业科学，2010，38（21）：11585 - 11586 + 11590.

④ 贾县民，万静丽．城中村失地农民生存状况的调查与分析——以西安市碑林、雁塔、未央三区为例［J］．中国集体经济，2011（30）：25 - 26.

失地农民提供合理保障[①]。叶仁（2018）认为，只有将失地农民的社会长效保障机制作为回迁安置工作的核心，才能进一步完善回迁安置的后续工作，切实保障失地农民权益[②]。对于完善失地农民社会福利途径方面和社会保障制度方面，李淑萍（2011）认为，对于再就业未成功的失地农民应将其纳入农村养老保险范围，而对于再就业成功的失地农民应将其纳入城镇养老保险中，并且成立失地农民养老保险基金[③]。毛莉（2015）认为，要实现城乡一元化，努力缩小城市、农村社会服务的差异[④]。陈建兰（2016）通过对苏州失地农民社会福利的研究，提出将土地、权证、股权三者结合保障失地农民的社会福利新思路[⑤]。毕红静（2017）等提出引导商业保险进入失地农民养老保障领域、发挥家庭养老的积极作用等完善失地农民养老保障制度的建议[⑥]；资金支持方面，鲍海君、吴次芳（2002）认为对于失地农民的资金支持制度应有明确的相关规定，从而为其提供更加可靠的保障[⑦]。金红萍（2012）通过认真研究失地农民的资金支持，提出应将失地农民社会福利资金分为由个人、政府、集体三者共同出资和从土地拆迁补偿款中拿出部分作为专门的福利保障资金两部分。同时可以加入第三方管理，降低风险[⑧]。再就业方面，杨家良（2014）通过调研发现该群体对于再就业的满意度很低。政府应提供稳定的就业政策支持，从而提高农民满意度、增加失地农民收入[⑨]。李国梁（2014）认为只有提高失地农民自身就业能力，才能实现失地农民充分就业[⑩]。马志雄等（2016）认为对于失地农民的再就业问题要根据本地劳动力市场需求和其自身素质，妥善安排就业，以便达到提

① 幸素园．浅谈农民的生活保障效用［J］．社会科学研究，2016（6）：78.

② 叶仁．关于农民失地问题的思考［J］．中国农村经济，2018（2）：101.

③ 李淑萍．关于失地农民土地补偿金的使用与失地农民社会保障问题的探讨［J］．北方经济，2011（8）：25.

④ 毛莉．失地农民的公共服务保障与可持续发展若干问题研究［J］．法制博览，2015（34）：8－10.

⑤ 陈建兰，顾靖燕．土地换保障：城乡一体化背景下的农保转城保实践——以苏州市吴中区为例［J］．农业经济，2016（5）：91－93.

⑥ 毕红静，闫蓉．我国城镇化进程中失地农民养老保障问题研究［J］．科技创新与生产力，2017（9）：37－38.

⑦ 鲍海君，吴次芳．论失地农民社会保障体系建设［J］．管理世界，2002（10）：37－42.

⑧ 金红萍．构建失地农民社会保障的长效机制［J］．上海房地，2012（2）：35－36.

⑨ 杨佳良．失地农民就业保障满意度影响因素实证分析［D］．西北农林科技大学，2014.

⑩ 李国梁．可持续生计视角下失地农民就业能力开发［J］．开发研究，2014（1）：27－30.

高失地农民收入水平的同时，促进当地经济发展①。

五、我国城镇居民的社会保险

（一）城镇居民社会保险

2002年我国国务院新闻办公室发表的《中国的劳动和社会保障状况》白皮书，将社会保障分为十个基本部分，分别为：养老保险、医疗保险、失业保险、工伤保险、生育保险、最低生活保障、社会福利、优抚安置、灾害救助和社会互助，涵盖了国民社会保障涉及服务的各个领域，其中，将养老和医疗保险等社会保险作为我国社会保障的核心内容。

城镇居民社会养老保险是覆盖城镇户籍非从业人员的养老保险制度，这项制度和城镇职工养老保险体系、新型农村社会养老保险制度共同构成我国社会养老保险体系。城镇居民养老保险基金主要由个人缴费、政府补贴和社会资助构成。个人缴费方面，参加城镇居民基本养老保险的城镇居民应当按规定缴纳基本养老保险费。参保人自主选择档次缴费，多缴多得。国家依据经济发展和城镇居民人均可支配收入增长等情况适时调整缴费档次。政府补贴方面，地方人民政府应对参保人员缴费给予补贴，补贴标准不低于每人每年30元；对选择较高档次标准缴费的，可给予适当鼓励，具体标准和办法由省（区、市）人民政府确定。对城镇重度残疾人等缴费困难群体，地方人民政府为其代缴部分或全部最低标准的养老保险费。社会资助方面，鼓励其他经济组织、社会组织和个人为城镇居民基本养老保险参保人缴费提供资助。国家为每位参保人员建立终身记录的养老保险个人账户。个人缴费、地方人民政府对参保人的缴费补贴及其他来源的缴费资助，全部计入城镇居民基本养老保险。

城镇基本居民医疗保险主要保障城镇尚未参加城镇职工基本医疗保险和公费医疗的居民，其保障的人群是尚未纳入城镇职工基本医疗保险制度覆盖范围的中小学阶段的学生（包括职业高中、中专、技校学生）、少年儿童和其他非从业城镇居民。目前，许多城市将原来针对大学生实施的公费

① 马志雄，张银银，丁士军．失地农户生计策略多样化研究［J］．华南农业大学学报（社会科学版），2016，15（3）：54－62.

医疗保险改变为城镇居民医疗保险。城镇居民基本医疗保险以家庭缴费为主，政府给予适当补助。参保居民按规定缴纳基本医疗保险费，享受相应的医疗保险待遇，有条件的用人单位可以对职工家属参保缴费给予补助。国家对个人缴费和单位补助资金制定税收鼓励政策。财政补助的具体方案由财政部门会同劳动保障、民政等部门研究确定，补助经费要纳入各级政府的财政预算。城镇居民基本医疗保险基金主要用于参保居民的住院和门诊大病医疗支出，有条件的地区可以逐步试行门诊医疗费用统筹。城镇居民基本医疗保险基金的使用要坚持以支定收、收支平衡、略有结余的原则。要合理制定城镇居民基本医疗保险基金起付标准、支付比例和最高支付限额，完善支付办法，合理控制医疗费用。探索适合城镇非从业居民经济承受能力的医疗服务和费用支付办法，减轻他们的医疗费用负担。城镇居民基本医疗保险基金用于支付规定范围内的医疗费用，其他费用可以通过补充医疗保险、商业健康保险、医疗救助和社会慈善捐助等方式解决。

（二）农民工的社会保障

"农民工"即从农村进入城市工作的工人。现学术界将户籍身份在农村、但在城镇从事非农行业工作并获取收入的外出务工人员、具有农民与工人的双重身份的人定义为"农民工"。曹明（2006）提出农民工群体具有以下特征：虽在城镇工作，但户籍在农村；虽可以承包土地，但其主要生活来源依靠非农务工；工作流动性大，居住场所不稳定①。

当前我国针对农民工群体的社会保障制度主要有四种模式：一是"城保模式"，直接将农民工与就业所在地城市户籍的劳动者统一社会保险标准，体现了政策统一性和公平性，我国大部分城市均采用此种保障模式。该模式下的社会保险覆盖面较广，包括养老、医疗、工伤、失业及生育等全部类别，但该模式更适用于就业单位正规、工作稳定性高且收入来源稳定的劳动者，对于农民工这一流动性较大、收入不稳定的群体来说，门槛较高，故该模式在农民工群体中覆盖面较小。二是"双低模式"，此模式充分考虑了农民工群体收入水平和承受能力，因此在城镇职工社会保险体系的基础上，适当降低缴纳每项社会保险基数和比例，同时也按照比例降低

---

① 曹明. 河南农民工社会保障现状分析［J］. 决策探索，2006（11）：34+47.

领取社保待遇的水平，即低门槛进入和低标准享受。此模式虽然在一定程度上满足了农民工对社会保障的需求，但由于仍然按照城镇职工社会保险体系的筹资方式，参保者缴费降低幅度有限，故而在农民工群体中的推广较为缓慢。三是“综合保险模式”，此模式具有针对性、独立性，且与其他模式不同。该模式是将养老保险、医疗保险、工伤保险这三种农民工群体最关心最需要的险种进行捆绑，统一缴费基数且费率相对较低，并由第三方商业保险机构实施，采用医疗保险仅需负责当期、工伤保险一次性赔付、养老补贴一次性发放的保障方式，操作简便，成本费用低，十分符合农民工群体工作流动性大、稳定性差的特点。由于缴费率较低，形成了中低水平、覆盖广泛的农民工社会保障模式，积极应对了社会保障难以发挥调节再分配的问题。中央政府制定行政政策和履行监管责任，各地方财政不需要承担为社会保障基金兜底的责任，更有效地将市场经济融入农民工社会保障体系，在一定程度上保护了农民工的合法劳动权益。但此模式与城保、农保模式均不能衔接，故不利于构建城乡社会保障一体化体系。四是“农保模式”，该模式是将农民工纳入户籍所在地的城乡居民社会保障体系，该模式有低水平、广覆盖的特征，适用于在乡镇企业工作、工作具有季节性及一定年龄后返乡的农民工群体。随着近几年城乡居民养老保险、城乡居民医疗保险等制度的不断完善，该模式有效缓解了乡镇企业务工农民工的社会保障需求，促进了农民工实现就近转移、就地转移，降低了农民工医疗、养老等风险。

第三节
社会福利与社会保障关系辨析及其政策涵义

一、社会福利与社会保障概念界定的国际惯例

社会福利与社会保障的目的都是调适社会矛盾、促进社会协调发展。两者具有一些相同之处：它们均具有多种多样的丰富内涵，且有广义与狭

义之分；社会福利与社会保障既是一种政府行为、一种价值观念、一个核心概念和一个学术领域，又是一种制度安排、一种社会政策和社会服务[①]（米德勒，2000）。欧美国家和地区社会保障与社会福利概念界定和社会理解已形成某种形式的“国际惯例”。

保障（security）即安全或保证。保障的词根是 secure，意味着可靠稳定、无忧无虑的状态。福利起源于古诺尔斯语 fare-well，意为告别、辞行。英国牛津词典中福利的涵义同安乐、幸福、健康和繁荣。日本学者一番濑康子论述，welfare 是 well 和 fare 两词的综合。Well 意为好，fare 则指生活，整词则意为令人满意的生活或追求美好生活[②]（一番濑康子，1998）。广义社会福利泛指一切对人们有益的事物、机会、状况以及各种努力，包含公共文化、社会救助等方面。狭义社会福利因不同时期与不同国家社会发展而有所不同。社会福利内涵外延远比社会保障更丰富多彩，社会保障内涵外延争议不大。

社会保障是工业化背景下生产形态和家庭结构变迁的产物。保障制度核心功能是，通过收入保障方式满足弱势和劣势群体的基本需要，提高其综合素质和社会竞争力，维护社会稳定与安全。而社会福利的功能相较而言更加多样[③]（田北海，2008）。

依据国际劳工组织界定，社会保障服务内容主要由七部分组成，分别为：社会救助、社会保险、由国家财政收入资助的津贴、家庭津贴、储蓄基金，还有雇主规定的补充条款和环绕社会保障发展的各种补充方案（国际劳工组织，1989）[④]。社会福利范围更加广泛，包括了个人生活需要的所有领域，包括政府、社会组织、社区、家庭等提供的，涉及物质、心理、

---

① Midgley. Livermore, The Handbook of Social Policy. Thousand Oaks: Sage. Midgley, 2000: 4.

② 〔日〕一番濑康子著，沈洁等译．社会福利基础理论［M］，武汉：华中师范大学出版社，1998：2.

③ 田北海．社会福利概念辨析——兼论社会福利与社会保障的关系［J］．学术界，2008（2）：278－282.

④ 国际劳工组织（主编）．王刚义，魏新武译．社会保障基础［M］，长春：吉林大学出版社，1989：4.

服务、文化、权利等各方面的福利项目（周沛，2014）[①]。

二、社会福利与社会保障的政策含义

社会福利概念范围较大，社会保障是部分，社会福利是整体；社会保障是基础性的，社会福利是主体性的。国家层面整体性制度安排和制度设计应该是“社会福利制度”，而不是“社会保障制度”。

对社会福利与社会保障关系的理解意义重大，它不仅是一个简单的概念之争，而是关系到中国社会福利制度的建构与创新[②]（刘继同，2003）。

福利与社会保障供给不是施舍，而是权利。社会福利就广义而言，是指国家（地区）为满足全体社会成员物质文化需要、改善其生活质量而制定的具有普适性、普惠性的制度安排，即“体制型福利”（institutional welfare）；狭义而言，则是针对某些人群提供的再分配或特殊帮助，具有应急性、补充性和援助性的特点，即“补缺型福利”（residual welfare）。“社会福利是一个国家或地区经济社会发展的结果，也是社会进步的重要象征。

第四节 关于研究福利的方法

一、结构方程法

方福前、吕文慧（2009）基于阿马蒂亚·森的能力方法理论，通过问

① 周沛．社会福利理论：福利制度、福利体制及福利体系辨析［J］．国家行政学院学报，2014（4）：80－85.

② 刘继同．社会福利与社会保障界定的“国际惯例”及其中国版涵义［J］．学术界，2003（2）：57－66.

卷调查获得的数据构建结构方程模型，对我国城镇居民功能空间内的福利状况进行实证分析。结果发现，收入及学历两方面的个人特征对我国城镇居民个人功能即福利水平的实现具有显著的影响；我国城镇居民功能的实现中，福利水平与住房、休闲、人际关系、健康和工作满意度关系显著，其中最为重要的是休闲状况、住房状况和工作状况①。

游和远、吴次芳、鲍海君（2013）基于阿马蒂亚·森的可行能力框架下的福利理论，采取农地流转后农地转出户福利的测度指标，通过结构方程模型研究农地转出户福利。研究结果表明，农户的农地流转可能无法给农户带来全部福利改善，现实中农地流转对农户福利的效应集中在收入增加，但是对于成员健康和保障的改善却没有带来应有的正面效应，对农户的影响则同时存在着正负两种效应。因此，农地转出户在获得收入提高的同时失去了部分与收入同等重要的可行能力，这将最终影响到农地流转状态改变后或家庭现状变化后的农户生存②。宋艳、苏子逢、门建营（2017）基于阿马蒂亚·森的可行能力理论，采取判断多重共线性的方法对农民工的福利指标进行选择，采取调查问卷与统计资料相结合的方法，用所获得的数据构建结构方程模型，对影响农民工的福利水平的因素进行实证分析。结果表明，保障状况对农民工福利水平的影响较为明显，其中，医疗、教育、安全三项保障和农民工福利水平密切相关。政府制定政策制度可以此为参考，从而改善农民工福利水平，缓解社会矛盾③。

二、模糊评价法

高进云、乔荣锋、张安录（2007）运用阿玛蒂亚·森的可行能力框架，研究了农地城市流转过程中农民的福利变化问题，指出了构成农民福利的

---

① 方福前，吕文慧．中国城镇居民福利水平影响因素分析——基于阿马蒂亚·森的能力方法和结构方程模型［J］．管理世界，2009（4）：17－26.

② 游和远，吴次芳，鲍海君．农地流转、非农就业与农地转出户福利——来自黔浙鲁农户的证据［J］．农业经济问题，2013，34（3）：16－25.

③ 宋艳，苏子逢，门建营等．基于Sen可行能力理论的农民工福利制度改进研究［J］．管理世界，2017（11）：172－173.

功能性指标与活动，并运用模糊评价法对农地城市流转前后的农民福利变化进行衡量。通过研究发现，由于农地城市流转，农户总体福利水平有所下降，模糊评价值由 0.389 下降为 0.338。由功能指标可知，居住条件有一定程度的改善，但农民在经济状况、社会保障、社区生活、环境、心理状况等方面都有不同程度的恶化；由转换因素可知，农地城市流转前后，农民家庭被抚养人口比重、教育程度、所处地区社会经济发展水平都显著影响农民福利①。

关江华、黄朝禧、胡银根（2014）根据现有的农户家庭生计资产和家庭福利理论，通过农户生计资产量化法和模糊综合评价法，对武汉城市圈典型区域宅基地流转农户家庭进行实证研究，研究了宅基地流转对被流转农户家庭福利的影响，并采取生计资产量化分析法，通过分析被流转农户的家庭生计资产配置，得出农户的家庭生计资产分值，从而将农户分为资产缺乏型和资产均衡型两类。在阿玛蒂亚·森的可行能力及家庭福利评价框架下，使用模糊综合评价法，探究宅基地流转对不同生计资产配置的农户家庭福利影响。结果表明，从总体和资产均衡型农户家庭来看，宅基地流转有利于被流转农户的家庭福利的改善和提高；从影响福利的因素来看，宅基地流转对资产均衡型农户家庭而言，经济状况、居住条件、社会保障及发展机会有所改善，社区环境、心理福利有所下降；对资产缺乏型农户家庭而言，经济状况、社区环境、发展机会及心理福利有所降低，社会保障和居住条件有所改善②。

王珊、张安录、张叶生（2014）采取灰色模糊综合评判法，根据阿玛蒂亚·森的可行能力理论建立了农户福利—农户家庭可行能力—各功能性活动下初级评价指标的评价因素指标体系。研究运用了模糊综合评判方法和灰色关联分析法，从组织生产、经济收入、健康与休闲、社会保障、居住条件与环境、社会参与、子女教育、社会公平八种农户家庭功能性活动中选取评价指标，对研究区域农地城市流转的农户福利效应进行测度及评

① 高进云，乔荣锋，张安录．农地城市流转前后农户福利变化的模糊评价——基于森的可行能力理论［J］．管理世界，2007（6）：45－55.

② 关江华，黄朝禧，胡银根．不同生计资产配置的农户宅基地流转家庭福利变化研究［J］．中国人口·资源与环境，2014，24（10）：135－142.

判。结果表明，农地流转使得农户家庭总福利水平由0.413降低为0.353，但对农户家庭的不同功能性活动有不同的影响程度及方向。农地流转使农户在组织生产、社会保障、居住条件与环境和社会公平功能方面的水平下降，使农户的经济收入、健康与休闲、社会参与和子女教育功能方面的水平上升。结果显示，当前的补偿方式、补偿金额难以改进被征地农户福利，也不能改善农户生活水平①。

彭开丽、朱海莲（2015）以武汉市江夏区、东西湖区、新洲区和洪山区为研究对象，将失地农民分为三个年龄阶段，分别为：小于45岁、45—65岁、大于65岁，然后以阿玛蒂亚·森的可行能力理论为理论框架，采取模糊数学法，对不同年龄段失地农民的福利变化进行定量测度。结果表明：农地城市流转对不同年龄阶段失地农民的福利影响存在差异；不同年龄阶段失地农民的各功能性活动指标在农地城市流转后的变化方向以及程度存在不同。②。

姚树荣、龙婷玉（2019）根据福利经济学和阿玛蒂亚·森的可行能力理论，通过模糊综合评价法，以成都市6个美丽乡村建设项目为研究样本研究三种模式对农户福利的影响。研究结果表明，不同于政府或资本主导型模式，农户自主型模式更加有利于改善农户福利。政府应更新观念，积极倡导农户自主型模式；树立“还权赋能”的目标，推动农村产权及治理制度改革，为农民自主实施乡村建设创造条件；应当从福利最大化角度考虑，更好发挥政府作用，充分调动民间资本积极性，建立美丽乡村共建共享共治新机制③。

三、模糊综合分析法与因子分析法和回归分析法相结合

叶静怡、王琼（2014）基于阿玛蒂亚·森的可行能力理论，根据2008

---

① 王珊，张安录，张叶生．农地城市流转的农户福利效应测度［J］．中国人口·资源与环境，2014，24（3）：108－115.

② 彭开丽，朱海莲．农地城市流转对不同年龄阶段失地农民的福利影响研究［J］．中国土地科学，2015，29（1）：71－78.

③ 姚树荣，龙婷玉．农户福利视角下的美丽乡村建设模式比较研究［J］．四川大学学报（哲学社会科学版），2019（1）：170－180.

年、2012 年北京市调查数据，分析我国进城务工人员福利状况和福利变化。研究综合运用了模糊集理论和因子分析法，保证了结果的可信度及稳健性。结果表明，2008 年进城务工人员综合福利指数为 0.3188，位于福利评价的低水平阶段；经济资源和健康状况方面的福利状况达到较高水平阶段，但其他功能性活动均处于中、低水平阶段。相较于 2008 年，进城务工人员 2012 年在社会保障、心理条件、社会资本等方面的福利状况均有所改观。其中，防护性保障和社会资本的边际改善对进城务工人员总福利水平的影响最大①。

彭开丽、朱海莲（2015）根据阿玛蒂亚·森的可行能力理论及 2010—2013 年中国综合社会调查（CGSS）数据，结合因子分析法和模糊评价法，对近年农业转移人口市民化水平进行动态评估和综合分析。研究发现，2013 年我国农业转移人口市民化水平的综合评价值为 0.3713，同比提高，但仍处于平均水平范围（0.4—0.6）之下，并且明显低于同时期同区域的城镇居民社会福利水平（0.4574）。若进一步考虑转换因素对农业转移人口市民化水平的影响，可以得到非农业户籍人口市民化水平高于农业户籍人口、东部地区高于中部和西部地区、男性高于女性、未婚者高于已婚者等结论。综合功能性活动及其包含的分项指标的权重分配可以发现：经济状况、居住环境、政治权利和公民自由四方面对农业转移人口市民化水平的影响最大，因此也是未来提高我国农业转移人口市民化水平的切入点和关键点②。

袁方、史清华、晋洪涛（2016）根据阿玛蒂亚·森的可行能力理论和 2009—2010 年上海农民工调研数据，采用模糊数学、分位数回归等方法，系统探讨了居住证制度对农民工福利的影响。结果表明：居住证制度明显改善了农民工的总体福利水平；居住证制度能明显改善生存较艰难的工业工人的福利，但对自主经营的农民工总福利却存在显著的负影响；城市满意度、归属感和上海话掌握程度能显著提高持有居住证的农民工福利水平，而与当地人交往情况对持有居住证农民工的福利水平无显著影响；居住证

① 叶静怡，王琼．进城务工人员福利水平的一个评价——基于 Sen 的可行能力理论［J］．经济学（季刊），2014，13（4）：1323 - 1344.

② 彭开丽，朱海莲．农地城市流转对不同年龄阶段失地农民的福利影响研究［J］．中国土地科学，2015，29（1）：71 - 78.

制度对农民工总福利、工作就业和防护性保障的边际贡献随分位数的增加呈现“∩”型变化，但对农民工生活和经济状况的边际贡献随分位数的增加而逐步减少[①]。

李欢、张安录（2019）将宅基地制度改革试点地德清县作为研究区域，基于阿马蒂亚·森的可行能力原理，通过模糊评价法和逻辑回归（Logistic）模型，测度不同时期、不同安置模式下农户退出宅基地后的福利水平，研究农户福利影响因素。结果表明：

政府主导下整体推进的“村改居”宅基地退出，使得农户综合福利水平上升；比较不同的退出安置模式可以发现，“住宅+货币”模式农户福利最高；不同时期退出宅基地的农户福利水平不同，宅基地退出政策制定时应充分考虑纵向时间上的不公平性问题；主动参与退出、家庭收入越高的农户抗风险能力越强，退出后福利越好；人均宅基地和家庭规模越大，退出后的福利越差[②]。

四、数据包络分析法

龙亮军、王霞、郭兵（2017）基于数据包络分析法（DEA）构建城市生态福利绩效的评价指标体系，选取我国35个大中城市（省级和副省级城市）为样本，运用2013年的截面数据，选取考虑了松弛变量的Super-SBM模型来测算城市生态福利绩效水平，并在此基础上通过Tobit模型回归研究影响因素[③]。

DEA由查尔斯（Charnes）等于1978年首先提出，是一种多个要素投入与产出之间的相对效率测度的系统分析方法。该方法的原理主要是通过保持决策单元（DMU，Decision Making Units）的输入或者输入不变，借助于

① 袁方，史清华，晋洪涛．居住证制度会改善农民工福利吗？——以上海为例［J］．公共管理学报，2016，13（1）：105－116.

② 李欢，张安录．农村宅基地退出前后农户福利测度及其动态变化——以浙江省德清县201户农户为例［J］．农业技术经济，2019（7）：79－90.

③ 龙亮军，王霞，郭兵．基于改进DEA模型的城市生态福利绩效评价研究——以我国35个大中城市为例［J］．自然资源学报，2017，32（4）：595－605.

数学规划和统计数据确定相对有效的生产前沿面，将各个决策单元投影到DEA的生产前沿面上，并通过比较决策单元偏离DEA前沿面的程度来评价它们的相对有效性。

DEA方法以相对效率概念为基础，以凸分析和线性规划为工具的一种评价方法，应用数学规划模型计算比较决策单元之间的相对效率，对评价对象作出评价。它能充分考虑对于决策单元本身最优的投入产出方案，因而能够更理想地反映评价对象自身的信息和特点，同时对于评价复杂系统的多投入多产出分析具有独到之处。

DEA方法的特点①：

（1）适用于多输出—多输入的有效性综合评价问题，在处理多输出—多输入的有效性评价方面具有绝对优势。

（2）DEA方法并不直接对数据进行综合。因此，决策单元的最优效率指标与投入指标值及产出指标值的量纲选取无关。

（3）无须任何权重假设，而以决策单元输入输出的实际数据求得最优权重，排除了很多主观因素。

五、多维福利测度模型

周义、张莹、任宏（2014）基于阿马蒂亚·森的可行能力福利思想和塞斯的广义均值双参数构造理论，在将农户家庭经济状况、社会保障、居住状况和社会心理四个子维度作为综合评价的基础上，建立了测度农户福利的新模型，此模型既具有全维度的分布敏感性，同时具有维度交联敏感性②。根据对武汉三里镇的实地调查，运用新模型对城乡交错区域农户失地前后的福利水平和分布进行了实测和对比分析。

该模型首先基于阿特金森（Atkinson）的不平等测度系数：

在将随机占优分析引入不平等研究后提出了一种基于广义均值的不平

① 宋艳，苏子逢，门建营等．基于Sen可行能力理论的农民工福利制度改进研究［J］．管理世界，2017（11）：172－173.

② 周义，张莹，任宏．城乡交错区被征地农户的福利变迁研究［J］．中国人口·资源与环境，2014，24（6）：30－36.

等测度指标，其表达为：$I_\varepsilon = 1 - \mu_{1-\varepsilon}/\mu_1$

其中 $$\mu_{1-\varepsilon}(X;a) = \begin{cases} (\sum_{i=1}^{N} a_i x_i^{1-\varepsilon})^{1/(1-\varepsilon)} & \varepsilon \neq 1 \\ \prod_{i=1}^{N} x_i^{a_i} & \varepsilon = 1 \end{cases}$$

式中，X 为某维度的成就分布向量；a_i 为 x_i 占 X 中所有元素的比例权重且满足 $\sum_{I=1}^{N} a_i = 1$；ε 为社会不平等厌恶指数，其取值范围为 $\varepsilon \geqslant 0$。

当 $\varepsilon > 0$ 时，$\mu_{1-\varepsilon}(X;a)$ 是一凹转换函数，即转换时将赋予成就分布中较低端的成就部分相对更高的权重；当 $\varepsilon = 0$ 时，$\mu_{1-\varepsilon}(X;a)$ 退化为一中性转换 $\mu_1(X;a)$，转换时将赋予成就分布中各向量同等权重。

该文选择了以物质生活水平、健康状况、知识技能以及农村环境这四个主要体现农村居民基本生活状态的维度作为评价我国农村社会福利水平的要素①。根据 W_T 模型构造，并不失一般性地令 $\varepsilon = 1$ 时，则中国农村社会福利指数（W_{CR}）可表达为：

$$\begin{aligned} W_{CR} &= \sqrt[4]{\{\mu(Eco_i)(1 - I_1^{Eco})\} * \{\mu(Kno_i)(1 - I_1^{Kno})\} * \{\mu(Heal_i)(1 - I_1^{Heal})\} * \{\mu(Env_i)(1 - I_1^{Env})\}} \\ &= \sqrt[4]{g(Eco_i)g(Kno_i)g(Heal_i)g(Env_i)} \\ &= \sqrt[4]{\mu(Eco_i)\mu(Kno_i)\mu(Heal_i)\mu(Env_i)} * \sqrt[4]{(1 - I_1^{Eco})(1 - I_1^{Kno})(1 - I_1^{Heal})(1 - I_1^{Env})} \end{aligned}$$

若令 $W_\mu = \sqrt[4]{\mu(Eco_i)\mu(Kno_i)\mu(Heal_i)\mu(Env_i)}$，$K = \sqrt[4]{(1 - I_1^{Eco})(1 - I_1^{Kno})(1 - I_1^{Heal})(1 - I_1^{Env})}$，则 $W_{CR} = W_\mu * K$ 式中，Eco_i、Kno_i、$Heal_i$、Env_i 分别为农村居民在物质生活水平、知识技能、健康状况和环境状况四个维度上的成就分布；g 为几何均值函数。

其中 W_{CR} 可看作是由传统基于算术均值因而对分布不平等不敏感的福利指数 W_μ 乘以一个不平等折减系数 K 构成。进而，由不平等造成的总福利损失率可表达为：

$$L_X = 1 - \frac{W_{CR}}{W_\mu} = 1 - \sqrt[4]{(1 - I_1^{Eco})(1 - I_1^{Kno})(1 - I_1^{Heal})(1 - I_1^{Env})}$$

---

① 周义，张莹，任宏．城乡交错区被征地农户的福利制度变迁研究［J］．中国人口·资源与环境，2014，24（6）：30－36.

第五节
文献述评及本书的进城农民福利概念

本书借用学者苏芳所使用的生计概念，即生计是人们为了谋生所需要的能力、资产，包括物质和社会的资源以及所从事的活动等，而可持续生计框架由脆弱性背景、生计资本、结构和制度的转变、生计策略和生计结果五部分组成。

对于福利的含义，有很多的观点，莫衷一是。由于福利的内容构成较多，至今对于福利没有一个准确的定义。本书研究的贫困地区进城农民的福利是一个群体福利，主要基于福利经济学、可行能力的相关理论，研究贫困地区的进城农民在进城后发生生计转型前后的经济福利、社会福利及生态福利的变化。其中，本书认为福利应是帮助人们满足生活、教育和健康需要的资金或服务制度，社会福利应是国家为增进民众生活水平、发展能力和参与机会而提供的资金保障或服务供应。

第三章

西方国家福利状况

第一节 社会福利制度和福利模式

一、社会福利制度

社会福利制度的变迁离不开经济、政治、社会体制等外部环境的大背景。在不同的背景下，不同的国家产生了不同的社会福利制度。最早期的社会福利制度是一般社会福利制度，资本主义福利制度经历了一般福利到“福利国家”的过程。考察“福利国家”的历史，我们可以从一般社会福利制度开始并将其视作“福利国家”的起源。福利国家社会保障制度的实施，在相当一段时期内缓和了劳资矛盾和社会冲突，对战后西方国家的建设和资本主义恢复生机功不可没[①]。该项制度还可以追溯到1601年英国颁布的《济贫法》，这一阶段前期是英国庄园制度解体，大批的农民丧失赖以生存的环境，被迫流入城市，成为城市贫民和流民，他们给当时的社会增加巨

① 肖巍，钱箭星．“发展型福利”与社会保障体系的效率问题——从福利国家改革说起［J］．复旦学报（社会科学版），2011（5）：116－123．

大的就业压力，并可能导致社会动乱甚至更加严峻的社会问题。在这样的大背景下，英国的伊丽莎白女王政府颁布了《济贫法》。其与1662年查理二世颁布的《定居法》标志着英国的教区社会福利体制开始向威廉三世时期的以济贫院为主的社会福利体制转变①。从一般社会福利制度到国家主导型社会福利制度统称为资本主义福利制度。

此外，由于不同类型的社会福利制度有着不同的特点，可以将社会福利制度分为制度型社会福利制度、补缺型社会福利制度、具有普遍性的普惠型社会福利制度、具有选择性的选择型社会福利制度。其中制度型社会福利与补缺型社会福利是由维伦斯基和利比克斯（Wilensky & Lebeaux, 1965）提出的。补缺型社会福利制度认为社会福利只在市场和家庭制度失效时发挥作用。而制度型社会福利制度认为社会福利是现代工业社会必需的、具有福利提供功能的部分，它不带有任何施舍或慈善性质的污名，它被认为是个人、家庭和社区满足其社会需要的主要方式。制度主义者还提出另外一种社会福利制度类型化概念：具有普遍性的普惠型社会福利制度和具有选择性的选择型社会福利制度。普惠型社会福利制度是全体社会成员需要满足原则实现的体现，它涉及的社会福利的接受者没有限制，即福利项目要面对所有公民（或居民）。制度主义者坚持普遍主义，他们坚持社会福利是公民的权利，认为普惠型福利项目可以有效消除福利污名化（stigma）给接受者带来的侮辱和伤害。此外，选择型社会福利通过家计审查提供福利，这样的福利项目将大笔的钱用于管理、筛选福利接受对象，被一些社会福利研究者认为是不经济的行为②。而在这四类社会福利制度中，普惠型社会福利制度是补缺型社会福利制度未来发展、改革的方向。

社会福利改革后，社会福利提供的主体变得多元化，社会福利的覆盖面也越来越广。但是，大多数国家主要的社会福利提供者依然是政府。人民渴望普遍的社会福利，因为它能够促进人们生活水平的提高和健康水平的提高，也能促进社会生产的发展。社会福利不仅是保证生活的需要，也是保证再生产正常进行的需要。然而，社会福利的发展也要与经济发展水

---

① William P. Quigley. Five Hundred Years of English Poor Laws, 1349 - 1834: Regulating the Working and Nonworking Poor. Akron Law Review, Vol. 30, 1996: 105.

② 彭华民，齐麟．中国社会福利制度发展与转型：一个制度主义分析［J］．福建论坛（人文社会科学版），2011（10）：169－176.

平相适应，才能更好地促进社会经济发展。从经济学的角度来看，只有先把蛋糕做大，才能让大家有蛋糕可分。如果一个国家很贫穷，政府想提供社会福利，也无能为力。经济不够发达的情况下，太多的社会福利会影响投资者和生产者的积极性，使社会前进缺乏动力①。所以，发达国家的社会福利受益对象覆盖面相对而言要比发展中国家要广泛，并且福利水平要高。

以美国和瑞典为例，美国早在20世纪30年代大危机时，政府为了保障国民基本生活，缓和社会矛盾，于1935年颁布了《社会保障法》，建立了包括养老金制度、失业保险制度、社会救济制度在内的社会福利体系，规定由雇主和雇员分别缴纳社会保险费。经过60余年的发展和完善，到如今美国的社会福利已经形成全面、系统、多样化制度体系，保障项目达到300多个，政府在社会保障中的作用也在不断加强②。而瑞典方面，魏克塞尔在20世纪初就提出了收入均等化的理论和政策主张，20世纪50年代以后，社会福利计划得到全面实施，建立起了包括失业保险、基本养老金、病休险、儿童津贴等在内的社会保障制度，并在教育、医疗、托儿、老年住宅等方面提供各种免税或低收费社会服务③。

二、福利模式的划分

福利模式按照主体不同来划分，可以分为以英国为代表的国家主导型社会福利模式和以美国为代表的慈善组织为主体的社会福利模式。前者以1601年英国的伊丽莎白女王政府颁布的《济贫法》作为一个典型的标志，经过18世纪初英国社会转型过程中的多次变革，最终于第二次世界大战后成型。这种模式，社会福利资金的征缴、运作、发放、监管等由国家承担，同时，还有一套与之相配套的以国家责任为中心的社会福利制度。以美国为代表的非营利慈善基金会占主导的社会福利模式源于1790年设立的费城基金会，并随着美国社会转型进程的不断深入而持续发展，最终形成了现

① 詹花秀．国际社会福利制度的变动趋势与中国福利制度模式选择——基于经济学视角的分析［J］．湖湘论坛，2017（4）：80－87.

② 刘翠宵．从英美看社会保障制度在经济社会发展中的重要作用［J］．环球法律评论，2010（4）：136－143.

③ 陈丽洁．从公平与效率角度分析社会保障制度［J］．学术研究，1999（8）：21－24.

在基金会、慈善机构与政府广泛合作的社会福利模式。在这种模式中，作为第三部门（ third sector）的非营利慈善组织承担了政府所未能承担的社会福利职能，并且在资金募集、运作、发放及服务提供等方面发挥重大作用[①]。从时间的维度来看，国家主导型社会福利模式要先于慈善组织为主体的社会福利模式。

第二节 欧洲国家的福利

欧洲最早建立了福利国家制度。所谓福利国家制度，就是由国家立法而建立起来的比较完善的社会保障制度。第二次世界大战后，这一制度广泛流行，各发达资本主义国家纷纷宣称本国已经成为“福利国家”。

一、英国的福利

最早实行福利制度的是英国，其历史上一直有救济贫民的传统，从 17 世纪开始的《济贫法》就是英国官方救济贫民的主要手段，这部法律本质上是针对失地农民不断增多而带来的社会问题。到 20 世纪初，传统的以《济贫法》为中心的社会保障制度开始向现代福利制度转变，这以自由党政府实施的社会福利改革为标志。自由党政府颁布的《养老金法》《国民保险法》《劳工介绍所法》等法案初步确立了英国现代社会保障体系的大致框架。

（一）养老金

早在 19 世纪末，随着老年问题越发严重，要求政府推行有效的措施来缓解老年问题，最终以“实行免费养老金制度”为竞选口号而赢得选举的自由党于 1908 年 8 月 1 日正式批准养老金法案，英国正式建立了国家养老

① 褚蓥．英美社会福利模式的选择及启示［J］．国外社会科学，2012（2）：50－56.

金制度。

第一次世界大战后，执政党保守党为了恢复和发展国民经济提出了社会重建计划，主要是力求通过社会保障制度改革，促进英国经济复苏，最终提高国民生活水平。这项计划的一个重点就是要改革免费养老金制度，以减轻重税负担，从而恢复和发展英国经济。1925 年 8 月，英国政府颁布了《寡妇、孤儿和老年人纳款性养老金法案》，该方案的颁布标志着免费养老金制度的结束和缴费养老金制度的确立，从而实现了在养老金领取上的权责一致。

英国养老保险制度经过半个多世纪的发展，到 20 世纪 70 年代，逐渐陷入了困境，此时由于世界性经济危机的影响，英国社会经济发展缓慢甚至出现萧条现象，这也使得占大部分社会总支出的社会保障制度压力剧增，而作为社会保障制度主要构成部分的养老保险制度同样面临巨大考验。因此，从 20 世纪 70 年代开始，英国养老保险制度开始进入了漫长的改革期。1979 年，英国保守党上台执政，开始着手进行社会保障制度改革。在养老保险制度方面，保守党采取了强制措施以降低社会福利支出。1997 年，以布莱尔为首的英国工党开始执政。布莱尔上台后，如何对养老保险制度进行改革，这也成为工党社会保障制度改革的重要方面。布莱尔政府认为保守党关于养老保险制度改革的一系列措施已经严重影响了一部分社会公民的生活，因而，新政府养老保险制度改革将充分保障养老金领取者的利益作为了改革目标。

2003 年，布莱尔政府开始对公司养老制度进行改革，主要是针对职业养老金。保护那些企业破产后养老金没有保障的人员的利益，政府对公司强制征税并建立保护性基金。

2005 年，面对越来越严重的养老金支付压力，英国政府又开始了新一轮的养老保险制度改革。逐步提高退休年龄，规定国家公务人员领取养老金年龄由原来的 60 岁提高到 65 岁；普通公民则由 65 岁延长至 76 岁才可以领取全额退休金；对于高收入人群来说，他们能够领取全额退休金的年龄已经提高至了 70 岁。2013 年 1 月，英国公布了新的养老金方案，新方案将之前的分类别养老金制度统一合并为政府养老金。此外，新方案还提高了公民的缴费年限，由 30 年提高到 35 年。养老金改革方案一经公布就引起了广泛的讨论和争议，该方案自 2017 年 4 月起实施。

（二）儿童福利政策

英国是较早对儿童福利进行立法的国家，早在1889年就颁布了专门的《儿童法案》。20世纪是其儿童福利立法的黄金期，儿童福利内容涉及儿童生存、发展、参与等方面，如1918年的《妇女及儿童福利法》、1933年《儿童及少年法》等。

普享是英国福利国家的基础，同时也是其儿童福利体系的基本原则，在这一原则下英国构建了儿童保障津贴制度体系，其中包括儿童福利金制度、监护人津贴以及子女抚养津贴、家庭津贴、单亲津贴等。英国的儿童福利服务以儿童具有与成人平等的福利权利为核心。学校层面有学校教育服务支持系统，“早餐俱乐部”“功课俱乐部”等，除此之外，学校还定期向社区开放设施并为所在社区提供社区服务。医院层面，公立医院不仅为儿童提供全免的医疗服务，有的还设有与学校义务教育接轨的医院教育服务[①]。

我们既要吸收其养老保险制度发展的精华，也要去其糟粕，要结合我国的国情和实际，建立起具有中国特色的养老保险制度[②]。

二、德国的福利

德国是西方世界中福利制度的开创国[③]。以德国为代表的资本主义国家的社会福利制度是国家主导型社会福利制度，这样的社会福利制度体系下的国家称为“福利国家”。德国是最早建立社会保险的国家。俾斯麦任首相期间，为了缓和国内阶级矛盾而大力推行社会改革，1883—1889年帝国国会相继颁布了《疾病社会保险法》《工伤事故保险法》和《老年和残疾社会保险法》，从而完成了当时世界上最完备的工人社会保障计划。以上三部法律在1911年统一为《帝国保险法》并一直沿用至今。

① 李晓云．英国儿童福利政策分析及对我国的启发［J］．劳动保障世界，2013（18）：177－178.

② 邱艳娟，李亦珠．浅析英国养老保险制度发展史［J］．劳动保障世界，2013（16）：27－28.

③ 韦建平，孙来斌．“福利国家”与社会主义［J］．江汉论坛，1999（10）：46－49.

三、瑞典的福利

瑞典作为高福利国家的典范，很早就建立了全民养老制度。1931 年瑞典议会通过了《国民年金法案》，并用 40 年的时间逐步建立起举世闻名的“从摇篮到坟墓”的福利保障。瑞典的社会养老保障以“高福利、高税收”为特点，通过征缴高额的税费来提供充足的福利，其中养老保险的替代率达到了 65%[①]。政府提供的收入保障、医疗、教育、住房等福利覆盖了老人、残疾人、儿童、妇女等不同群体，具有广泛性、普遍性及平等性的主要特征，主要包括：

（一）社会救助

早在 19 世纪中叶，瑞典就通过了“济贫法”，规定穷人有权接受社会救助，国家也有义务提供该项救助，这是社会福利制度的开始。20 世纪 50 年代，瑞典通过了新的“社会救助法”，明确了享受社会救助是国民的权利，也是国家的义务。

（二）基本年金

1. 基本养老金。瑞典自 1946 年起规定凡年满 65 岁的国民都可以领取全额的基本养老金，无需缴纳任何费用，也无需经过收入状况调查，基金全部来源于财政拨款。

2. 伤残年金。凡 16 岁以上失去大部分劳动能力的国民都可以享受该项年金，享受的比例视残障情况而定。

3. 寡妇年金。凡婚龄达到 5 年并失去丈夫超过 3 年的寡妇，享受寡妇年金直至 65 岁，金额与基本养老金相同。如果再嫁则取消该项待遇。

4. 儿童年金。凡 18 岁以下国民失去父母或其中一方的，有权享受儿童年金，与此同时，仍保留享受其他津贴待遇的权利。

---

① 李慧，孙东升．欧洲 4 国养老制度改革对中国推进新农保建设的启示［J］．世界农业，2016（8）：16－20.

（三）附加年金

主要是为了弥补基本年金的不足，从 1959 年开始颁布实行。附加年金也包括养老年金、伤残年金、寡妇年金以及儿童年金等。与基本年金不同的是，附加年金的部分项目是要与工资收入挂钩的，并且需要工资收入连续三年超过规定的基数。

（四）健康保险

适用于国民患病和生育，享有者需要定期缴纳健康保险费，患者可以享受免费提供的医疗服务，包括可以免交住院费和治疗费以及病假津贴，产妇分娩前可以享有 180—270 天的生育津贴。

（五）失业保险

国民失业可以享受失业津贴。失业期超过 300 天以及不曾参加失业保险的雇工可以享受失业救助。

（六）工伤保险

国民遭遇工伤或职业病后 3 个月内享受健康保险待遇，此后享受工伤保险待遇。

（七）儿童补助

国民自出生之日直到 16 岁均有权享受儿童补助。

（八）培训补助

凡参加职工培训的或者报名参加成人教育的雇员以及参加军训和民防训练的国民都有权享受雇员培训补助、成人教育补助和军训补助。

（九）带薪假期

每个雇员、雇工每年都有两个星期的带薪休假。每周工作时间为 40 小时，免费教育。公立学校免交学杂费、书本费，学生还可享受交通费补贴，学校免费供应午餐。

20世纪70年代以后，福利国家开始出现危机。不少国家的社会保障制度弊端丛生。瑞典的经济发展逐步受到了高福利的严重制约，因此瑞典政府开始采取措施缩减社会保障支出①。

就在德国、英国等资本主义国家为这一部分弱势群体提供相应的福利的同时，随之而来的是20世纪80年代产生的“福利依赖”问题，以及20世纪90年代经济全球化给资本主义国家的社会福利制度带来的新挑战②。

四、法国的福利

法国的养老保险最早开始于19世纪公共部门的养老金制度。1946年法国政府颁布了《社会保障法》，开始将养老保险的受益对象扩大到全体公民③。

法国的老年人福利政策属于权利型福利，也有人称之为完全型福利政策。与大多数国家一样，地方政府对老年人的福利提供负主要责任，县级政府以及退休联盟委员会为主体，而福利中心等负责救助类的公共事务。法国比较注重公与私、政与社之间的平衡，与美国和瑞典的不同之处在于绩效和成就（付出与回报）的平衡，讲求一定的均衡性。如老年人生活福利方面，为保障老年人特别是高龄化老年人的生活水准，65岁以上的老年人由国家负责主要的财源，政府为老年人支付生活津贴以更好地回应老年人的经济需求。在法国老年人居家服务中，包含了义务服务和志愿服务两种，有效地整合、平衡了国家福利和社会福利在不同社会主体间的主体责任④。法国的养老金制度与其他国家的相比，第一支柱的基本保障性稍弱，

---

① 李慧，孙东升．欧洲四国养老制度改革对中国推进新农保建设的启示［J］．世界农业，2016（8）：16－20.

② 沈洁．本世纪末福利改革的主要动向及其启示［J］．华中师范大学学报（人文社会科学版），1999，38（6）：52－58.

③ 李慧，孙东升．欧洲四国养老制度改革对中国推进新农保建设的启示［J］．世界农业，2016，（8）：16－20.

④ 匡亚林．国家福利与福利国家——美、瑞、法老年人福利比较与借鉴［J］．中国民政，2017（11）：54－56.

雇主和雇员的缴纳负担较重，所以在改革的时候会遇到强烈的罢工抵制①。

五、美国的福利

在西方主要的发达国家中，美国的社会福利政策一直是最为保守的，福利项目实施得最晚，在福利资格、福利范围和福利开支方面也限制得最为严格。由于美国社会崇尚独立奋斗的个人主义精神，对市场机制充满信心，认为只要市场创造出就业机会，身心健全的人就应该通过就业养活自己。因此，美国一直以来都是一个不情愿的福利国家。从第一个以工代赈项目到如今工作福利制度的形成，美国社会福利制度的政策、内容和运作历经数次重大调整，始终以反贫困为导向、不断完善项目体系、提升个人自立能力，在目标对象上从弱势群体扩展至全体公民，在功能定位上从经济救济转向工作激励。作为少数几个至今还能保持良好发展状态的福利国家之一，美国经历了从迟到的福利国家到穷人福利国家再到工作福利国家的发生、发展与改革过程②。

（一）社会保险

社会保险是美国福利体系的核心，是联邦政府通过社会力量转移消费能力，分摊经济风险的机制。主要项目包括老年、遗属和残疾保险、医疗保险、失业保险、工伤保险等内容，为社会成员避免因自然的或社会的原因陷入贫困提供了巨大的安全网。老年、遗属和残疾保险是法定的养老保险项目，由政府通过征收社会保障税强制实行。老年保险金有具体的享受条件及发放方式，凡缴纳社会保障税满 10 年、年满 65 岁的公民都可享受退休养老金，62—65 岁退休者享受部分退休金，但到 70 岁以上的退休者，不管从事工作的收入多少，均可领取全额养老金。在医疗保险方面，美国没有全国性的医疗保险计划，美国的医疗保险属于私人医疗保险模式，民众通过向私人医疗保险公司投保来化解医疗风险。

---

① 李慧，孙东升．欧洲 4 国养老制度改革对中国推进新农保建设的启示［J］．世界农业，2016（8）：16－20.

② 严敏，朱春奎．美国社会福利制度的历史发展与运营管理［J］．南京社会科学，2014（4）：88－94.

（二）社会救助

社会救助是针对社会中特定的对象提供的由政府支付的补助，是社会福利体系用于公共救济中的最多项目，包括医疗救助、抚养未成年子女的贫困家庭补助、食品券救助、社会优抚和补充保障收入等。医疗照顾和医疗救助是美国联邦政府最重要的医疗保障项目。医疗照顾制度主要为65岁以上老年人和身患残疾伤残两年以上的公民支付大部分住院和医疗费用。医疗救助是向以前从未缴纳职业税金的穷人和收入低于贫困线的人提供医疗服务的一项措施①。

（三）儿童福利制度

美国于1909年开始实施儿童福利制度，距今已有百年历史。《社会保障法》颁布于1935年，在美国的社会福利制度中，确立了法律基础，反映了关于儿童福利的规定。1974年颁布《防止虐待儿童法》，建立虐待和忽视儿童的概念，实施预防性的公共教育系统，引起公众的关注。修订于1975年的《社会保障法》第20条，规定了儿童福利管理、规划和决策权的状态。20世纪90年代，美国儿童福利的一项重大改革，也被视为美国儿科学院的儿童福利系统的根本转变②。美国的儿童福利政策有以下几个特点：首先，立法和儿童福利的法律和法规更完善，已经形成了成熟的法律制度，福利服务严格依法。其次，整个儿童福利的“残补”的特点，相比北欧水平低。此外，儿童福利分散管理，关注当地政府的责任和权力③。

六、俄罗斯的福利

（一）养老保险制度

俄罗斯对养老保障制度十分重视，认为养老是社保制度改革的关键环

---

① 蒋道霞．美国社会福利体系介评［J］．学理论，2018（8）：160－162.

② 杨超，郭林．关于完善我国儿童福利体系的若干思考［J］．科技经济市场，2007（2）：46－47.

③ 尚晓援，李海燕，伍晓明．中国孤残儿童保护模式分析［J］．社会福利，2003（10）：38－41.

节，也是重中之重。1991 年 12 月，俄罗斯国家议会审议通过了《俄罗斯联邦养老基金法》，规定养老保险基金来源由苏联时期的完全依赖国家和企业模式过渡到由国家、企业、劳动者共同负担，使其脱离预算而独立运行。各责任主体按比例上缴保险费用。一般企业负担较多，劳动者个人负担较小，国家一般承担弱势群体的养老金。由于经济和人口结构等原因，21 世纪初的俄罗斯出现了许多严重的社会问题。受其影响，俄罗斯社会出现大面积的养老金拖欠现象，俄罗斯含辛茹苦数年进行的改革濒临破产。因此，俄罗斯政府在 20 世纪初相继出台了多项养老保障制度的改革法案，对俄罗斯养老保险的各个系统进行强化和完善。随后，在 2002 年实施了“三支柱”式的养老保险制度。该制度由社会养老金、强制养老金以及按居民意愿自愿办理的补充性养老金三个项目共同组成。首先，第一支柱叫作社会养老金，即由国家负责，对弱势群体的养老进行保障。其次叫作强制养老金，它由企业及个人共同缴纳，最后是补充性养老保险，也叫作企业年金，它由企业或行业协会根据自身发展及实力设定。

（二）失业保险制度

失业保障制度在维护俄罗斯社会稳定、保障失业群体基本生活甚至再就业方面都起着重要的作用。

失业金主要由国家、社会、企业、个人等主体共同缴费组成。根据各主体实力按比例缴费。失业基金由俄罗斯中央银行进行管理并参与市场运行，确保基金的保值增值。失业保障制度的补助群体为 16—59 岁的男性、16—54 岁的女性、非自愿失业的劳动者。对于失业金的发放问题，国家有着明确的规定：首先劳动者至少工作 12 周才有可能领取失业救济金，救济金在劳动者失业的第三个月开始发放。除对失业者进行救济外，失业保障的另一个重要作用在于它的促进就业功能。俄罗斯在全国各地设立各种培训机构，并规定不参加培训就无就业补贴，这主要是为了让失业者尽快适应市场环境，学会谋生手段，并且政府也会以助学金为名义向一些失业者发放失业救济金，以便于失业者参与技能培训，推动再就业[①]。

---

① 丁奕宁，魏云娜．俄罗斯社会保障体系发展的研究与启示［J］．当代经济，2019（2）：139－141.

第三节 西方国家福利对我国的启示

一、西方国家的福利危机

西方国家的高社会福利，体现了政府在关注弱势群体中的角色举足轻重。政府将大量的公共资源用于社会福利事业，以公共权力干预市场分配不公，使社会成员特别是弱势群体成员的基本生活得到充分保障。但是这种高福利也造成了弊病，产生了福利危机。其一，效率危机，政府办的福利服务质量欠佳，太官僚化；其二，观念危机，造成人们对福利金和政府服务的过分依赖，工作意欲淡化；其三，责任危机，家庭和社区的责任削弱；其四，政府功能危机，政客、利益集团和官僚为讨好选民，不断扩张福利和作出不切实际的承诺，造成政府功能超负荷；其五，财政危机，政府负担过重，公营部门规模过大，浪费社会资源，不利于经济发展。

纯粹由国家提供的福利可能导致“政府失灵”和福利依赖，纯粹的市场福利可能导致“市场失灵”，单纯的家庭福利可能导致福利总量不足。为了纠正和补偿“市场失灵”“政府失灵”和“家庭失灵”，需要建立起一种国家、市场和家庭之间相互补充、共同提供福利的福利多元组合（welfare mix）体系。也有学者认为，福利多元主义强调的是福利供给的非垄断性，社会福利的来源除了国家、市场和家庭外，还应包括志愿组织或社区（田北海，2008）①。

二、借鉴西方国家的具体做法

（一）从社会福利服务对象上建立适度普惠型社会福利

我国社会福利社会化改革应充分发挥社会部门和企业化社会组织的作

① 田北海．社会福利社会化的困境与出路（J）．学习与实践，2008（6）：78－84.

用，国家应从资源分配者转变为政策制定者和法律监督者。在我国，建立城乡居民共享的适度普惠型社会福利具有重要意义，其进步性在于将社会福利对象扩大到农村居民。再者，从内容上增加项目，不限于病残孤寡补助，学习西方国家，在困难家庭子女教育、生育、失业等方面给予补助。内容可以涵盖的范围更大些，包括居民生活的主要方面，如贫困救助、医疗保险、住房保障及老人、残障服务等，“适度”是满足社会福利对象的最基本需要。

（二）在社会福利的提供者方面，动员社会组织，引入非营利组织，发挥社区和民间组织的作用

如上所述，自由主义模式下国家社会福利的重要特征，就是有大量的民间组织来提供针对不同群体需要的社会福利服务。目前，世界各国基本上都有特定的民间社会福利法人和民间福利团体，其中有全国性的，如英国的全国民间团体协议会；有公私联合的，如德国的公私福利联盟；也有纯粹自助性的，如瑞典的生活协会等。这些民间社会团体为社会福利事业作出了贡献。我国居民居住集中，可以发挥社区的功能，政府鼓励建立福利组织，进行指导。日本等国在这方面的工作做得很好。区别在于，和西方国家相比，东亚国家和地区受传统儒家文化的影响明显，国家一般通过社会政策干预社会福利而不提供直接福利服务，政府的社会福利支出较低，社会意识鼓励“自助”及“互助”，家庭、亲属、公司、社区（邻里）等在提供福利服务上发挥着重要作用。

（三）从社会福利模式上，社会福利事业实行民办公助

我国福利实际情况是，一些民办福利机构，由政府和有关爱心组织和人士出了钱，结果出现服务不佳甚至资金财务问题。借鉴西方国家私有化改革的经验，创造性地使用“民办公助”的一些方法是很有必要的。20 世纪 70 年代以来，西方发达国家进行新公共管理和私有化改革，即从政府包揽向“民办公助”转变。在美国，营利性组织从 20 世纪 60 年代末开始进入社会福利领域，其中一个主要原因是政府的政策允许营利性组织申请和承包政府的福利资金和项目，即始于政府购买服务的实施。在公共和社会服务的提供中，以合同的形式来购买服务是最常用的一种形式，即将公共

服务通过订立合同的方式委托给民间营利或非营利机构，由它们来提供服务，这种方法也通常被称之为购买服务。营利性组织从事的社会福利项目主要集中在各种护理行业、家庭医疗服务、医院、心理咨询或治疗以及老人及儿童日托服务等。20 世纪 70 年代以后，随着福利私有化的盛行，购买服务成为政府解决社会福利问题的一个重要选择，营利性社会福利组织的范围进一步扩大，特别是在公共服务方面，正在成为一个越来越重要的社会福利资源。民办公助就是将公共服务的生产和递送由公共部门转向私人，而公共部门在提供财政支持方面仍起着主导作用。私人的营利或非营利性组织或其他非政府组织等具体承担福利服务。

政府购买虽然理论上可行，但实际中也遇到问题，就是公众和机构不太了解政府购买，评估监管也不完善，在招标活动中也出现不透明不公平的情况，所以还是要加强政府的主导作用。

第四章
本书涉及的研究方法

第一节
结构方程法

结构方程模型（Structural Equation Modeling，SEM）是一种融合了因素分析和路径分析的多元统计技术。它主要应用于对多变量间交互关系的定量研究。在近 30 年内，SEM 大量地应用于社会科学及行为科学的领域。

结构方程模型具有以下几个方面的优点：第一，结构方程模型能够同时处理多个因变量，适合进行多因分析。第二，结构方程模型能够同时处理潜变量和观测变量的测量误差。第三，可以同时估计因子结构和因子关系。第四，这是一种允许更大弹性的测量模型。第五，可以估计整个模型的拟合程度。第六，结构方程模型用方差—协方差矩阵估计参数，考察的是多变量之间的真实关系①。

结构方程模型可分为测量方程（Measurement Equation）和结构方程（Structural Equation）两部分。测量方程描述潜变量与指标之间的关系，结构方程描述潜变量之间的关系。所谓潜变量（Latent Variable）是指一些不

① 方福前，吕文慧．中国城镇居民福利水平影响因素分析——基于阿马蒂亚·森的能力方法和结构方程模型［J］．管理世界，2009（4）：17－26．

能准确和直接测量的变量，所以潜变量又称作不可观测变量。在社会科学研究中经常会涉及一些不能准确和直接测量的变量，如住房状况、休闲状况、人际关系状况、健康状况、工作满意度及福利状况等。结构方程分析中的测量模型主要分析因子与指标的关系，结构模型主要分析因子之间的关系。如果各因子可以直接测量，即因子本身就是指标，则结构方程分析就是回归分析。如果只考虑因子之间的相关关系，不考虑因子之间的因果关系，则结构方程分析就是因子分析①。

测量方程通常表示为：

$$x = \Lambda_x \xi + \delta \tag{4.1}$$

$$x = \Lambda_y \eta + \varepsilon \tag{4.2}$$

结构方程通常表示为：

$$\eta = \beta\eta + \Gamma\xi + \zeta \tag{4.3}$$

其中，在式（4.1）中，x 表示 q 个外生（exogenous）指标组成的 $q \times 1$ 向量，ξ 表示 n 个外生潜变量组成的 $n \times 1$ 向量，Λx 表示外生指标与外生潜变量之间的关系，它是 x 在 ξ 上的 $q \times n$ 因子负荷矩阵，δ 表示 q 个测量误差组成的 $q \times 1$ 向量。在式（4.2）中，y 表示 P 个内生（endogenous）指标组成的 $p \times 1$ 个向量，η 表示 m 个内生潜变量组成的 $m \times 1$ 向量，Λy 表示内生指标与内生潜变量之间的关系，它是 y 在 η 上的 $p \times m$ 因子负荷矩阵；ε 是 P 个测量误差组成的 $p \times 1$ 个向量。在式（4.3）中，β 表示内生潜变量 η 之间的关系，是 $m \times m$ 系数矩阵；Γ 表示外生潜变量 ξ 对内生潜变量 η 的影响；ζ 表示结构方程的残差项即 $m \times 1$ 向量，反映了 η 在方程中未能被解释的部分。在这种分析方法中，潜变量之间的关系即结构模型是分析的重点，所以这种分析也称为结构方程模型。

结构方程模型通常有4个假设条件：第一，测量方程误差项 δ 和 ε 的均值为0；第二，结构方程残差项 ζ 的均值为0；第三，误差项 δ 和 ε 与因子 η、ξ 之间不相关；第四，残差项 ζ 与 ξ、δ 和 ε 之间不相关。

一个完整的结构方程模型包含如下8个参数矩阵：Λx、Λy、β、Γ、Φ、Ψ、$\Theta\delta$ 和 $\Theta\varepsilon$。其中，Φ 为潜变量 ξ 的协方差矩阵，Ψ 为残差项 ζ 的协方差矩阵，

① 方福前，吕文慧．中国城镇居民福利水平影响因素分析——基于阿马蒂亚·森的能力方法和结构方程模型［J］．管理世界，2009（4）：17－26.

$\Theta\delta$ 和 $\Theta\varepsilon$ 分别为 δ 和 ε 的协方差矩阵。

在结构方程模型式（4.1）至式（4.3）中，共有 $p+q$ 个可观测变量，可以产生 $(p+q)(p+q+1)\div 2$ 个不同的方差和协方差；如果模型成立，可以得到 $(p+q)(p+q+1)\div 2$ 个不同的方程，记 t 为模型中未知参数个数，则模型可识别的必要条件为：

$$t \leqslant (p+q)(p+q+1)\div 2 \tag{4.4}$$

结构方程模型参数估计的方法主要有以下几种：极大似然估计（Maximum Likelihood，ML）、未加权最小二乘估计（Unweighted Least Squares，ULS）、广义最小二乘估计（Generalized Least Squares，GLS）、一般加权最小二乘估计（Weighted Least Squares，WLS）、对角加权最小二乘估计（Diagonally Weighted Least Squares，DWLS）、工具变量估计（Instrumental Variable，IV）和两步最小二乘估计（Two-stage Least Squares，TSLS）。其中极大似然估计、未加权最小二乘估计和广义最小二乘估计是一般加权最小二乘估计的特例。

结构方程模型的设计主要包括两个方面：一是观测变量（即指标）与潜变量（即因子）之间的关系，即建立测量模型，界定潜变量与观测变量之间的关系；二是潜变量之间的关系，即建立结构模型，界定潜变量与潜变量之间的关系。这两部分构成结构方程模型。

用结构方程研究农民工福利的文献也不少。宋艳、苏子逢、门建营（2017）采用结构方程模型对农民工福利进行分析。所采用的结构方程模型包含6个潜变量，分别为住房状况、生活状况、工作状况、保障状况、心理状况、个人特征。在结构方程模型中，个人特征为原因潜变量，个人功能为结果潜变量，个人特征不同使得个人功能出现差异。根据以上分析，学者利用AMOS20.0绘制了模型图并验证模型合理性。模型输出结果显示个人特征，对个人功能的影响十分显著，影响系数为0.97，个人特征主要由学历和年收入测量，所以可以说学历和年收入对农民工福利影响显著。个人功能的实现与住房状况、生活状况、工作状况、保障状况、心理状况5个方面有着显著关联，相关程度较高，相关系数分别为0.86、0.86、0.99、0.94、0.40，保障状况与个人功能相关程度最为显著。这说明关注农民工功能的实现进而提高农民工的福利水平必须关注农民工的生活、住房、工作、心理以及保障这 5 个方面的功能实现，尤其要关注保障功能的实现[①]。

第二节 聚类分析法

一、聚类分析法的思想

聚类分析法是多变量统计技术，有分层聚类法和迭代聚类法。聚类分析也称群分析、点群分析，是研究分类的一种多元统计方法。这个方法的思想是：所研究的样品（网点）或指标（变量）之间存在程度不同的相似性也就是亲疏关系（以样品间距离衡量）。根据一批样品的多个观测指标，找出一些能够度量样品或指标之间相似程度的统计量，以这些统计量为划分类型的依据。把一些相似程度较大的样品（或指标）聚合为一类，把另外一些彼此之间相似程度较大的样品（或指标）又聚合为另一类，直到把所有的样品（或指标）聚合完毕，这就是分类的基本思想。在聚类分析中，通常我们将根据分类对象的不同分为 Q 型聚类分析和 R 型聚类分析两大类。

R 型聚类分析是对变量进行分类处理，Q 型聚类分析是对样本进行分类处理。

R 型聚类分析的主要作用是：

（1）不但可以了解个别变量之间的关系的亲疏程度，而且可以了解各个变量组合之间的亲疏程度。

（2）根据变量的分类结果以及它们之间的关系，可以选择主要变量进行回归分析或 Q 型聚类分析。

Q 型聚类分析的优点是：

（1）可以综合利用多个变量的信息对样本进行分类。

（2）分类结果是直观的，聚类谱系图非常清楚地表现其数值分类结果。

---

① 宋艳，苏子逢，门建营等．基于 Sen 可行能力理论的农民工福利制度改进研究［J］．管理世界，2017（11）：172－173.

（3）聚类分析所得到的结果比传统分类方法更细致、全面、合理。

为了进行聚类分析，首先需要定义样品间的距离。常见的距离有：绝对值距离、欧氏距离、明科夫斯基距离和切比雪夫距离。

二、聚类的几种方法

（一）直接聚类法

各个聚类对象的元素组成（m×m）阶矩阵。先把各个分类对象单独视为一类，然后根据距离最小的原则，依次选出一对分类对象，并成新类。如果其中一个分类对象已归于一类，则把另一个也归入该类；如果一对分类对象正好属于已归的两类，则把这两类并为一类。每一次归并，都划去该对象所在的列与列序相同的行。经过 $m-1$ 次就可以把全部分类对象归为一类，这样就可以根据归并的先后顺序作出聚类谱系图。

（二）最短距离聚类法

最短距离聚类法，是在原来的 $m \times m$ 距离矩阵的非对角元素中，把分类对象 G_p 和 G_q 归并为一新类 G_r，然后按计算公式计算原来各类与新类之间的距离，这样就得到一个新的（$m-1$）阶的距离矩阵。再从新的距离矩阵中选出最小者 d_{ij}，把 G_i 和 G_j 归并成新类。再计算各类与新类的距离，这样一直下去，直到各分类对象被归为一类为止。

（三）最远距离聚类法

最远距离聚类法与最短距离聚类法的区别在于计算原来的类与新类距离时采用的公式不同。最远距离聚类法所用的是最远距离来衡量样本之间的距离。

本书采用 K 均值聚类法（K-Means），其算法步骤如下：

（1）选择一些类/组，并随机初始化各自的中心点。中心点是与每个数据点向量长度相同的位置。

（2）计算每个数据点到中心点的距离，距离哪个中心点最近就划分到哪一类中。

（3）计算每一类的中心点作为新的中心点。

（4）重复以上步骤，直到每一类中心在每次迭代后变化不大为止。

第三节
倾向匹配得分法

倾向匹配得分法，这个方法是评估某项目实施后的效应，如鼓励人口迁移，评估迁移后的效应。项目参与者的全体构成实验组或处理组，未参与者构成控制组或对照组。农民进城的效应评估，自然的做法是直接对比其收入或各项社会福利、就业状况和受教育状况。但是，进城者与未进城者在某些方面的条件是不同的，比如年龄、受教育水平、技能、进取心等。对于进城的农民与未进城农民各项指标的比较，要先匹配，即在其他条件相同的情况下比较是否进城对各项福利指标的影响。该思想是鲁宾（Rubin，1974）提出的“反事实框架”（a counterfactual framework），称为“鲁宾因果模型”（Rubin Causal Model，简记 RCM），以虚拟变量 $D_i = \{0, 1\}$ 表示个体是否参与项目，反映个体是否得到处理（treatment），未来收入或其他感兴趣的结果（outcome of interest）为 Yi。

$$Yi = \begin{cases} y_{1i} \text{ 若 } D = 1 & (4.5) \\ y_{0i} \text{ 若 } D = 0 & (4.6) \end{cases}$$

其中，y_{1i}表示参加项目的收入及各项结果，y_{0i}表示未参加项目的收入及各项结果。最后验证的结果是（$y_{1i} - y_{0i}$），即个体 i 参加项目的因果效应。如果参加了项目，是无法看到其未参加项目的结果的。同理，如果个体未参加项目，也看不到其参加项目的结果。因此，只能观测到 y_{0i}或 y_{1i}。这实际上是一种“数据缺失”（missing data）问题。

上式是个分段函数，更简洁地，可将 y_i写为

$$Y_i = (1 - D_i) y_{0i} + D_i y_{1i} = y + (y_{1i} - y_{0i}) D_i \quad (4.7)$$

式（4.7）中，（$y_{1i}-y_{0i}$）为处理效应。

倾向匹配得分就是找到对照组，将参加项目的与未参加项目的进行对比，看所研究的结果（收入、福利等）的差异。

第四节 度量福利贫困的 FGT

借鉴测度福利贫困的方法，用 FGT 贫困指数，把它作为福利不可及的表达式[①]。FGT 贫困指数是经济学家福斯特、格瑞尔和索贝克（Foster、Greer 和 Thorbecke）于 1984 年提出来的贫困测量指数，该方法是度量贫困的一种方法[②]。

$$FGT_{\alpha} = \frac{1}{n}\Sigma\left(\frac{Z-F}{Z}\right)^{\alpha} \tag{4.8}$$

式（4.8）中，F 是福利水平，Z 是福利贫困线，是个临界值，当研究对象 i 的福利水平 Fi 低于福利临界值 Z 时，则 i 处于福利贫困状态。当 $\alpha=0$ 时，FGT_0 为福利贫困发生率，是福利贫困广度指标，反映福利贫困人口占总人口的比例；当 $\alpha=1$ 时，FGT_1 为福利贫困距离指数，是福利贫困深度指标，反映福利贫困人口的福利水平与福利贫困线的相对距离；当 $\alpha=2$ 时，FGT_2 为加权福利缺口指数，是福利贫困强度指标，由于福利越贫困的人口越远离福利贫困线，该指标相当于在加权平均时赋予特别贫困人口以更大的权数，揭示了福利贫困人口内部的福利差距。临界值 Z 要根据贫困地区的实际情况来确定。

---

① 袁方，史清华，卓建伟．农民工福利贫困按功能性活动的变动分解——以上海为例［J］中国软科学，2014（7）：40－59.

② 玛依拉·米吉提，阿依吐逊·玉素甫．经济增长、收入分配与贫困——对新疆农村居民贫困变动的实证分析［J］．经济问题，2010（1）：69.

第五节 模糊综合评价方法

模糊综合评价方法是对受多种因素影响的事物做出全面评价的一种十分有效的多因素评价方法。模糊综合评判方法又称为模糊综合决策或模糊多元决策。

设 $U = \{u_1, u_2, \cdots, u_n\}$ 为 n 种因素（或指标），$V = \{v_1, v_2, \cdots, v_m\}$ 为 m 种评判，它们的元素个数和名称均可根据实际问题需要由人们主观规定。各种因素所处的地位不同，其作用也不一样，当然权重也不同，因而评判也就不同。人们对 m 种评判并不是绝对地肯定或否定，因此综合评判应该是 V 上的一个模糊子集 $B = (b_1, b_2, \cdots, b_m) \in \Gamma(V)$，即当代最有影响的福利指标体系——可持续经济福利指数（ISEW）①。

其中 $b_j(j = 1, 2, \cdots, m)$ 反映了第 j 种评判 v_j 在综合评判中所占的地位（即 v_j 对模糊集 B 的隶属度，$B(v_j) = b_j$）。综合评判 B 依赖于各个因素的权重，它应该是 U 上的模糊子集 $A = (a_1, a_2, \cdots, a_2) \in \Gamma(U)$，且 $\sum_{i=1}^{n} a_i = 1$，其中 a_i 表示第 i 种因素的权重。一旦给定权重 A，相应地可得到一个综合评判 B。

因此，如果对每一个因素 u_i 单独作一个评判 $f(u_i)$，就可以看作 U 到 V 的模糊映射 f，即：

$$f: U \to \Gamma(V), \quad (4.9)$$
$$u_i \mapsto f(u_i) \in \Gamma(V)$$

由 f 可诱导出一个 U 到 V 的模糊线性变换 T_f。我们就可以把 T_f 看作由权重 A 得到的综合评判 B 的数学模型。

使用模糊综合评价方法建立二级模型的基本步骤如下：

1. 将因素集 $U = \{u_1, u_2, \cdots, u_n\}$ 分成若干组 $U = \{U_1, U_2, \cdots, U_k\}$，

① 何强，吕光明．福利测度方法的研究述评［J］．财经问题研究，2009（7）：31－36.

使得

$$U = \cup_{i=1}^{k} U_i ,\ U_i \cap U_j = \phi(i \neq j) \tag{4.10}$$

称 $U = \{U_1, U_2, \cdots, U_k\}$ 为第一级因素集。

设 $U_i = \{u_1^{(i)}, u_2^{(i)}, \cdots, u_{n_i}^{(i)}\}(i = 1, 2, \cdots, k)$，其中 $n_1 + n_2 + \cdots + n_k = \sum_{i=1}^{k} n_i = n$ 成为第二级因素级。

2. 设评判集 $V = \{v_1, v_2, \cdots, v_m\}$，对第二级因素集 $U_i = \{u_1^{(i)}, u_2^{(i)}, \cdots, u_{n_i}^{(i)}\}$ 的 n_i 个因素进行单因素评判，即建立模糊映射：

$$f_i : U_i \rightarrow \Gamma(V) \tag{4.11}$$

$$u_1^{i} \mapsto f_i(u_1^{(i)}) = (r_{11}^{(i)}, r_{12}^{(i)}, \cdots, r_{1m}^{(i)}),$$

$$u_2^{i} \mapsto f_i(u_2^{(i)}) = (r_{21}^{(i)}, r_{22}^{(i)}, \cdots, r_{2m}^{(i)}),$$

$$\vdots$$

$$u_n^{i} \mapsto f_i(u_{n_i}^{(i)}) = (r_{n_i1}^{(i)}, r_{n_i2}^{(i)}, \cdots, r_{n_im}^{(i)})$$

得到单因素评判矩阵为：

$$R_i = \begin{bmatrix} r_{11}^{(i)} & r_{12}^{(i)} & \cdots & r_{1m}^{(i)} \\ r_{21}^{(i)} & r_{22}^{(i)} & \cdots & r_{2m}^{(i)} \\ \vdots & \vdots & \vdots & \vdots \\ r_{n_i1}^{(i)} & r_{n_i2}^{(i)} & \cdots & r_{n_im}^{(i)} \end{bmatrix}_{n_i \times m} \tag{4.12}$$

设 $U_i = \{u_1^{(i)}, u_2^{(i)}, \cdots, u_{n_i}^{(i)}\}$ 的权重为 $A_i = (a_1^{(i)}, a_2^{(i)}, \cdots, a_{n_i}^{(i)})$，求得综合评判为：

$$A_i \circ R_i = B_i(i = 1, 2, \cdots, k) \tag{4.13}$$

3. 对第一级因素集 $U = \{U_1, U_2, \cdots, U_k\}$ 作综合评判。设 $U = \{U_1, U_2, \cdots, U_k\}$ 的权重为 $A = (a_1, a_2, \cdots, a_k)$，总评判矩阵为

$$R = \begin{bmatrix} B_1 \\ B_2 \\ \vdots \\ B_k \end{bmatrix} \tag{4.14}$$

按照一级模型用算子（∧，∨）计算，得到综合评判为 $A_{1\times k} \times R_{k\times m} = B_{1\times m} \in \Gamma(V)$。

模糊综合评价方法的优势在于结果清晰，系统性强，能较好地解决模

糊的、难量化的问题，适合各种非确定性问题的解决①。

第六节 灰色关联分析法

灰色关联分析法是灰色系统理论的主要研究方法之一。灰色系统理论由邓聚龙教授在20世纪80年代首次研究得出，这种借助数学建模方法的系统研究理论现已广泛应用于社会科学等多领域。所谓灰色系统，是相对于白色及黑色系统而言的，白色表示信息全部已知，黑色表示信息盲区，而灰色则表示一些信息是确定的但另一些并不明确。

灰色系统理论所擅长的领域是样本数量少、信息贫瘠的灰色系统。灰色关联分析法在研判序列之间的联系时，依照的是不同序列之间函数图像形态的贴合程度。简而言之，序列之间的图像越相似、距离越近，它们之间的关联程度就越密切。一般的数理统计方法，如因子分析法等，对样本数量以及样本本身的规律性都有着较高的要求，一旦不满足这些要求，可能会出现定量分析结果与定性分析差异较大的情形，而灰色关联分析法却不受这些条件的限制②。

灰色关联度的分析方法如下：

设 X_i 为系统因素，其在序号 k 上的观测数据为 $x_i(k)$ ，$k=1,2,\cdots,n$ 。

设 $X_0=(x_0(1),x_0(2),\cdots,x_0(n))$ 为系统特征序列，

且 $X_1=(x_1(1),x_1(2),\cdots,x_1(n))$

……

$$X_i=(x_i(1),x_i(2),\cdots,x_i(n)) \tag{4.15}$$

……

$X_m=(x_m(1),x_m(2),\cdots,x_m(n))$ 为相关因素序列。

---

① 高进云，乔荣锋，张安录．农地城市流转前后农户福利变化的模糊评价——基于森的可行能力理论［J］．管理世界，2007（6）：45－55.

② 李立新，刘琳，王强．模糊灰色综合评价方法的构建及应用［J］．沈阳建筑大学学报（自然科学版），2008（4）：577－580.

则系统序列为：

$$X_0 = (x_0(1), x_0(2), \cdots, x_0(n)) \tag{4.16}$$

$$X_1 = (x_1(1), x_1(2), \cdots, x_1(n))$$

……

$$X_i = (x_i(1), x_i(2), \cdots, x_i(n))$$

……

$$X_m = (x_m(1), x_m(2), \cdots, x_m(n))$$

对于 $\xi \in (0,1)$，

$$\gamma(x_0(k), x_i(k)) = \frac{\min_i \min_k |x_0(k) - x_i(k)| + \xi \max_i \max_k |x_0(k) - x_i(k)|}{|x_0(k) - x_i(k)| + \xi \max_i \max_k |x_0(k) - x_i(k)|} \tag{4.17}$$

$$\gamma(X_0, X_i) = \frac{1}{n} \sum_{k=1}^{n} \gamma(x_0(k), x_i(k)) \tag{4.18}$$

其中 ξ 为分辨系数，$\gamma(x_0(k), x_i(k))$ 称为灰色关联系数，$\gamma(X_0, X_i)$ 称为 X_0 与 X_i 的灰色关联度。

同时，$\gamma(X_0, X_i)$ 满足灰色关联四公理，即：

1. 规范性

$$0 < \gamma(X_0, X_i) \leqslant 1, \gamma(X_0, X_i) = 1 \leftarrow X_0 = X_i$$

2. 整体性

对于 $X_i, X_j \in X = \{X_s \mid s = 0, 1, 2, \cdots, m; m \geq 2\}$，有 $\gamma(X_i, X_j) \neq \gamma(X_j, X_i)$，$(i \neq j)$。

3. 对偶对称性

对于 $X_i, X_j \in X$，有 $\gamma(X_i, X_j) \neq \gamma(X_j, X_i) \leftrightarrow X = \{X_i, X_j\}$。

4. 接近性

$|x_0(k) - x_i(k)|$ 越小，$\gamma(x_0(k), x_i(k))$ 越大。

灰色关联分析是按发展趋势做分析，因此对样本量的多少没有过多的要求，也不需要典型的分布规律，而且计算量比较小，其结果与定性分析结果会比较吻合。

下篇　应用实证篇

第五章

我国西部农村居民福利

第一节
我国社会福利制度的产生

社会福利制度即国家依法为公民提供旨在保证一定生活水平和尽可能提高生活质量的资金、物品、机会和服务的制度①。自“社会福利”概念从西方引入中国以来，我国有关此概念就一直存在狭义和广义的争议，并在传统上以狭义概念为主。自2006年“适度普惠型”社会政策提出以来，从狭义概念逐渐转向广义概念，因此本书采取了广义概念。

中华民族在数千年的社会发展过程中，社会福利制度进行着渐进式的演变。封建社会时期由于农业占据主要地位，但是农业又容易受自然灾害影响，统治者为了维护其统治地位，实行了一系列的养民政策来应对自然灾害。当然也有少部分针对患有疾病、年老等特殊群体的社会福利。但从总体上看，社会福利事项仍然主要由民间解决，其范围、水平和制度化程度都是很有限的。

进入近代，随着西方思想的传入，西方的社会福利制度与思想也逐渐

① 彭华民．中国组合式普惠型社会福利制度的构建［J］．学术月刊，2011（10）：16－22．

传入中国。从19世纪后半叶起，在一些学者的推动下，中国人开始认真思考并逐渐接受了西方的社会福利理念与制度，以至于在孙中山的资产阶级革命的纲领中将西方的社会福利思想变成了指导当时中国建立现代社会福利制度的纲领。“三民主义”中的民生主义就是社会福利思想的重要体现。

新中国成立之初，经济比较困难，国家承担了为民众提供福利的基本责任，建立了社会福利体系。当时建立社会福利制度，一是解决当时城市中严重的社会问题；二是建立和发展社会主义公有制和城市工业化体系的需要。在30年左右的发展历程中，逐渐形成了一套系统的以集体主义价值观为核心，以人民的基本生活保障为主要内容，初步覆盖劳动就业、医疗卫生、教育、养老和伤残等领域的比较完备的社会福利体制和救济、救助制度。

伴随着改革开放，我国社会福利体制也在不断地转型。进入20世纪90年代以后，随着我国确立了社会主义市场经济体制，企业在市场经济中的主体地位明确了，政治体制的改革和政府职能转变，突出了社会福利的发展在社会转型过程中的重要地位，并且这种改革与发展不再是仅仅为了解决眼前的问题，而是在一定的理论指导下，对我国社会福利与保障制度的基本模式和总体构架进行深入和广泛的改革①。

我国的社会福利制度的阶段，按不同的学者的观点有着不同的分类：

宋士云把社会福利视为低于社会保障这一概念的次级层次概念，以此为出发点，他将新中国社会福利制度的发展历程分为三个阶段，即新中国成立初期的社会福利制度（1949—1956年）、计划经济体制下的社会福利制度（1957—1983年）、向市场经济转轨中的社会福利制度改革（1984年以后）②。

王子今也将新中国的社会福利事业划分为三个阶段，分别命名为初创时期（1949—1958年）、发展时期（1958—1986年）、转型时期（1986年以后）③。黄晨熹同样是将1949年以后中国社会福利制度的演进历程分为三阶段，即改革开放前的30年以公平为导向的社会福利发展阶段、改革开放

---

① 钱宁．现代社会福利思想［M］．北京：高等教育出版社，2006（4）：318－336.

② 宋士云．新中国社会福利制度发展的历史考察［J］．中国经济史研究，2009（3）：56－65.

③ 王子今，刘悦斌，常宗虎．中国社会福利史［M］．武汉：武汉大学出版社，2013：287.

后的20年以发展为导向的社会福利发展阶段和21世纪以来以民生为导向的社会福利发展阶段①。

目前我国的社会福利体制基本建立起以养老保险、失业保险、医疗保险和城市居民最低生活保障制度为核心的社会保障体系，中国社会保障政策实现了由国家保障到社会保障的目标转变。但是，总体看来，我国目前的社会保障体系，还存在着保障不足、体系残缺、责任不清等问题，因此，社会保障制度改革还应向纵深发展②。由计划经济转向市场经济，在引入了市场竞争的同时，也带来了市场失灵问题。政府在调节市场失灵的问题中扮演了重要的角色。

党的十九大报告中提出“全面建成覆盖全民、城乡统筹、权责清晰、保障适度、可持续的多层次社会保障体系”③，预示着我国的社会福利制度未来的发展方向是普惠型的。可见，目前我国正处于一个由以前的补缺型社会福利制度向普惠型社会福利制度进行改革的过程，这也是我国社会主义制度的本质体现。普惠型的社会福利制度更易于被接受。

第二节 我国农村居民的社会福利

一、农村社会保障

在农村以土地集体所有为基础的经济制度建立之前，人们的社会福利资源和照顾主要来自于家庭的自我保障制度。实行土地集体所有制以后，农村逐步建立起了以集体经济为基础、集体保障、家庭自我保障和国家救济救助相结合，区别于城市的农村社会福利体制。

---

① 黄晨熹．中国福利［M］．上海：格致出版社、上海人民出版社，2009：236.

② 韩俊江，荆悦，邓永强．社会保障与社会福利新论［M］．长春：吉林人民出版社，2015（6）：23.

③ 习近平．决胜全面建成小康社会夺取新时代中国特色社会主义伟大胜利［N］．人民日报 2017－10－28（1）．

但是，由于农村经济基础薄弱，中国农村的社会福利发展长期停留在较低水平。农村居民基本的社会福利需求并没有得到应有的满足，与城市社会福利的国家—企业（单位）模式相比，其保障的水平和范围有着显著差距。

历经了数十年的计划经济时期和市场经济发展时期的演变及重大变革，目前我国农民社会福利的建设和发展已经进入一个新的历史时期。主要表现为：农民社会保障逐步发展完善，土地保障功能得以前所未有地发挥，贫困人口实现小康；实行了农村最低生活保障制度，实行长期的多形式的农村扶贫脱困工程，探索新的农村医疗保险制度和农村养老保险制度等。

但是，现在农村社会保障也存在问题。第一，随着城镇化的迅速发展，农用地转为非农用地的规模在不断扩大，失去土地的农民在增加，保障能力降低。第二，现代农民社会保障制度还是比较弱，社会化程度低，都要有政府或家庭保障。第三，农村老年人的养老金也是覆盖面有限且数额比较低。此外，许多农民进城务工，而城市的农民工与城市中的人所享受到的社会福利存在一定差距，影响到农民工及其家庭的生活水平①。

二、农村社会各项福利

结合社会福利覆盖的主体与范围，目前针对农民的社会福利主要包括以下几个方面：住房、土地、就业（创业）、低保、养老、医疗。

（一）住房

广大农民如果住在农村，那住房基本没问题，农村总是有原住宅和宅基地的。这里的问题是农民工进城的住房问题。由于在城市没有根基，而房价又高，农民工的收入与房价是不匹配的。这方面，政府以福利保障的形式，出台了一系列相关文件。比如住房问题，东莞市政府办公厅于2005年印发《东莞市农民住房管理暂行办法》，提出“加强本市农民住房管理，合理改善农民居住条件，引导农民住房集约、节约利用土地资源，实现集体经济可持续增长，促进新型城镇化健康发展”。后来，各地建立了专门给

① 徐永林．我国农民社会保障研究［J］．经济问题探索，2003（7）：30－33.

失地农民的保障房、进城务工人员的廉租房等，一定程度上解决了进城农民的住房问题。

（二）土地

为解决农村土地流转以及土地三权分置问题，2014 年，中共中央办公厅、国务院办公厅印发了《关于引导农村土地经营权有序流转发展农业适度规模经营的意见》。2016 年，中共中央办公厅、国务院办公厅印发了《关于完善农村土地所有权承包权经营权分置办法的意见》。这两项意见主要围绕正确处理农民和土地关系这一改革主线，科学界定“三权”内涵、权利边界及相互关系，逐步建立规范高效的“三权”运行机制，不断健全归属清晰、权能完整、流转顺畅、保护严格的农村土地产权制度。最终为发展现代农业、增加农民收入、乡村振兴提供保障。

（三）就业

关于就业方面的保障，从相关文件可以反映。由于只靠种地难以维持农民日益增长的物质文化需要，农民工纷纷进城务工。2006 年，国务院颁布了《国务院关于解决农民工问题的若干意见》，国务院办公厅转发《劳动保障部关于做好被征地农民就业培训和社会保障工作指导意见的通知》，推进农民工和被征地人员社会保障制度建设。2019 年 12 月 4 日国务院通过《保障农民工工资支付条例》，自 2020 年 5 月 1 日起施行。此条例的颁布标志着依法治理欠薪的新阶段的开启。

（四）低保

在农村确实存在着一群难以维持生计的农民，2007 年国务院颁布了《国务院关于在全国建立农村最低生活保障制度的通知》，全国建立兜底性的城乡最低生活保障制度。2017 年底，国家发布《关于支持深度贫困地区脱贫攻坚的实施意见》，将于 2019 年对深度贫困地区三分之一以上的村庄进行搬迁。

（五）养老

1. 城乡居民养老保险

城乡居民社会养老保险简称城乡居民保，是由政府部门组织开展的城镇居民社会养老保险与新型农村社会养老保险的统称。其创新性在于一方面实行政府补贴、集体补助以及个人缴费相结合的筹资办法，并由地方财政对城乡居民缴费实行补贴；另一方面养老待遇实行个人账户养老金与基础养老金相结合的方式，并由政府对基础养老金实施全额补贴。参保人员包括年满 16 周岁的除职工基本养老保险制度覆盖范围的城乡居民和国家机关及事业单位工作人员外的人员。县城乡居民基本养老保险缴费档次及缴费补贴的标准，自 2019 年 1 月起调整为 14 档，就原来 100 元缴费档次的，统一调整为 200 元的缴费档次，且城乡居民基本养老保险转归税务进行征收，城乡居民保最低缴费年限为 15 年。

我国目前土地外的现代农民社会保障发展的现状是，制度发育不健全、不规范，社会化程度低，覆盖范围窄，功能作用小，保障待遇低。农民养老保险覆盖面小，且经济发展水平不同的农村，其保险待遇差别较大。对于农村人口的养老问题，在 2009 年 9 月 4 日国务院办公厅发布《国务院关于开展新型农村社会养老保险试点的指导意见》，提出要在中国的农村探索建立个人缴费、集体补助、政府补贴相结合的新农保制度，保障农村居民老年基本生活。意见要求在全国普遍实施，2020 年之前基本实现对农村适龄居民的全覆盖。2014 年 2 月国务院印发《关于建立统一的城乡居民基本养老保险制度的意见》，部署在全国范围内建立统一的城乡居民基本养老保险制度，2020 年前，全面建成公平、统一、规范的城乡居民养老保险制度，与社会救助、社会福利等其他社会保障政策相配套，充分发挥家庭养老等传统保障方式的积极作用，更好保障参保城乡居民的老年基本生活。

2. 医疗保险

2003 年 1 月，国务院办公厅转发卫生部等部门的关于建立新型农村合作医疗制度意见的通知，明确新型农村合作医疗的试点工作从 2003 年下半年开展。至此，农村合作医疗制度开始由农民互助合作向政府资助加个人缴费的新型农村合作医疗制度转化。农村合作医疗走向了一个新的阶段，农村人口的疾病问题以及由此带来的生活压力得到缓解。

在整个社会福利发展过程中，我国也正在由最初的补缺型社会福利制度向普惠型社会福利制度进行转变。有学者把我国的社会福利根据其针对的不同群体，划分为：城镇已普遍建立的社会保障项目，包括养老、医疗（含生育）、工伤、失业等社会保险制度，针对老年人、儿童、残疾人等的社会福利制度，低保、灾害救助、社会互助、流动乞讨人员救助等社会救济制度，住房公积金、经济适用房、廉价住房等住房社会保障制度以及优抚安置等[①]。由此可见，目前我国整个的社会福利覆盖人群及范围越来越细化，但也存在着一些盲区和监管混乱的领域，相信在未来的社会福利发展过程中，也必然会不断趋于完善。

第三节 西部农村老年人福利可及性研究

一、引言

我国现有65岁及以上老年人19064万人（2020年人口普查数据，以下同），占全部人口比重为13.50%[②]。可以说中国由成年型社会迈入老年型社会。而总人口中，乡村人口占比36.11%，这其中，老年人口占有一定比例，因为，进入城镇的年轻人居多。我国目前的农村老年人，一部分原来家境条件好的进城后，或有退休金，或有子女帮助，或自住，或随子女住，生活境况也往往较好。但对于没有养老金且子女条件又不好的老年人，其生活境况并不好。据调查，有的老年人没有养老金，也无能力种地或养殖，这就导致其生活水平较低。相对于城市里或城郊，偏远地区由于公共设施比较缺乏，老年人的整体福利待遇相对落后。

老有所养是社会发展的目的。要提高人民的生活质量和水平，老年人年老体弱，没有劳动收入，因此要提高该群体的生活质量，最关键的还是来自各方面的福利补贴，包括来自家庭本身的储蓄、子女的赡养以及养老金等社会保障。从老年人的福利需要和满足角度出发，探讨西部农村老年人的福利可及程度，以期为决策机构建立福利保障制度提供依据。

---

① 曾国安，胡晶晶．论中国城市偏向的社会保障制度与城乡居民收入差距［J］．湖北经济学院学报，2008（1）：9－14.

② 国家统计局．第七次全国人口普查公报，国家统计局官网，2021年5月11日．

二、理论依据与指标设计

（一）理论依据

福利需要是社会需要的组成部分①。福利包括应该有的物质或服务，是社会成员在生存环境中经过客观比较和主观感受而发觉的②。福利需要是在个人、家庭、市场等福利提供主体无法满足需要的情况下，社会成员向福利提供和输送系统提出的一种需要，主要通过福利制度设计、政府再分配政策、社会福利政策和各种社会服务来满足③。

据已有的研究，老年人在娱乐、交通、医疗等福利层面的福利需要程度较高，而对法律福利层面的福利项目需要水平较低。受教育程度、健康状况、婚姻状况、家庭经济水平及户籍均对老年人的福利需要有显著影响，且老年人的福利需要水平存在地区差异④。胡宏伟等（2011）通过对居家养老的老年人精神慰藉需求的影响因素分析发现，身体健康状况越差、家庭成员关系越不和谐以及农村户籍的老年人的精神慰藉需要越大，且参加社会保障的老年人对精神慰藉的需要程度更高⑤。贾云竹（2002）对北京市老年人对社区助老服务的需要研究表明，受教育程度、原工作单位性质以及生活自理能力对老年人的社区助老服务的需要影响显著，而居住类型、性别、收入等因素对社区助老服务的需要影响并不明显⑥。陈友华等（2011）基于联合国人口预测资料，对2050年以前的中国老年人口的身体健康状况及其对养老机构床位数的需要水平进行预测，结果表明，未来中国需要入

---

① 杨琨．老年人的福利需要及其影响因素研究——基于适度普惠老年人福利数据库的分析．西北人口，2017，38（3）：61．

② 肖萍．基于福利需要视角的城市残疾居民福利体系探讨［J］．华东理工大学学报（社科版），2012（6）：75－82.

③ 范斌．福利社会学［M］．北京：社会科学文献出版社，2006.

④ 杨琨．老年人的福利需要及其影响因素研究——基于适度普惠老年人福利数据库的分析［J］．西北人口，38（3）：61.

⑤ 胡宏伟，时媛媛，张薇娜．需求与制度安排：城市化战略下的居家养老服务保障定位与发展［J］．人口与发展，2011，17（6）：54－64.

⑥ 贾云竹．北京市城市老年人对社区助老服务的需求研究［J］．人口研究，2002，26（2）：44－48.

住养老机构的老年人数量将会急剧增加，且不同性别、年龄与城乡的老年人口的身体健康状况之间有显著差异①。

相关研究中，对于老年人的福利需要并没有一个统一的内容，都是从不同角度研究老年人的福利。本书基于福利的含义以及关于福利内容和需要的相关研究，根据老年人的情况，结合现阶段的西部经济状况和农村生活水平，对比城镇的老年人的生活水平，设计出适合农村老年人的福利需要指标。

（二）指标的设计

福利指标的设计分为两个级别：

1. 一级指标

主要从福利内容角度出发来设计，分为基本保障、经济状况和生活状况。其中基本保障和生活状况是衡量福利的功能性指标，就是能够享受到的福利。经济状况是为获得和享受福利作保障的，影响福利的水平。

（1）基本保障的指标。根据森（Sen，1999）防护性保障，防护性保障是为弱势群体提供帮助的社会安全网②，是为了老年人给予最基本需要而设置的指标，分为医疗保险、养老金、医疗服务。对于老年人来说，这几项指标是十分关键的，反映基本的疾病保障和养老生活方面。

（2）经济状况。包括农业收入、子女给予的赡养费、集体或政府给予的补贴收入。Brandolini（1998）认为，收入是决定一个人能否实现其所珍视自由的关键，对其他功能性活动的实现有重要影响③。

（3）生活状况。它是依据商品或服务的功能性活动组合，体现了人们选择的自由，是衡量福利水平的重要指标④。

2. 二级指标

基于前人的理论研究，按照西部农村的经济状况，根据对西部农村地

---

① 陈友华，徐愫．中国老年人口的健康状况、福利需求与前景［J］．人口学刊，2011（2）：34－39.

② 高进云，乔荣锋，张安录．农地城市流转前后农户福利变化的模糊评价——基于森的可行能力理论［J］．管理世界，2007（6）：45－55.

③ Brandolini A，D'alessio G Year. Measuring well-being in the function space. In：General Conference of The International Association for Research in Income and Wealth［C］，Cracow ，Poland. 1998.

④ Berenger V ，Verdier-Chouchane A . Multidimensional measures of well-being ：standard of living and quality of life across countries［J］．World Development，2007，35（7）：1259－1276.

区老年人基本的生活福利的初步调查走访，结合现阶段统计部门的相关指标，每个一级指标下设置了若干二级指标（见表5－1）。

表5－1　　老年人福利指标及临界值

福利组成	指标	描述	计量	临界值	变量类型
基本保障	医疗保险	1. 最低档 2. 二档 3. 三档	1. 最低档 2. 二档 3. 三档	最低档1	定序变量
	养老保险档次	1. 无 2. 最低补贴102元 3. 享受低保 4. 建档立卡户	1.0 2.102 3.300 4.600	500元	连续变量（单位：元）
	医疗服务	1. 乡村卫生站 2. 镇卫生所 3. 县城医院 4. 市（区）以上医院	1. 乡村卫生站 2. 镇卫生所 3. 县城医院 4. 市（区）以上医院	镇卫生所2	定序变量
经济状况	农业收入	来自土地（种植）或养殖折合收入/月	数值	400元（月）	连续变量
	子女给予赡养费	实际数	数值	200元（月）	连续变量
	集体或政府给予补贴收入	1. 征地补偿 2. 退耕还林补偿 3. 额外补贴	数值	200元（每亩）	连续变量
生活状况	居住状况	1. 农村土坯房 2. 农村砖混房 3. 城镇住房	1. 农村土坯房 2. 农村砖混房 3. 城镇住房	农村砖混房2	定类变量
	住房设施完备程度	1. 仅简单生活设施 2. 煤气、电视、洗衣机 3. 煤气、电视、洗衣机、冰箱 4. 第3项＋自来水、天然气（太阳能） 5. 第4项＋房屋装修、家电齐备、手机	各类分别是1、2、3、4、5	煤气、电视、洗衣机、冰箱	定序变量

续表

福利组成	指标	描述	计量	临界值	变量类型
生活状况	生活便利程度	1. 非常不便利 2. 不便利 3. 基本能够满足需要 4. 比较便利 5. 非常便利	几种程度分别是 1、2、3、4、5	基本能够满足需要 3	定序变量
	交通便利程度	1. 非常不便利 2. 不便利 3. 基本能够满足需要 4. 比较便利 5. 非常便利	分别是 1、2、3、4、5	基本能够满足需要 3	定序变量
	休闲娱乐	1. 非常不满意 2. 不满意 3. 一般 4. 满意 5. 非常满意	分别是 1、2、3、4、5	一般	定序变量
	食物营养程度	1. 非常不满意 2. 不满意 3. 一般 4. 满意 5. 非常满意	分别是 1、2、3、4、5	满意	定序变量

三、样本选择及方法设计

（一）样本选择

本书选取了西北地区的宁夏、陕西、甘肃三省区的部分农村居民，其中宁夏的盐池县麻黄山乡和花马池乡的部分居民户 345 户，甘肃的静宁、平凉的 300 户，陕西的定边和绥德两县，共 350 户，共计 635 户。这三省的自然环境有些类似，都是干旱少雨，属于黄土高原地貌，长期以来是偏远而贫穷的地方。样本选取采用的是多阶段抽样，按照分类，第一阶段，在山区和靠近县城附近的郊县抽到村；第二阶段，再按照随机抽样选择住户。村委会名单里的老年人，部分迁移到了城镇，又追随到了城镇进行调查，有的住户总找不到，反复调查历时3个月，宁夏之外地区委托当地学生进行调查，宁夏本地区由老师带领学生调查。最后对样本进行整理，有效样本数为995户，有效率为91.7%。

此次共调查了995户老人，年龄在60岁及以上。按照居住情况，有的老人和老伴一起住，基本独立，有的丧偶单独一人居住，有的可能丧偶可能双方均在但随子女一起住，由于每种福利的结果是不同的，每种情况都视为是一户。本书把这种居住情况称为居住属性，见表5-2。

表5-2　老年人独居、与子女同住情况　　单位：人

居住属性	年龄				总计
	60—65岁	65—70岁	70—75岁	75岁及以上	
夫妻双方健在单独住	199	113	158	10	480
单身居住	103	86	123	27	340
与子女同住	58	17	99	0	175
总计	360	216	381	38	995

可以看出，如果夫妻双方均健在，单独居住的比例是很高的，几乎占到一半，与子女同住的只是少数，只占调查总数的17.6%。

（二）方法设计

借鉴测度福利贫困的方法，选取可以度量福利贫困的FGT贫困指数来研究农村老年人福利贫困，把它作为福利不可及的表达式①。该方法是度量贫困的一种方法，体现可行能力理论，用综合指标的方法测定贫困指数（Sen，1984）。

$$FGT_{\alpha} = \frac{1}{n}\Sigma\left(\frac{Z - F}{Z}\right)^{\alpha} \tag{5.1}$$

式（5.1）中，F是老年人福利水平，Z是福利贫困线，是个临界值，

① 袁方，史清华，卓建伟．农民工福利贫困按功能性活动的变动分解——以上海为例［J］．中国软科学，2014（7）：40-59.

当老年人 i 的福利水平 Fi 低于福利临界值 Z 时，则老年人 i 处于福利贫困状态。当 $\alpha=0$ 时 FGT_0 为福利贫困发生率，是福利贫困广度指标，反映福利贫困人口占总人口的比例；当 $\alpha=1$ 时，FGT_1 为福利贫困距离指数，是福利贫困深度指标，反映福利贫困人口的福利水平与福利贫困线的相对距离；当 $\alpha=2$ 时，FGT_2 为加权福利缺口指数，是福利贫困强度指标，由于福利越贫困的人口越远离福利贫困线，该指标相当于在加权平均时赋予特别贫困人口以更大的权数，揭示了福利贫困人口内部的福利差距。

为确定临界值 Z，考虑到贫困地区的老年人情况，其福利需要相对于发达地区并不高，本书结合老年人需要、农村生活水平以及当地城镇的整体生活水平，以当年宁夏农村居民五档收入和消费值为基础设定了临界值。考虑到老年人以及西部贫困地区的生活水准和实际情况，各指标的临界值如下：

（1）医疗保险档位。新的农村医疗保险，以最低为临界值，每年都有调整，以调查的 2019 年的情况为准，各地有差异，在宁夏农村是 230 元。

（2）养老金。由于过去农村都没有实行养老保险，普遍的都没有如同城镇职工的养老金，现在实行的是 60 岁以上老人给予数量很少的生活补贴。有个别的过去在公办单位做过非农劳动，享受了养老金，大概 1800 元左右（以 2019 年为标准），如临时工、乡镇工作人员、村干部。还有几年前个别县市采用的 60 岁以上老人一次性缴纳 26000 元均可享受的最低养老保险，这部分老年人非常受益，调查中表示非常满意。没有享受养老金的老年人，认为最低的养老金是每月 500 元，外加子女赡养、农村的自种自养、自给自足的收入，500 元的养老金足够生活。

（3）医疗服务。在农村，生病可以就医的地方有乡卫生所、乡村卫生站、镇卫生所、县城医院、市（区）以上医院，乡村的医疗条件还比较差，居民最低选择是镇卫生所，因为镇的条件好一点，基本的小病可以治疗，所以镇卫生所是临界值。

（4）农业收入。收入包括种植、牛羊猪养殖以及副业，比如编制、绣花等西部农村的一些副业，有出售收入，也包括自产自用折合收入，一年平均 5000 元，算下来平均每月 400 元。

（5）子女赡养费。在西部农村，有子女赡养老人的良好风俗，子女给老人的钱物，平均下来老人期望的最低数是每月 200 元。

（6）政府补贴或集体经济的收入分配。指由于各种工程，如退耕还林、种树种草的补贴，土地流转的收入等。一些地方的资源开采占用农田或自家屋前屋后道路的补贴，如石油开采占用农民的田地，有的年份补贴还比较多，达到5000元以上。有的人家土地每亩流转收入100元，可以达到5000元。但是贫困地区比较偏远，土地往往也没人愿意种，山区的地只能种树种草。总之，政府补贴或集体经济的收入分配是一个比较重要的收入来源，体现了政府的关心，相对于养老金，比较稳定。临界值为每月200元。

（7）居住状况。现阶段农村居民居住主要是三种情况：农村土坯房、农村砖混房、城镇住房。调查中发现农村老年居民对于房子，只要安全就可以，不求一定要砖混或城镇有房子。近几年，农村进行了危房改造，土坯房只有偏远的干燥的地方还存在，并且也是加固了的，基本上都改成砖混，许多地方一户45平方米是最低的要求，所以，临界值就是砖混。

（8）房间生活设施。分为5级：①仅简单生活设施；② 在①基础上加煤气、电视；③煤气、电视、洗衣机、冰箱等家电；④自来水、天然气、太阳能；⑤房屋装修、家电齐备、手机。临界值为③。

（9）农村居住地生活便利程度。按照程度分为5级：①非常不便利；②不便利；③基本能够满足需要；④比较便利；⑤非常便利。生活的便利是体现福利的一个重要方面，考虑了地理位置、与城镇的距离、社区各种配套，对于老年人来说，就是买简单物品、就医等的便利。临界值为③。

（10）交通便利程度。老年人虽然不喜到处移动，但是在农村，有的比较偏僻，交通便利使老年人生活质量提高，可以随时走亲串友，增加快乐。便利程度分为5级，分别是：①非常不便利；②不便利；③基本能够满足需要；④比较便利；⑤非常便利。临界值是基本能够满足需要，用③表示。

（11）休闲娱乐。随着生活质量的提高，不仅需要衣食住行，老年人也有精神需要，有一定的人际交往，需要一定的娱乐设施和条件，调查中也发现农村的老年人对娱乐也有需求，设置了5级数值：①非常不满意；②不满意；③一般；④满意；⑤非常满意。临界值为④。

（12）食物营养程度，是为了解老年人的食物质量，这对于健康至关重要。这既是主观指标也是客观指标，通过调查一日三餐肉食素食搭配，设置了5种级别：仅吃饱到荤素搭配合理程度分为：①非常不合理；②不合理；③一般；④比较合理；⑤非常合理。临界值为③。

上述12项指标，反映农村老年人基本物质及精神生活的福利需要，其中农业收入、子女赡养费和政府补贴又是其他几项需要满足的基础，可以视为是改善其他项目的财力支持。本书基于上述测度公式，根据实际值和临界值，测度出这些福利方面的贫困程度。

四、测度结果

（一）指标的均值和标准差

对于各福利指标，计算出研究对象的均值和标准差，均值反映其一般水平，标准差反映了个体的差异程度（见表5－3）。

表5－3　　指标的均值和标准差

指标	平均值	标准偏差	指标	平均值	标准偏差
养老保险	1.36	0.584	集体补贴	127.24	213.796
养老金	136.08	189.691	居住房屋类型	1.75	0.528
医疗服务	1.91	0.773	住房内生活设施	2.7862	1.33976
农业收入	300.34	248.803	交通便利	3.3310	0.95617
子女赡养	335.17	256.279	生活便利	2.33	0.672
政府补助或集体经济分配	3.3138	1.07897	休闲娱乐	3.07	0.795

注：Sig：0.05，T检验，样本推断总体均值95%的可靠性。

（二）计算福利贫困率

用贫困指数公式和上述各种福利变量值计算，测得各个方面的福利贫困指数见表5－4。

表5－4　　各个指标测定的福利贫困指数

福利组成	指标	贫困指数（%）
基本保障	医疗保险	－36.21
	养老保险档次	72.78
	医疗服务	4.31

续表

福利组成	指标	贫困指数（%）
经济状况	农业收入	24.74
	子女给予赡养费	-67.59
	集体或政府给予补贴收入	36.38
生活状况	居住状况	-74.83
	住房设施完备程度	-39.31
	生活便利程度	50.00
	交通便利程度	-11.03
	休闲娱乐	-1.15
	食物营养程度	-10.46

从表5-4的测算结果，可以看到福利的可及程度：

1. 基本保障指标

一方面，养老保险档次、医疗服务的估计结果为正值，这说明农村老年人在这两项处于福利贫困状态。其中，养老保险的估计值高达72.78%，意味着大部分的农村老年人获得低于500元的养老金，满足不了基本生活。医疗服务的估计值为较低，为4.31%。意味着目前农村老年人主要在乡村卫生所就医，能够去到镇级以上的卫生所较少。另一方面，医疗保险的估计值虽然为负值，但是数值并不是很大。这说明农村老年人的医疗保险大部分是处于最低档水平。

2. 经济状况指标

农业收入、集体或政府给予补贴收入的估计结果为正值，且数值在30%左右。这说明存在少部分农村老年人的农业收入低于400元/月，集体或政府给予补贴收入低于200元/亩。对于子女给予赡养费而言，估计值为负值且为67.59%，意味着大部分的农村老年人在这一方面的福利得到了满足。

3. 生活状况指标

只有生活便利程度的估计值结果为正值，为50%。代表有接近一半的农村老年人在这一方面的福利能够得到基本满足。而对于住房设施完备程度、交通便利程度、休闲娱乐、食物营养程度、居住状况来说，他们都在不同程度上满足了农村老年人的福利需求。其中，居住状况的估计值为74.83%，意味着大部分农村老年人的住房情况都处于较好的状态。

（三）关于福利可及性的进一步讨论

虽然总体上计算了用福利贫困指数反映福利的可及性，但是老年人年龄不同，也会在福利既得和需要方面有差异。从各分组的组间方差的F检验来看，都有显著性，说明不同年龄组，他们之间所获得的福利是不同的，养老金、医疗保险、养老服务、赡养费、集体补助、住房设施完备以及生活便利、休闲娱乐等都有显著差异。之所以有差异，与养老政策有关系，年龄越大，国家给予的养老金补助越多。但是医疗保险，年龄大的反而缴纳的档位越低，这可能是因为老年人不愿意或者没有更多钱去缴纳更高的保险。养老服务，由于年轻些的大都进城了，留下的是年老的，所以大多是年老的在农村卫生院就诊。至于农业收入，年老的就很少或没有。赡养费没有差异。交通方面是一种心理感受，年轻者多出门，自然对交通要求高，年老者反而觉得满足，没有更高要求，休闲也如此（见表5-5）。

表5-5　不同年龄的福利差异

福利指标	F检验	显著性 Sig	福利指标	F检验	显著性 Sig
养老金	12.504	.000	居住状况	7.372	.000
医疗保险档位	12.117	.000	住房设施完备程度	24.938	.000
医疗服务	17.506	.000	食物营养满意度	5.191	.002
农业收入	5.660	.001	交通出行便利	2.842	.038
子女给予赡养费	4.347	.005	生活便利程度	46.968	.000
集体或政府给予补贴	2.320	.076	休闲娱乐	4.487	.004

注：Sig ：0.05

五、提高西部老年人福利可及程度的几项建议

第一，提高老年人的养老金。对于60岁以上的老年人，每月增加到养老金500元，这样老年人的各项生活基本需要能够得到货币支付，也能体现老年人的尊严，子女负担也能够减轻。

第二，完善医疗服务。完善所在乡镇的卫生设施及各项医疗条件，提高医疗服务水平，使得居住在农村的老年人能够不必要劳累去县城、省城看日常病。安排全科医生到乡镇工作，定期轮岗。也可以定期安排水平高的专家下乡坐诊，以解决老年人看病问题。

第三，针对不同年龄的人群提高就业指导。对有劳动能力的老年人，提供农业机械使用的帮助和相应的种养技术指导，鼓励有能力的老年人参加合作社，提高其来自农业的种养殖和其他收入。

第四，发展农村集体经济。利用老年人无力种地而闲置的耕地和某些可利用的农村宅基地发展一些灵活的集体经济，如特色种植、养殖以及副业，利用各地的特色资源，发展特色产业，如乡村旅游、休闲农业壮大集体经济，获得集体收入，给予老年人更多补贴。

第四节 农户生计策略、人力资本的福利效应

一、农户行为、生计策略与人力资本

研究进城农民，需要研究他们进城前的生计和福利。但由于时间因素，除了进城因素外，还有其他因素也会影响进城后的福利变化。因此，选择与进城农民相匹配的未进城农民作为参照进行对比，比直接对比进城农民进城前后的福利变化更具客观性。在进行匹配后，本书选择了部分未进城农民作为进城前的对比对象。

本节对农户的行为研究，目的是进一步研究进城农民的就业状况对收入的影响。农户的个体生产方式、谋生方式以及消费方式的差异最终会影响收入，也就影响福利，但根本的还在于个体人力资本上的差异。由于个人拥有的人力资本不同，生计的决策不同，产生了不同的收入效应。由于研究的是进城农民的福利问题，鉴于样本比较散，进城农民的类型不一，而且贫困地区，移民搬迁进入城镇是一大代表性的类型。所以，以移民搬迁农户为例，探讨其行为、生计策略和人力资本的福利效应。但移民搬迁，

有一部分还是在农村，本节探讨这部分农户的福利，也与进城农民福利进行对比。提出农户改变固有的不利的生计模式，倡导新的提高收入、改善生计质量的模式；对政策、政府角色作用也提出一些建议。

（一）农户行为

农户行为是指农户在农村经济活动和生活中进行的各种选择决策。生产行为的主体包括：经营投入行为、种植选择行为、资源利用行为和技术应用行为。农户即农民家庭，是由血缘组合而成的一种社会组织单位，有着不同于城市家庭的典型的特征，农户不仅是一种生活组织更是一种生产组织，农户的行为也不只是个体的行为，更是有组织的群体生产行为。一种学派是以舒尔茨（1964）的《改造传统农业》为代表作，从研究传统农业的特征入手，沿用西方形式主义经济学关于人的假设，认为小农像企业家一样都是“经济人”，其生产要素的配置行为符合帕累托最优原则，是最有效率的贫穷的小农经济①。农户的行为包括生产行为和消费行为②。徐勇、邓大才（2006）从当今中国农村处于一个社会化程度高、土地均等化、税费全免等制度安排下的现实出发，提出了农户行为理论假说，认为中国农村改革开放以来，出现了两个显著的变化：一是农户基本解决了生存问题；二是社会化程度迅速提高，渗透到了农户生产、生活、交往各个环节、各个领域③。小农约束条件由生存约束转为货币约束，小农目标由生存效用最大化转为货币收入最大化。对此，需要提出新的分析框架解释假定条件变化后的小农行为及其动机。认为判断小农动机与行为要因“户”、因“地”、因“时”、因“需求层次”、因“发展阶段”确定，并据此抽象出一个时期大部分小农的行为与动机④。

本书中的农户行为，仅仅涉及个体行为，这种行为体现在生计方式的选择上，即由环境、农户自身拥有或掌握的自然的、物质的、社会的、金融的、人力的等方面的资本所决定的生计策略。不同的策略，影响到获得

---

① 郑杭生，汪雁．农户经济理论再议［J］．学海，2005，4（3）：66－75.

② 林毅夫．小农与经济理性［J］．农村经济与社会，1988，4（3）：31－33.

③ 邓大松．农民行为的均衡与失衡［J］．经济研究参考，2002，4（79）：33.

④ 严瑞珍，孔祥智，程淑兰等．转轨时期农民行为与政府行为的轨迹［J］．经济学家，1997，4（5）：61－68.

收入的多少。

（二）现阶段我国西部农户获得收入的方式——生计策略

农户行为体现在获得收入的各种途径，在可持续生计框架理论中，是指生计策略。对未进城农户按从事的劳动活动情况分为纯农户、农兼户、兼农户等三种类型。纯农户指家庭主要劳动力长期主要从事种植、养殖等生计方式且家庭主要收入来源于农林牧业的农户；农兼户指至少有一名家庭主要劳动力长期主要从事种植、养殖等生计方式的农户；兼农户指家庭主要劳动力在外务工、经商，主要收入来源于非农收入，由留守老人等非家庭主要劳动力从事种植、养殖的农户。那些虽然在身份上属于农民，而实际上既不居住在农村，也不直接从事农林牧渔业生产的，事实上已经转变为城镇居民的“农户”，不在分类之中。

农户在收入上，有纯农业收入，该指标指农民年内从各种来源得到的全部实际收入扣除各项费用支出后的纯收入，包括农业收入、林业收入、畜牧业收入、工资性收入（打工收入）、家庭经营收入、转移性收入和财产性收入。各种收入反映了生计的方式。本书将财产性收入划归为家庭经营收入，转移性收入即政府补助（包括退耕补助和粮食直补），打工收入即汇款。

农户行为还有一个方面，就是消费状况，不同的消费，获得的效应不同，对于收入有直接或间接的影响。本书只考虑总消费支出中各种具体支出的情况。

以下是对三种农户类型的具体解释：

1. 纯农户

纯农户的主要劳动力都在农村就业，从事农林牧业生产，是纯粹意义上的农户。

2. 农兼户

农兼户采取亦农亦工（商）的兼业方式维持生计。农兼户在家庭主要劳动力配置方面，一般丈夫外出务工，妻子在村务农，或者子女外出务工，父母居家务农。迁出地区大面积坡地耕种困难，产量低下，退耕还林后农户耕地面积减少，单纯务农并不能维持家庭生活，需要开拓新的收入来源点。农兼户以务工获得主要收入，种植作为补充。农兼户这种劳动力配置方式灵活高效，有效提高了劳动力的使用程度，最大化扩展了家庭的收入来源，既考虑到增收的需要，又通过兼业降低生计风险。

3. 兼农户

兼农户的主要劳动力均在农村以外就业，家庭多为老人和小孩居村。兼农户的留守老人有些不种地，有些耕有少量土地。兼农户在经济来源上已经不依赖于农业生产，其发展趋势是离村离农，逐步脱离农村日常生产生活实践。兼农户大部分家庭成员仅仅在户籍上隶属于村子，从不或很少回村，他们的耕地大多出租或赠与他人耕种。

（三）农户行为的决定基础——人力资本

农户的行为往往和自身拥有的资本有关。受过一定教育、有良好的技能或者其他的资本，这种行为是不同的。根据可持续生计理论，即根据英国海外发展部（DFID）提出的可持续分析框架（SLA），该框架包括脆弱性背景、生计资本、生计战略和生计输出、结构和制度的转变等以及它们之间的相互关系，显示出人们如何利用大量的资本、权利和可能的策略去追求某种生计出路，以及脆弱性背景和政策制度的改变是如何影响人们的生计策略的。其中生计资本是基础。

生计资本是家庭或个人资产状况，是家庭或个人拥有的选择机会、采用的生计战略和所处风险环境的基础，也是针对农村扶贫和发展项目设计和实施的切入点。资本的定义是广泛的，它不仅包括金融财产如存款、土地经营权、生意或住房等，还包括个人的知识、技能、社交圈、社会关系和影响其生活相关的决策能力，因而可持续生计至少有一个五角形支撑体系：自然资本、金融资本、物质资本、人力资本、社会资本（DFID，1998）。五种资本代表农户能力和权利的资源禀赋。人力资本是各种资本中最具有决定性的条件，相同的其他资本条件下，相同的脆弱性背景，但是不同的生计策略，会产生不同的生计结果。生计策略，就是不同的行为方式。

二、农户行为对收入的影响分析

（一）农户生计方式

农户按兼业程度分为纯农户、农兼户、兼农户三种类型。本书使用的数据是通过专门针对农户经营和消费行为的调查得出的，选取了244户，这些农户是能够与进城农民相匹配的，调查项目包括对生计的各种方式，对其从事的主业是纯农户、农兼户还是兼农户进行调查；同时，对其收入的来源和消费支出的去向进行调查。

1. 种植

在贫困地区，所在地干旱少雨。但近几年，由于移民搬迁以及城镇化，种植都是规模化，单纯的几亩地种植已经很少。从事种植业的，耕地面积普遍较大，有的农户可达百亩以上，有的农户只有10来亩。种植的品种为低产耐旱的小杂粮，主要有糜子、谷子、荞麦、胡麻、云盖、豆类、马铃薯等，在沟谷地带种植高产的玉米、蔬菜等作物。

2. 打工

在调查样本中，只有20%的农户有劳动力参与外出务工活动，以年龄为40岁以下者居多，并且有一些文化程度，有能力在外打工。当地政府曾多次规模组织劳务输出，到外乡做各种苦力活，主要在采矿、工程建设等行业。2019年的年收入达4万元左右。以修筑高速路为例，苦力型务工人员每天工作10小时，每月收入在5000—10000元，年务工毛收入在50000元左右。

部分农户主要从事短工。在村人员利用空余时间在本地做零工赚取工资。这种形式给那些不能外出务工却又缺乏就业机会、有剩余劳动力的、劳动力不能充分使用的农户提供了就业机会，是农户补贴家计、增加收入的重要途径。短工工作与农村密切相关，就是在本乡劳动，如乡村修路、农田锄草、林果采摘等。2019年年工资水平为男性每天100—120元，女性每天100元左右。以摘枸杞为例，每天可以收入100元。但是这个工作不是长久的，有时就没有机会。

3. 养殖

养殖业是山区农户传统的生计方式之一。因为地处山地，土地宽裕，沟地、草滩较多，过去以放养为主，但禁牧后就只能圈养。但现在，调查样本中，只有较少的住户养羊，为规模养殖，大都在100只以上，主要目的是出售。另外，还有一部分农户养殖猪、鸡和牛等。

在宁夏南部山区，养羊效益明显高于种地，有部分农户养殖规模较大，数量在100多只，这是农户中的富裕户，成本低，效益不错，养羊成为一些家庭的主要现金收入和致富门路。

4. 林果业

在西部一些山区，有部分农户从事林果业，以特色林果为主，如近年来种植的红梅杏，由于味甜水分足，很受欢迎。成为一些地区的招牌水果，只是受天气影响较大，如遇霜冻，就减产甚至绝收，因此，如何防寒，成为一大难题。

（二）农户个人情况基本描述

在表 5 - 6 中，我们可以看到农户占比比较大的年龄段在 50 岁到 60 岁。这个年龄层外出务工的人数逐渐减少，回到老家进行耕种的人数增多。

表 5 - 6　　　　农户基本描述

个人特征	年龄	百分比（%）
年龄	30 岁以下	14.7
	30—40 岁	18.5
	40—50 岁	16.5
	50—60 岁	46.3
	60 岁以上	7.0
受教育程度	文盲或识字很少	5.0
	小学以下	31.2
	初中	53.7
	高中以上	10.1
养老保险	无	64.2
	有	35.8
医疗保险	无	84.4
	有	15.6
自身技能	无任何技能	33.5
	有一定经验和技能	56.0
	有技能证书，有特长	10.6

受教育程度占比最多的是初中以及小学以下，这说明农户的基本文化水平不算太高。享有养老保险的农户占了 35.8%，而大多数农户并未缴纳

养老保险。与养老保险相似的，是医疗保险，医疗保险缴纳的人数相比较养老保险的比例更少，只有15.6%，这说明在农村，很多农户并没有足够的医疗养老的保障。

（三）不同生计方式的收入效应

不同的方式，其获得收入也有很大差异。生计方式多样化，可从不同渠道获得收入，其获得收入也有很大差异（见表5-7）。

表5-7　　不同类型农户所占比重以及收入情况

农户类型	纯农户		农兼户		兼农户		平均收入（元）
指标	农户比重（%）	人均纯收入（元）	农户比重（%）	人均纯收入（元）	农户比重（%）	人均纯收入（元）	
数值	31.36	16410	49.83	19660	18.81	20963	18886

未进城农户中，农户主要是纯农户、农兼户居多，分别占31.36%、49.83%，收入达到年人均16410元、19660元。而兼农户占比是最少的，只有18.81%。农兼户采取的是亦工亦农的方式维持生计，有劳动力外出务工，相较于纯农户来说，其人均纯收入会更高一些；而兼农户经济来源，不依赖农业生产，留守的老人耕种面积很少，相较于农兼户来说，人均收入相较低一些；纯农户仅仅依靠种植来获得收入，相较于兼农户、农兼户的人均收入会更低一些（见表5-8）。

表5-8　　调查农户家庭人均年纯收入来源

收入来源	2019年	
	收入（元）	占总收入比重（%）
（一）工资性收入	8993	47.62
本地务工收入	4300	22.77
外出务工收入	4693	24.85
（二）家庭经营收入	8721	46.18
第一产业收入	5191	27.49
农业收入	2375	12.58
牧业收入	1456	7.71

续表

收入来源	2019 年	
	收入（元）	占总收入比重（%）
林业收入	1360	7.20
第二产业收入	1289	6.83
第三产业收入	2241	11.87
（三）转移性收入	1172	6.21
合计	18886	100

农户收入效应的几点结论：

1. 从整体看，不同生计方式的农户，收入差异很大

未进城的农户中，纯农户、养殖户居多，占 82.15%，收入达到年人均 13680 元，但和兼农户比较，还是在外打工收入高。农兼户就更高，因为他们在外打工时间更长，只有老人在家留守。

从收入来源来看，农户从事种植和牧业，其中家庭经营收入中占比最大的是第一产业，占总收入的 27.49%，也就是说第一产业收入是农户收入的主要来源。第二和第三产业合计占 18.7%，这说明大部分农户都从事养殖业。

工资性收入也占有一定比重，说明现在农村已经发生很大改变，有了很大程度的提高，农户已经开始从传统农业向新型农业和工业转移。换言之，大多数农村劳动力已经不是自己在种地，而是靠给别人打工来获取收入。

2. 农户之间的差异

从整体看，平均值只能反映一般水平，但是农户之间的差距却较大。将人均收入求标准差，然后计算标准差系数，即变异系数，衡量总体内部各单位的差异程度（见表 5－9）。

标准差系数是将标准差与相应的平均数对比的结果。标准差和其他变异指标一样，是反映标志变动度的绝对指标。它的大小，不仅取决于标准值的离差程度，还决定于数列平均水平的高低。因而对于具有不同水平的数列或总体，就不宜直接用标准差来比较其标志变动度的大小，而需要将标准差与其相应的平均数对比，计算标准差系数，即采用相对数才能进行

比较。既然标准差系数是表示标准差率的指标，也就是表示一组数据差异的指标，那么指标值越小说明该组数据的差异越小，样本越准确，误差越小。

表 5－9　　调查移民户人均纯收入差距

收入来源	2015 年之后生态移民		
	标准差（元）(1)	人均纯收入（元）(2)	变异系数 V = (1) / (2) ＊100%
（一）工资性收入	1555	8993	17.29
本地务工收入	760	4300	17.67
外出务工收入	695	4593	15.13
（二）家庭经营收入	1329	8721	15.24
第一产业收入	801	5191	15.43
农业收入	219	2375	9.22
牧业收入	214	1456	14.70
林业收入	205	1360	15.07
第二产业收入	310	1289	24.05
第三产业收入	218	2241	9.73
（三）转移性收入	218	1172	18.60
合计	3102	18886	16.42

表 5－9 测算了农户的标准差系数。根据测算结果，农户的工资性收入的变异系数均较大，达到了 47.09%，说明农户工资性收入的个体差异较为明显。农户的第一产业收入中农牧业收入的变异系数分别为 14.70%、15.07%。农户第二产业收入变异系数为 6.83%，处在一个相对较低的水平，说明个体差异不很明显，主要表现在部分农户的专业技能为工业和建筑业，体力劳动多一点。但第三产业差距比较大，工作机会和工资较技能欠缺的农户就会有明显的比较优势，因此，这方面的收入的个体差异会比较明显。

3. 消费方面

经过对这些农户的访谈，了解到其消费的具体支出比例，收入在不同档的，其消费支出也不尽相同。支出的主要方面如表 5－10 所示。

表 5－10　农户消费支出结构　单位：%

收入水平	食物	文化	教育	日杂	固定资产
10000—15000 元	50. 1	13. 9	14. 1	11. 3	10. 6
15000—20000 元	38. 2	16. 8	19. 8	13. 2	12. 0
20000—25000 元	30. 1	15	19. 2	21. 7	14. 0
25000 元以上	20. 6	23. 4	26. 4	20. 6	9. 0

收入水平不同的农户消费支出结构是不一样的，在此将支出划分为五个主要方面，包括食物（家庭中所有食物支出）、文化（包括精神文化，如到城里逛街或旅游、教育（对孩子的教育投资和对劳动力技能培训支出）、日杂（除其他四项的其他开支）和固定资产（房屋支出、家用电器、较大一点的耐用农具以及种羊等种畜）。从表 5－10 可以看出，随着收入水平的提高农户家庭消费中食物的比重在不断下降，这就是测量贫困的恩格尔系数所表示的内容，越贫困，食物消费占总消费的比重越高。简单地说，农户在较低的收入水平时，家庭的收入仅能满足一家人的温饱问题，故食物消费所占比重越大，也就越贫困；反之，随着收入的增加农户可以用于其他消费的比重增加，间接地体现了贫困的减弱。对于文化和教育的支出均是随着收入的增加而增加，这一点很容易理解。随着收入的增加，农户对于物质生活的追求达到一定水平时，对于精神生活的追求就会增加，主要的手段就是为自己的智力提升做投资，购买书籍等，而对教育支出的增加表现在农户对于子女教育的重视程度在不断地增加，同时在外出务工的过程中发现专业技能的重要性，对此进行的投资也会增加。日杂也是随着收入水平的提高在不断增加，这一点比较容易理解。最后一项，固定资产，随着收入的增加并没有很大变化，主要是因为固定资产的使用年限较长，农户节俭的传统和习惯根深蒂固，除非固定资产不能使用才会购买新的代替，很少购买固定资产。之所以有支出，是因为随着社会的进步，生活用品、固定资产的种类在不断地增加和变化，因此，农户会选择添置一些必需品，与收入没有必然联系。

三、农户收入与生计策略的讨论

（一）农户生计策略的差异导致不同的收入结果

根据前面的数据分析和对农户生计策略的介绍。从调研的数据可以看出，采用种植、养殖或者外出务工等单一生计方式的农户收入水平明显低于采用多种生计方式的农户，外出打工或打零工的，或者单纯规模养殖的，其收入就比较高。

（二）生计方式的选择与所拥有资本密切相关

教育资源的落后导致了农户人力资本的落后，从而导致在生计方式或生计策略选择时不得不选择技术要求较低的种植业和牧业。有一定文化和技能的人选择到外面打工获得收入。智力资本越高，其收入也越高。

（三）生计方式的选择受外界干预

生计方式的选择固然是个体行为，但是外界的干预也必不可少。如所调查的移民区，政府引导的产业布局，一些产业安排在乡镇，就为农户提供了就业机会。建立了市场，就带动了产品的生产和交易，对于一些有一定技能的、会经营的农户增加了来自第二、第三产业的收入。

（四）不同的消费去向，影响到未来的收入

市场经济中，市场主体有生产者和消费者，那么在农户的生产生活中有收入就会有消费，同时，不同的收入水平决定了不同的消费结构。在表5－10中显示了农户不同收入水平下不同的消费去向，其中收入越高，对于基本生活的投入就会越少，在收入达到一定程度时就会对消费产生巨大的作用。例如，在农户收入足以满足家庭基本生活时，会追求不同层次的消费。不同的消费倾向会对未来的收入产生不同的影响。受教育程度越高，农户对于家庭剩余资金的处理越有效。某些消费本身就是投资。有效的消费会为家庭收入带来较多的资金和经验的积累，也会对可持续发展有一定促进作用。

四、改进生计策略的建议

（一）合理利用生计资本

合理地利用生计资本会对生计策略的选择起到决定性作用。农户的生

计资本包括人力资本、自然资本、社会资本、金融资本和物质资本，五种生计资本相互依存，但是又都相互独立。它们共同依赖于农户的人力资本，也就是说农户的人力资本是创造其他资本的基础，而人力资本又包括农户的体能和素能，在提高素能的同时还要保证体能的充沛，在此基础上可以对其他几项生计资本进行改善。在社会资本、自然资本既定的前提下，农户要合理利用金融资本，例如对金融政策的掌握，各种贷款政策的利用，优质项目的策划等，都会对生计策略的改进产生影响。

（二）多种生计方式并存

多种生计方式并存会对农户收入来源有所影响，从而影响收入。同时还要加大农村基础设施建设。农户可以选择种植、养殖和外出务工等多种方式并存的生计方式来提高收入。除此之外还可以进行自主经营，发挥自己的优势技能来增加收入。为了能够更好地选择生计策略，应该加大对农户的技能培训，提升农户人力资本技能水平，提高其谋生能力，这是农户生计可持续发展的关键。政府应加大对农民进行技能培训的力度，以增强其就业能力和就业机会，同时拥有一定的技能也能增加收入。因此，要改变其生计方式，合理地配置生计策略，使得农户的收入有更大的提高。良好的道路交通条件、水利灌溉设施、通信网络等基础设施条件将有效地降低农户的生产、生活成本、极大地改善其生计状况。

第五节 宁夏城乡融合发展中居民融合及农民增收问题探讨

一、引言

长期以来，我国发展中城乡发展不均衡，城乡问题成为一个重要命题。在共享发展成果的时代，城乡均衡发展不仅是共同发展的体现，也是一个国家治理现代化的重要标志①。统筹城乡发展是党的十六大提出的，建立健全城乡融合发展体制、机制和政策体系，是党的十九大提出的重要决定②。乡村振兴战略是党的十九大提出的重要战略，建立城乡融合发展的体制机制以及相应的政策体系，是实现乡村振兴战略的必然要求。

城乡融合中，居民融合是一个角度，农民增收是一大抓手。本书从城乡融合诸多问题中，选取居民融合的视角，将宁夏与西部其他省区进行对比，分析宁夏城乡融合与其他西部省区及东部省区的差距，分析宁夏黄河流域五城市的居民融合及农民增收问题，从而从一个方面探讨宁夏黄河流域城乡融合发展的路径。

二、相关文献梳理

（一）城乡融合内涵

关于城乡融合发展问题，学者们进行了很多的研究，归纳起来，主要有以下几个方面：一是如学者叶兴庆关于城乡融合发展内涵的阐释，指出理念上应“将城市和乡村放在平等的地位”（叶兴庆，2019）③；二是如翟昕从“历史内涵”“理论内涵”和“逻辑内涵”三方面阐释了新时代城乡融合发展的内涵（翟昕，2020）④；三是也有学者如杨志恒提出城乡融合发展的核心是“城乡发展同轨”“城乡一体同构”和“城乡愿景一致”（杨志恒，2019）⑤。

（二）关于城镇化与农民收入的关系

学术界已经有了很多探索性研究。例如，城镇化对农民收入的影响，国外学者艾拉斯尔（Alasial）研究认为：城镇化有助于给农村劳动力提供更

---

① 林阿妙，蔡雪雄．城乡融合发展中地方政府职责体系的优化研究［J］．经济问题，2020（11）：26－32.

② 罗君．城乡融合发展的路径探析——以济宁市为例［J］．城乡建设，2020（19）.

③ 叶兴庆，金三林，韩杨．走城乡融合发展之路［M］．北京：中国发展出版社，2019（9）：17.

④ 翟昕．新时代城乡融合发展的内涵探析［J］．太原理工大学学报（社会科学版），2020，38（1）：19－26.

⑤ 杨志恒．城乡融合发展的理论溯源、内涵与机制分析［J］．地理与地理信息科学，2019（4）：111－116.

多的城镇就业的机会，很有效地帮助提高其工资性收入（Alasia，2009），赛特斯特（Satterthwaite）从农业现代化的角度，分析城镇化带给农业现代化的好处，认为城镇化使得农业从封闭转向开放，有效地提高家庭经营性收入（Satterthwaite，2019）[①]。国内学者也有同样的观点，著名学者林毅夫[②]、陈锡文[③]等均提出城镇化是实现农民收入提高的重要条件。也有学者认为城镇化促进劳动力转移，提高了农民的收入，要对进城务工的农民给予与城镇相同的保障[④]。

城镇化过程中，土地是农民的一项重要资产，征用土地可以提高农民总体收入。这方面作为农民财产性收入问题，也有学者进行研究，根据农村土地制度，研究进城农民如何使用土地，让其成为自己的产权（郭晓鸣、张克俊，2013）[⑤]。与此同时，农民收入的区域性差异也比较明显[⑥]，有的学者研究得出城镇化对农民收入具有显著的本地正向影响和总体影响[⑦]。

（三）城乡融合发展水平指标选择

城乡融合应该用什么指标反映？学者们有不同的观点，有学者提出融合中“人”“地”“资本”等城乡均衡的融合问题[⑧]，提出了新的研究方法，如周新秀、刘岩（2010）[⑨]、刘守英（2018）[⑩]、张璟（2019）、刘明辉、卢飞[⑪]

---

① 高延雷，王志刚等．城镇化与农民增收效应——基于异质性城镇化的理论分析与实证检验［J］．农村经济，2019（10）：39－45.

② 林毅夫．“三农”问题与我国农村的未来发展［J］．农业经济问题，2003（3）：8－10.

③ 陈锡文．工业化、城镇化要为解决“三农”问题做出更大贡献［J］．经济研究，2011（10）：8－10.

④ 刘纯彬．农村劳动力转移与城镇化如何协调发展［J］．城市发展研究，2005（5）：30－36.

⑤ 郭晓鸣，张克俊．让农民带着“土地财产权”进城［J］．农业经济问题，2013（7）：4－10.

⑥ 王鹏飞，彭虎锋．城镇化发展影响农民收入的传导路径及区域性差异分析——基于协整的面板模型［J］．农业技术经济，2013（10）：73－79.

⑦ 钱潇克，莫蕙．新型城镇化与农民增收——基于我国地级市的空间计量分析［J］．经济经纬，2018（5）：30－36.

⑧ 张合林等．城乡融合发展与土地资源利用效率［J］．经济经纬，2020（10）：108－120.

⑨ 周新秀，刘岩．城乡融合发展评价指标体系的构建与应用——以山东为例［J］．山东财政学院学报，2010（11）：87－88.

⑩ 刘守英．乡村振兴要“活力、活人、活村”［J］．农村工作通讯，2018（9）：44.

⑪ 刘明辉，卢飞．城乡要素错配与城乡融合发展——基于中国级面板数据的实证研究［J］．农业技术经济，2019（2）：33－46.

(2018等)，提出“人”“地”“资本”融合的一种衡量城乡融合发展水平的指标体系：关于“人”的方面的融合指标，包括人口城镇化率、人均GDP、非农产值比重、城乡居民人均收入比等指标；关于“地”的方面的融合指标，包括城乡交通网密度指标、私人汽车拥有比指标、城乡土地利用比指标、耕地面积占比等指标；关于“资本”的融合指标，以城乡固定资产投资比系数来反映。

综上所述，现有研究观点也很多，不统一。但是对于城乡融合的内涵、融合中涉及的城乡居民收入问题的研究，有助于理解城镇化与农民收入的关系、城镇化中城乡居民收入、消费的差距问题；对于城乡融合中融合指标的探索，也有一定参考和引导价值。

三、城乡融合中居民融合指标的测算及分析

（一）指标设定

根据学者们的探讨，城乡融合必须以化解城乡发展不均衡问题为主要任务。而不均衡的表现是多方面的，农村居民的收入与城镇居民的差距、人均GDP的差距、非农产值比重、非农就业比重是否与非农产值比重同步、城乡居民的收入消费等方面可以反映“人”的融合。

通常经济发展水平较高，第二、第三产业比重不断增加是产业高级化的必然产物，也是城乡融合发展的目标。非农产值比重高，说明经济发展程度高，但是这要与人口比重相适应，非农从业人员比重如果低于产值比重，就是说农业从业人员比重高于产值比重，说明农业劳动效率低，从事农业劳动的人员（当然主要是农民）获得的人均增加值比较少，说明城乡融合水平低。

反映城乡居民消费融合方面，人均消费支出的差距，也说明城乡居民生活水平差距的存在。城乡居民的恩格尔系数、教育娱乐的支出、医疗保健的支出，都能够反映城乡居民的融合程度。

借鉴学者们的研究，设定了下列反映城乡居民融合发展水平指标体系：

（1）人口城镇化率：城镇人口/全部人口。

（2）人均GDP：GDP/年平均人口数。

（3）非农产值比重：第二、三产业增加值 /GDP。

（4）城乡居民人均收入比：城镇居民家庭人均可支配收入/农村居民人均可支配收入。

（5）城乡居民家庭人均消费比：城镇居民家庭消费人均支出/农村居民家庭消费人均支出。

（6）城乡恩格尔系数比：城镇居民恩格尔系数/农村居民恩格尔系数（恩格尔系数为：居民家庭食物支出/居民家庭消费支出）。

（7）城乡居民家庭文教支出比。

（8）城乡居民人均医疗保障支出比。

（二）宁夏与西部省区及东部可比省份的居民融合指标比较

1. 宁夏城镇化与农民增收状况

城镇化是世界趋势，改革开放以来，我国城镇化也是逐年提高。宁夏顺应了这一变化趋势。城镇化率由 2000 年的 32.54% 发展到 2019 年的 59.86%，自 2010 年以来，平均每年以 1.32 个百分点增长。农民家庭人均纯收入也呈现出增长态势，除去物价上涨因素，2001—2018 年，平均每年增长 11.1%，高于同期城镇居民家庭人均收入增长速度（11%）0.1 个百分点（见表 5－11 和图 5－1）。

表 5－11　　　　宁夏城镇化率与农村居民收入

年份	2000—2018 城镇化率（%）	农村居民可支配收入（元）
2000	32.54	1760
2010	47.96	5125
2011	49.82	5931
2012	50.67	6776
2013	52.01	7599
2014	53.61	8410
2015	55.23	9119
2016	56.29	9852
2017	57.98	10738
2018	58.88	11708
2019	59.86	12858

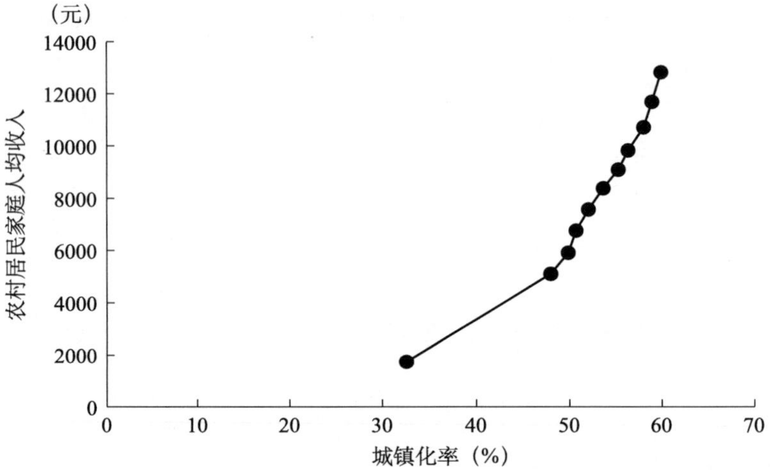

图 5－1　宁夏 2010—2018 年城镇化与农村居民家庭人均可支配收入

城镇化和农村居民家庭人均收入有一定相关性，从图 5－1 可以看出，两者几乎呈现线性相关，随城镇化提高，农村居民收入也大幅增加。农村人口进入城镇，就业机会增多。城镇化比率越高，农民增收越快。城乡融合发展，要素的双向流动，人口流入城市，对转移农村富余劳动力有重要意义。外出务工，增加了家庭收入。同时，农村剩余劳动力流动，会促进农村产业结构的优化调整 ，进一步推动农村发展，增加了农民收入，还反过来吸引城市人口向农村转移。通常城镇化水平越高的地区越能够推动当地工业反哺农业，推动城乡融合发展。

2. 宁夏与西部、东部部分省区城乡居民融合指标比较

西部地区因为地理位置、资源禀赋、经济发展水平、历史渊源等因素，在一些方面具有一定的可比性。通过计算西部省区及东部可比省份的人口城镇化率、人均 GDP、非农产业比重与第一产业比重、城乡居民人均收入比、城乡居民家庭人均消费比、城乡恩格尔系数比、城乡居民家庭文教比、城乡居民人均医疗保障支出比等指标，可以看出宁夏在某些方面城乡融合情况比较好。首先，宁夏的城镇化率在西部省区中除直辖市重庆外是最高的。第二，人均 GDP 高于西部的甘肃、青海、贵州、云南、西藏等省区。经济越发达，工业会反哺农村，城乡的流动会加大，城乡融合程度也会高。第三，城乡居民人均收入比，宁夏的高于东部省区。这个指标，一方面说

明城市收入高于农村收入，不利于城乡融合，说明差距比较大。从城乡恩格尔系数比看出宁夏是少数低于0.9的省区，说明城市居民比农村富裕程度高，农村居民有一部分总消费支出中食物支出占比仍然比较高。这个指标反映了城乡居民融合水平还比较低（见表5-12）。

表5-12 西部东部城乡居民融合指标比较（2019）

西部省区及东部可比省份	人口城镇化率(%)	人均GDP（元）	非农产业比重/第一产业比重	城乡居民人均收入比	城乡居民家庭人均消费比	城乡恩格尔系数比	城乡居民家庭文教支出比	城乡居民人均医疗保障支出比
重庆	66.80	75828	13.71	2.51	1.97	0.89	2.03	1.87
四川	53.79	55774	8.17	2.46	1.80	0.94	2.50	1.41
贵州	49.02	46433	5.85	2.93	2.09	1.03	1.97	2.11
云南	48.91	47944	6.14	3.04	2.29	0.84	2.33	2.19
西藏	31.54	48902	10.36	2.89	3.05	1.06	2.64	2.71
陕西	59.53	66649	12.33	2.93	2.15	1.04	2.19	1.83
甘肃	48.49	32995	7.93	3.36	2.52	1.00	1.92	1.88
青海	55.52	48981	9.64	2.94	2.10	0.97	2.36	1.69
宁夏	59.86	54217	12.16	2.67	2.11	0.89	2.31	1.62
新疆	51.87	54280	6.19	2.64	2.48	1.00	2.38	2.35
山东	61.51	70653	—	2.38	2.17	0.93	2.22	1.63
河南	53.21	56388	—	2.26	1.90	0.96	1.83	1.42
江苏	70.61	123607	—	2.25	1.77	0.96	2.60	1.44
福建	66.50	107139	—	2.33	1.90	0.86	1.90	1.40

注：山东、河南、江苏、福建这四省2019年非农比重资料暂缺。

（三）宁夏各地城乡居民融合状况分析

宁夏虽然人口不到700万人（2019年末），但是各地发展也不均衡。其中，沿黄河地区较为发达，城乡融合水平也比较高，城乡差距相对比较小。城乡消费比来看，指标越接近1，说明差距越小，融合程度高。从各城乡融合指标可以看出，沿黄地区的城乡居民家庭消费比低于宁夏全区，而中南部地区则高于全区的平均水平，其中银川、石嘴山地区，由于城镇化水平高，非农产业比重大，农民收入也水涨船高，几项指标相对其他各市，都比较接近1，说明其城乡融合水平优于其他各市（见表5－13）。

表5－13　　宁夏各市城乡居民融合指标

宁夏全区及各市	人口城镇化率（2019年）	人均GDP（2019年）	非农产业产值比重与第一产业比重之比（2019年）	城乡居民人均收入比（2019年）	城乡居民家庭人均消费比（2018年）	城乡恩格尔系数（2018年）	城乡居民家庭文教比（2018年）	城乡居民人均医疗保障支出比（2018年）
宁夏	59.86	54217	12.16	2.67	2.037	0.97	2.23	1.72
沿黄地区	—	—	—	—	1.96	0.95	2.44	1.69
中南地区	—	—	—	—	2.07	0.86	1.93	1.42
银川	77.58	84281	12.86	2.501	2.070	0.90	2.66	1.70
石嘴山	75.25	63552	16.82	2.176	1.637	1.03	1.77	1.45
吴忠	50.18	40992	7.26	2.69	1.773	0.94	2.04	1.56
中卫	37.93	25971	4.68	2.220	2.250	0.81	2.07	1.83
固原	44.41	37459	6.27	2.617	1.993	0.90	2.12	1.72

四、宁夏城乡融合的问题

（一）农村居民收入依然过低

从城乡居民可支配收入及城乡收入比看出，城镇居民收入是农村居民收入的近3倍，就是说，只是城镇居民家庭人均收入的三分之一多一点。而且从近10年看，收入比虽然逐年减少，但是差距没有明显缩小。增加农村居民收入，仍然是解决城乡融合的一大难题（见表5－14和图5－2）。

表5－14　　宁夏2000—2018年城乡居民可支配收入及城乡收入比

年份	城镇居民家庭人均可支配收入（元）	农村居民家庭人均可支配收入（元）	城乡居民家庭人均可支配收入比	农村居民家庭人均可支配收入与城镇居民相比的百分比（%）
2000	4894	1760	2.78	36.0
2010	15093	5125	2.94	34.0

续表

年份	城镇居民家庭人均可支配收入（元）	农村居民家庭人均可支配收入（元）	城乡居民家庭人均可支配收入比	农村居民家庭人均可支配收入与城镇居民相比的百分比（%）
2011	17291	5931	2.92	34.3
2012	19507	6776	2.88	34.7
2013	21476	7599	2.83	35.4
2014	23285	8410	2.77	36.1
2015	25186	9119	2.76	36.2
2016	27153	9852	2.76	36.3
2017	29472	10738	2.74	36.4
2018	31895	11708	2.72	36.7

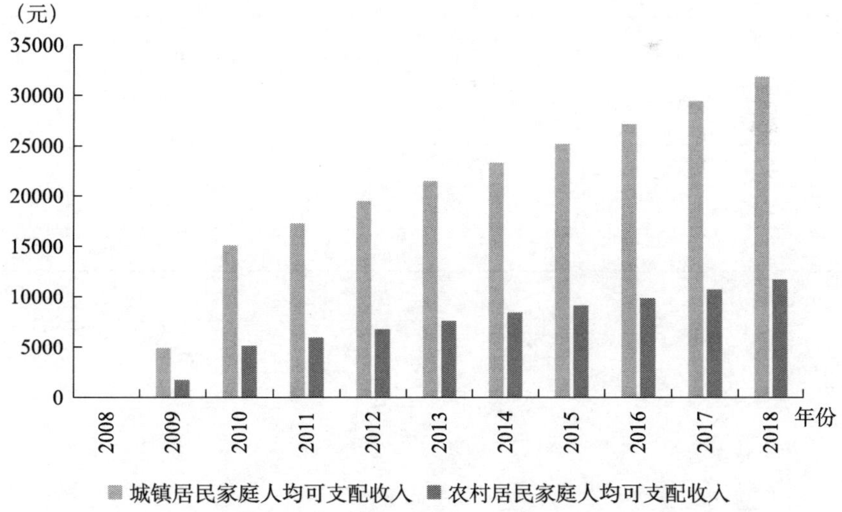

图 5-2 宁夏 2000—2018 年城乡居民家庭人均可支配收入对比

（二）农村产业效率依然不高

通常经济发展水平较高的地区，工业反哺农业，推动城乡融合发展，会缩小城乡经济的差距。第二、第三产业产值比重不断增加是产业高级化的必然产物，也是城乡融合发展的目标。非农产值比重高，说明经济发展程度高，但是这要与人口比重相适应，非农从业人员比重如果低于产值比重，就是其产业效益好，从事第二、第三产业的劳动力人均创造产值多，也从另一个方面说明农业从业人员比重高于产值比重、农业劳动效率低、从事农业劳动的人员（当然主要是农民）获得的人均增加值比较少。这种状况，说明城乡融合水平低。从第一产业产值比重和从业人员比重看出，两者不是同比例的，从业人员比重远高于产值比重，说明了大量的农村劳动力创造的产值与人数不相称，劳动效率低（见表5－15）。

表5－15　　第一产业产值和从业人员比重

年份	第一产业产值（亿元）)	第一产业从业人员（%）
2000	15.60	57.60
2010	8.90	49.70
2011	8.30	48.90
2012	8.00	48.50
2013	8.10	47.60
2014	7.80	45.30
2015	8.10	44.20
2016	7.60	43.20
2017	7.30	40.80
2018	7.55	51.12

图5－3　第一产业产值比重和从业人员比重

五、提升城乡融合水平、提高农民收入的对策建议

（一）以大城市为中心，辐射周边的城市

树立“大城大区”的理念，突出中心城市的吸纳力量。以银川为中心，带动其他临近县市经济发展；以其他 4 市为中心，带动周边县镇。以产业链为主线，吸纳更多农村劳动力。产业是根本，培育新产业，壮大原有产业，才能吸纳更多劳动力。为此，各地因地制宜，发展自己的主要产业，比如中卫市，发展旅游为主的产业；石嘴山市，发展工业为主的产业等。另外，各地打造城市立体交通体系，交通通畅，人口流动方便，促进融合。

（二）扶持小城镇特色化发展

小城镇有一定的文化定位，有一定的旅游资源，可以开发一些文化类、旅游类的项目，结合生态项目，开发相应的公共服务设施和基础设施，带动当地就业人口。

（三）鼓励回乡创业、劳动力乡村回流

2020 年始，由于新冠肺炎疫情出现一种现象，外出的人员都回家乡创业，农民工返乡也比较多。农村基础设施改善，环境生态向好，农业合作社蓬勃兴起，农民看到了希望，所以返乡务农、养殖以及从事其他副业。因此，积极培育农村合作社，壮大农村集体经济是提高农村居民收入的有效途径。

第六章 进城农民的生计和就业状况

第一节 关于生计资本的理论及指标

一、生计资本及可持续生计框架理论

（一）可持续生计框架的提出

在生计与可持续生计概念的基础之上，一些国外组织和研究者发展了多个生计分析框架。例如，Scoones（1998）所提出的可持续生计分析框架[①]；Bebbington（1999）所提出的以资本和能力为核心，综合分析农户生计、脆弱性和贫困的框架[②]，Ellis（2000）所提出的生计多样性分析框架[③]，美国非政府组织 CARE 所提出的以基本需要和权利为基础的生计途径等。这

① Scoones I. Sustainable Rural Livelihoods：AFramework for Analysis［J］. Brighton：Institute of Development Studies（IDS）Working Paper，1998：2.

② 李聪，李树茁，费尔德曼等．劳动力迁移对西部贫困山区农户生计资本的影响［J］．人口与经济，2010（6）：20－26.

③ Ellis E．Rural Livelihoods and Diversity in Developing Countries［M］．NewYork：Oxford University Press，2000：26－78.

些生计分析框架以人的资产和活动为中心，从多个角度来理解贫困，并提供了一些综合解决方案，因而也得到了世界银行和许多非政府组织的倡导。不同的学者对生计概念的理解存在差异，因此给出的定义也是不完全相同的。如以强调农村生计多样化的研究中给出的生计定义是“生计包括资产（自然、物质、人力、金融和社会资本），行动和获得这些资产的途径（受到制度和社会关系的调节），这一切决定了个人或农户生存所需资源的获取”（Farrington，1999）。在众多生计分析框架中，英国国际发展署（DFID，1998）的可持续生计分析框架使用最为广泛，最具有影响力。依据该框架，农户对其所拥有的生计资本进行组合，从事不同的生产活动从而追求某种生计策略；各类资产的可及性或可获取性及农户对各类资产的利用受到社会因素、外在趋势和冲击因素等的制约①。

（二）进城农民的五种生计资本

本书采用英国发展署的可持续生计框架理论，针对所研究地区具体状况，赋予每种资本新的内容。

1. 自然资本

自然资本指居住地降雨或水的供应以及经济条件。已经迁移到城镇，对于土地等自然条件的要求就不那么强烈。由于是西部地区，原居住地的很大一部分是缺水干旱，21 世纪之前有的地区人畜饮水都有问题，遇到旱年，农业收成严重受到影响。进入 21 世纪以来，西部地区修建大型水利工程，如宁夏的杨黄水利工程，引水上山，已经解决了人畜饮水困难，种植业也实行了抽水滴灌。而生态移民，一部分生活在大山里的居民被迁移到了生产、生活更好的地方，如果是降雨量好的地方，其种植、养殖的条件就得到根本的改变。有一部分迁移到了城镇，他们的饮水问题彻底得到解决。而且，降雨量多的地方，往往也比较发达，即使是就业，途径也比较多。因此，居住地的降雨量和水供应作为自然资本的衡量变量。

2. 物质资本

家庭资产总值，主要包括固定资产（如房屋、汽车等）和除流动资金以外的其他低值易耗品、耐用品等的价值之和。用城镇住房人均使用面积

---

① 苏芳，徐中民，尚海洋. 可持续生计分析研究综述 [J]. 地球科学进展，2009（1）：61－68.

来衡量，调查进城农民原城镇居民的住房面积与进城农民在城市中的住房面积，将两者对比，并对比分析两者之间的差异。此外，还有家用电器普及率以及汽车的拥有。

3. 人力资本

主要调查成人劳动力的受教育程度；家庭主要劳动力掌握的技能以及进取心以及年龄，年龄越大，人力资本越弱。进入城镇，要就业，人力资本更主要越是受教育程度高的，掌握技能的，越是在竞争中有优势。而健康状况、年龄状况自然也是重要因素。

4. 金融资本

金融资本包括储蓄、外来补贴、社保、务工收入。现有文献显示，进城农民的主要收入来源是务工收入以及个体户收入。

5. 社会资本

主要包括政策的作用，即政府劳务输出、提供培训、就业机会、社会关系。社会关系包括社会关系网络中重要的人际关系，遇到紧急情况的处理能力等。

二、本书的生计指标

根据生计的理论，确定本书的生计资本的具体指标，具体分为五种生计指标，每种生计资本又有具体的测量指标以及特征表现，每个具体的指标赋予一定的权重，权重的大小是依据德尔菲法得出。总结归纳，根据可持续生计理论，结合西部贫困地区经济状况，对生计资本的具体变量进行分解，构建各项资本的指标体系，见表6-1。五种资本的具体内容如下：

(1) 自然资本。它包括搬迁城镇的自然条件、所搬迁的城镇的经济条件。

(2) 物质资本。它包括住房面积、住房状况、生活耐用消费品。

(3) 人力资本。它包括文化程度、技能、年龄。

(4) 金融资本。它包括如存款、收入、非农收入。

(5) 社会资本。它包括政府政策作用、就业机会、住房环境、脆弱性背景如失业风险、疾病等。

表 6-1　生计资本指标选取与计算表

生计指标				特征	变量类型
资本类型	测量指标	指标符号	指标表现	取值	计算公式
自然资本	所搬迁的城镇的自然条件	N_1	水供应是否充足	0 = 干旱或缺水 1 = 满足饮水 2 = 降雨多或水浇地	$N = N_1 \times 0.3 + N_2 \times 0.7$
	所搬迁的城镇的经济条件	N_2	城镇居民人均收入	1 = 20000 元以下 2 = 20000—30000 元 3 = 30000—40000 元	
物质资本	家庭住房面积	P_1	实际建筑面积	数值	$P = P_1 \times 0.6 + P_2 \times 0.2 + P_3 \times 0.2$
	家庭住房质量	P_2	砖混、钢结构	1 = 砖混且陈旧 2 = 砖混且新或框架但旧 3 = 钢结构	
	生活耐用消费品（电器、汽车）	P_3	家电是否齐全、是否汽车	1 = 简单家电 2 = 家电齐全 3 = 有车	
人力资本	成年劳动力受教育程度	H_1	学历或同等学历	1 = 文盲 2 = 小学 3 = 初中 4 = 高中以上本科以下 5 = 本科	$H = H_1 \times 0.4 + H_2 \times 0.3 + H_3 \times 0.3$
	掌握某种技能	H_2	某方面技能程度	1 = 没有技能 2 = 低级技能 3 = 中级技能 4 = 较高级技能 5 = 高级技能及以上	
	年龄	H_3	实际年龄段	5 = 25 岁以下，4 = 25—35 岁， 3 = 35—50 岁，2 = 50—60 岁， 1 = 60 岁以上	

续表

生计指标				特征	变量类型
资本类型	测量指标	指标符号	指标表现	取值	计算公式
金融资本	储蓄	F_1	家庭平均存款	1 = 20000 元以下 2 = 20000—40000 元 3 = 40000—50000 元 4 = 50000—60000 元 5 = 60000 元以上	$F = F_1 \times 0.3 + F_2 \times 0.1 + F_3 \times 0.2 + F_4 \times 0.4$
	外来补贴或子女给予钱物情况	F_2	政府补贴或子女给予实物折合货币	1 = 无 2 = 100—500 元 3 = 500—1000 元 4 = 1000—2000 元 5 = 2000 元以上	
	社（养老金）	F_3	养老金的档位	1 = 无 2 = 100—500 元 3 = 500—1000 元 4 = 1000—2000 元 5 = 2000 元以上	
	年劳动收入	F_4	实际收入	1 = 20000 元以下 2 = 20000—40000 元 3 = 40000—50000 元 4 = 50000—60000 元 5 = 60000 元以上	
社会资本	政府政策作用	S_1	政策支持力度	1 = 很差 2 = 差 3 = 一般 4 = 好 5 = 很好	$S = S_1 \times 0.4 + S_2 \times 0.4 + S_3 \times 0.2$
	就业机会	S_2	就业机会多少	1 = 非常少 2 = 较少 3 = 一般 4 = 较多 5 = 非常多	
	住房环境	S_3	居住地位置是否城市中心	1 = 镇及以下 2 = 中心城区或与城镇居民同等	

第二节
进城前后农民生计变量的均值及差异

一、调查样本及指标标准化

本书的样本是宁夏南部山区八县、陕西的定边县、甘肃的平凉市，采取随机抽取街道，然后选取住户，共 1817 户。其中进城的 1097 户，未进城的 720 户，来自平原地带的 606 户，来自山区是 1211 户，其中宁夏的 1520 户。为了进行进城前后的对比，选择了部分与进城条件差不多的农户进行配比，共 606 户。样本单位的户主从年龄看有几个不同的年龄段，就业种类也不一样，分属不同的区域，在住房和子女上学条件方面都有差异。

对各变量进行标准化处理，这里用极差标准化公式：

$$y = \frac{y_i - y_{min}}{y_{max} - y_{min}} \tag{6.1}$$

二、进城前后生计资本变化比较

（一）进城前生计资本变化

对于进城前的农民，所在的城镇的自然和经济条件相对就差一些，往往是干旱或生产用水都比较困难、经济落后的地区。家庭户的人均居住面积比较大，但是住房状况不太好，土坯房和砖混房比较多。生活耐用消费品方面，简单的家电，有冰箱的家庭比较少。对于家庭主要经济支柱成员的教育水平不及初中，进取心往往也弱，不及进城的农民，只有 2.6，进城的为 2.86，技术能力也差一些。留在农村的老年人居多，平均年龄偏大。年龄接近 50 岁。家庭平均存款在 1.5 万 - 2 万元之间。养老金的缴纳比较低，只有 150 元左右。人均家庭年收入达到 22000 元。农民感觉政策的支持力度较大，收益颇多，比较满意。就业机会一般，所居住地方位置距离中心城镇比较远（见表6－2）。

表6－2　　进城前生计变量的均值及标准差

生计变量	最小值	最大值	平均值	标准差	标准化数值
所在农村自然条件	0	2	0.78	0.39	0.39
所在农村经济条件	1	3	0.85	0.39	0.43
人均居住面积	8	33	19.31	5.66	0.45
住房状况	1	5	2.57	0.92	0.39
生活耐用消费	0	2	1.0	0.62	0.61
教育水平	0	5	2.79	1.12	0.56
进取心	1	5	2.6	1.08	0.40
技术能力	1	5	1.52	0.72	0.13
年龄	1	5	2.49	1.95	0.37
储蓄	1	4	1.69	0.83	0.23
外来补贴或子女给予	1	3	1.83	0.78	0.42
人均家庭年收入	1	5	1.88	1.08	0.22
养老保险缴纳等级	1	5	1.42	1.08	0.11
对政府政策感受	1	5	3.28	0.93	0.57
就业机会	1	5	2.8	1.10	0.45
居住环境	1	5	2.54	0.78	0.39

（二）进城后的生计资本

对于进城后的农民，对其搬迁后所在的城镇的自然和经济条件进行了调查，对家庭户的人均居住面积、住房状况、生活耐用消费品也搜集了资料，对于家庭主要经济支柱成员的教育水平、进取心、技术能力、年龄，也进行了了解。对于家庭的储蓄、外来补贴或子女给予钱物情况、养老保险缴纳等级、人均家庭年收入以及政府或各级部门的进城政策、进城后的就业机会、所搬迁进城的环境等方面都以问卷的形式和其他调研形式如实地调查进行了调研。在自然资本方面，所迁入的城镇的自然条件，处于完全能够满足生产用水的程度，经济方面处于人均2.15，折算为人均年收入24500元。物质资本方面，住房的质量为2.6，即砖混且新或框架旧。家里的家电齐全。受教育程度在达到平均接近初中毕业程度。家庭主要劳动力都掌握一种技能。年龄在35—50岁之间。平均存款在4万—5万元之间。养老金的缴纳达到1000元的标准。人均家庭年收入达到25300元。进城的农民感觉政策的支持力度较大，收益颇多，比较满意。就业机会也明显增多，所居住地地方环境和位置都比较好（见表6-3）。

表6-3　　进城后生计变量的均值及标准差

	最小值	最大值	平均值	标准差	标准化数值
所搬迁的城镇的自然条件	0	2	1.06	0.59	0.53
所搬迁的城镇的经济条件	1	3	2.45	0.79	0.73
人均居住面积	7.5	33	18.98	5.80	0.45
住房状况	1	5	2.6	0.94	0.40
生活耐用消费品	0	2	1.22	0.62	0.61
教育水平	1	5	2.93	1.10	0.48
进取心	1	5	2.86	1.09	0.47
技术能力	1	5	2.81	1.13	0.45
年龄	21	75	44.94	11.36	0.44
年龄段	1	5	2.6	1.16	0.52
储蓄	1	5	3.39	1.33	0.60
外来补贴或子女给予钱物情况	0	3	1.03	0.77	0.34
养老保险缴纳等级	1	5	2.67	1.10	0.42
人均家庭年收入	1	5	2.53	1.10	0.38
政策作用	1	5	3.3	0.94	0.58
就业机会	1	5	3.06	1.05	0.52
居住环境	1	5	2.56	0.81	0.39

（三）进城前后生计资本的综合比较

对各种生计资本比较后，可以明显看出，进城后的数值大于进城前的。自然资本、物质资本、人力资本、金融资本、社会资本分别是0.565、0.472、0.483、0.45和0.518，而进城前是0.41、0.47、0.374、0.22、0.486，除物质资本差别不大外，其他进城后都大于进城前，而物质资本之所以差别不大，主要是进城前的住房面积较大，家庭资产中住房占据的分量比较大，农村居民的家庭资产主要是住房，其他的耐用消费品和房屋状况差异比较小（见表6－4）。

表6－4　进城前后农户的各项生计资本变化的描述统计

生计资本	进城前		进城后	
	均值	标准差	均值	标准差
自然资本	0.41	0.04	0.565	0.28
物质资本	0.47	0.12	0.472	0.25
人力资本	0.374	0.13	0.483	0.20
金融资本	0.220	0.11	0.45	0.11
社会资本	0.486	0.13	0.518	0.09
调查户	606	—	1097	—

第三节 进城农民生计面临的问题

一、进城农民面临的生计困境

伴随着各种原因进城，进城后的目的是改善生活条件。而原来农村以养殖为主的生计模式发生了根本变化。即使部分农民离村也不弃地，即住在城里，兼种少量地块。但是在目前需要规模和精细种养才有收益的情况下，所种养的农产品和畜产品也只是仅能自给，而城镇生活的较高成本需要农民从事农业以外的工作才能获取收入。从上面分析来看，进城后确实提高了生计资本。但是部分进城农民生计不同程度出现了困境，尤其是失地农民、缺乏技术和文化程度低的农民。在贫困地区，进城农民工的生计问题尤为突出，进城后不适应的情况很多，多数还是靠打散工维持生计，收入并不稳定，部分家庭出现了较大的困难。自谋出路，缺乏发展的基础，又因为农民工没有社会福利保障而风险较大。与城市居民相比，城市居民享有的福利待遇以及社会保障农民工享受不到，就业仍然在较低层次，子女教育福利、住房福利等也与城市居民有一定差距。相当多农民工收入处于不稳定状态。对于部分家庭的成年劳动力，进城后反而不如在农村，家庭生活水平的提高难以实现。目前普遍采用的货币补偿方式无法解决失地农民的就业保障和生活保障等其他诸多问题，在丧失土地保障这最后一道防线后，他们就必须面对就业和生活保障的双重考验，很可能沦为“种地无田，上班无岗，低保无份，养老无钱”的四无之人（史清华，2014）[①]。因此，大批农民进入县镇，其总体的生计适应性和改善需要引起关注。生计方式如何转变，公共政策需要引导进城农民生计转型，而转型的福利保障作用不可忽视。

二、与原城镇居民相比有一定差距

与城镇居民相比，差距体现在以下方面：

（一）住房的福利未能享受到

中国房地产近20年一直高速增长，一二线城市自然不必说，就连中西部的许多三四线城市也在增长。城市居民，大多都有一两套住房，有一部分国家职工还享受到了福利分房、后来的共有产权以及经济适用房，因此在住房这一最大家庭资产方面就好于进城的农民。农民进城，虽然对于少部分劳务移民，给与一套小房子，但是面积小，位置也较差，作为家庭资产最重要组成部分的房子，自然就与城镇居民有一定差距。

（二）体制内的单位几乎很难进入

进城的农民，往往文化程度、技能、身份等各种因素，想要进入国家的体制内的单位，如公务员系统、事业单位以及国有企业都是比较难的。只能在私营企业，好的可以长期固定，许多都是农民工，靠打工、打散工、做临时工，工作不固定，收入也不能持续。而私营企业、散工、临时工的保障往往比较少。

---

① 袁方，蔡银莺．城市近郊被征地农民的福利变化测度——以武汉市江夏区五里界镇为实证．资源科学［J］．2012，34（3）：449－458.

（三）社会保险的缴纳可持续不能保证

进城农民，由于工作的不稳定，收入的不稳定，社会保险中医保是国家实行全民医保的，能够强制性缴纳。但即使强制，还是有一定档位之差。其他的养老保险、工伤保险以及生育保险等，都没有完全的保证缴纳，一是个人认识上的差距，以为年轻，不去考虑年老或意外；二是收入低，对雇主没有强制要求。

（四）社会资本处于弱势

进城后的农民，由于是外来的，加之自己的农民身份，到一个没有社会关系的城市，缺乏一定的社会资本，对其生计有一定影响。各地政府也采取了一系列的举措，进行了牵线搭桥，招聘会、劳务派遣、就业培训等，起到了一定效果。

三、改善生计资本的举措

（一）多种举措并进，提供更多就业机会

政府充当社会资本的提供者。各种政府工程，如修路、建筑，环卫、劳务派遣等，吸纳更多农民工，使其获得更多收入的机会。

（二）提升住房价值

农民进城，往往买的是比较偏僻地理位置的房子，而学区房的存在，造成了城市里房子价值的巨大差异。如果教育均衡，不再有学区房，那么各个小区的房子就不会因为位置而产生巨大差异，进城农民购买的房屋也会有一个不错的升值，家庭资产也会有一定的增值。

（三）农民工的自身人力资本有待提高

农民工进城后，与农村不同，许多工作需要一定的技能，需要培训后才能上岗。因此，一些考级也是必要的，接受一定的职业训练很必要。

第四节 进城农民的就业方式对收入的影响

一、引言

2019 年，我国城镇常住人口 84843 万人，比上年末增 1706 万人。乡村常住人口 55162 万人，减少 1239 万人。根据中国初步实现现代化和全面小康社会建设的战略，更多农民工家庭在城市定居或到城镇就业。农村人口迁移到城镇，就业是关键，没有就业，就没有收入，有许多人在县镇靠打零工为生。也有在社区、私营企业、建筑工地、生活服务、绿化、环卫、超市部门等工作。但是，毕竟城市里的就业需要一定的年龄优势以及技能，缺乏技能和文化程度低的农民往往没有优势，就业仍然在较低层次，子女教育福利、住房福利等也与城市居民有一定差距。本部分探讨进城农民不同就业类型的福利效应，主要探讨就业因素对收入的影响以及影响就业的个人人力资本的作用。

二、就业和收入的关系

（一）本部分涉及的指标的解释及赋值

1. 人均家庭年收入

进城农民的收入问题始终是一个综合反映农民实惠的指标，尤其是货币收入，可以进行多种支付选择，获得更多自由。更多人进城，也是为了获得更多收入。所努力的目标就是增加更多的货币收入。而获得收入，体现了农民可行能力的重要方面。由于城市具有更多挣钱机会以及城市生活的多种便利，部分移民是以劳务移民安置的。安置时以所居住的地方是否位于工业园区来进行选址的。这部分进城的农民，就业基本有保证，主要的家庭收入能够从就业中获得。一般有家庭人口 4 人，抚养人口 2 人。按照所抽取的调查对象的家庭收入水平，设计了从 2 万元到 6 万元的几个级别。

收入则包括打工收入、来自支付的补贴等。用人均家庭年收入、与城镇居民人均家庭年收入差距、非农年收入变化三个指标衡量。收入取值，根据现阶段（2019 年）统计公布的人均城镇和农村居民人均家庭收入为标准而设置 5 等分组数据。

2. 生活保障方面

在农民进城以前，农民和城镇最大的不同是城镇的有养老金和医疗保险，而随着进城，农民也不同程度获得了养老金，医疗保险则城乡居民全覆盖，但是缴纳的等级不一样，收入高的、条件好的，或者保险意识强的缴纳的等级高，反之就低。本书设计了养老保险缴纳等级和医疗保险缴纳等级两个变量。

3. 就业方面

所谓可行能力，不仅仅包括收入的获得，还应该包括某种生存能力和发展能力，就业是实现这种能力获得的途径。进城后就业的种类、就业机会是获得生存和发展的条件。就业的种类不同，获得的能力也不同。对于农民来说，由于自身技能、学历的弱势，就业种类和就业机会是反映不同就业结果的重要变量，不仅反映自身的就业水平，就业质量，也反映了就业的结果。

4. 教育情况

现阶段中国的一般百姓，由于 20 世纪 80 年代开始计划生育的原因，家庭的小孩教育变得格外受重视，不仅城镇居民，对于进城农民也是如此。从教育的需求看，最大的不是农民自身这一代的需要，而是子女的教育、孙辈的教育，而城乡教育方面的较大差距，也是进城的一大动力，所以这里设计了子女上学条件这个变量。

根据对劳务移民进城的农民 606 户的调查，结合西部地区实际情况，设计了如表 6－5 所示的福利指标。

表 6－5　　劳务移民进城的福利指标

福利指标	特征	变量类型	福利指标	特征	变量类型
人均家庭年收入	1＝20000 元以下 2＝20000—40000 元 3＝40000—50000 元 4＝50000—60000 元 5＝60000 元以上	定值	就业种类	1＝外出务工 2＝自己创业 3＝私营企业 4＝国有企业 5＝兼业	定类

续表

福利指标	特征	变量类型	福利指标	特征	变量类型
教育水平	1=文盲 2=小学 3=初中 4=高中以上本科以下 5=本科及以上	定值	就业机会	1=非常少 2=较少 3=一般 4=较多 5=非常多	定序变量
技术能力	1=没有技能 2=低级技能 3=中级技能 4=较高级技能 5=高级技能	定值	对政府政策感受	1=很差 2=差 3=一般 4=好 5=很好	
进取心	1=不想 2=无所谓 3=一般 4=较想 5=非常想	定序变量	子女上学条件	1=镇及以下 2=中心城区或与城镇居民同等	定序变量

（二）不同的就业种类、就业稳定性和就业机会

进城后的农民，有各种原因进城。在城镇化背景下，相当多的农民是自发进城的。早期是能人进城，他们进城后自谋职业，或打工，或自己经营。有打零、自己创业、私营企业、国有企业包括政府部门、兼农户。打工的仍然占比较大的比重，自己经营的，本科小商小贩也占有21.4%。在各种就业种类中，3个月以下的占47.4%，一年以下的占70.4%，可见是不稳定的，这也就说明了进城后就业的风险（见表6-6）。

表6-6　　对进城后的农民的收入情况调查

就业状况	就业具体表现	比重（%）
就业种类	外出务工	44.8
	自己创业	21.4
	私营企业	20.9
	国有企业	5.3
	兼农户	7.6

续表

就业状况	就业具体表现	比重（%）
就业稳定性	3 个月以下	47.4
	半年至一年	23.0
	1—2 年	9.4
	2—3 年	14.3
就业机会	1 = 非常少	3.7
	2 = 较少	21.4
	3 = 一般	12.8
	4 = 较多	51.3
	5 = 非常多	10.8

（三）进城农民不同就业类型的收入状况

1. 描述统计

对于进城后的农民进行调查，共计 606 户。其不同收入随着就业种类不同而有差别（见表 6－7）。将年收入由低到高分为五类，不同就业类型，可以看出，外出打工是最多的，但收入也处于最低档，自己创业部分占 20.7%，但收入仅仅高于打工。

表 6－7　进城农民不同就业类型的收入状况

就业种类	收入档次					合计	比重（%）
	1	2	3	4	5		
外出务工	33	152	35	29	13	262	43.23
自己创业	20	52	19	25	10	126	20.79
私营企业	13	53	30	28	5	128	21.12
国有企业	2	18	12	1	1	34	5.61
兼业户	12	4	25	12	3	56	9.24
合计	80	285	114	95	32	606	100

2. 不同就业种类对收入影响

（1）就业种类与人均家庭收入的关系。用软件 stata14，对前面的收入与就业数据进行回归，以人均家庭年收入为因变量，以就业种类为自变量，对就业种类对收入的影响进行回归分析。得出就业种类对收入的影响。收入分为 5 个档位：20000 元以下、20000—40000 元、40000—50000 元、50000—60000 元、60000 元以上，分别用 1、2、3、4、5 代替。

从表 6 – 8 的回归的结果可以看出，在没考虑其他变量的情况下，回归的 P > | t | 为 0.024，小于 10%，说明就业种类对收入影响是显著的，就业种类每升一个单位，带来的就业提升 0.08174，为正相关的，就业的层次越高，收入也越高。从外出务工到兼业，收入依次提高，但风险也增大。外出务工的工种往往是简单的，要求简单培训就可做的工作，而直接创业即使是个体户也还是有一定风险。私营企业、国有企业、兼业户的要求更高。

表 6 – 8　　人均家庭年收入与就业种类的简单回归

Linear regression			Number of obs = 606			
			F (1, 604) = 5.10			
			Prob > F = 0.0242			
			R-squared = 0.0086			
			Root MSE = 1.0795			
人均家庭收入	Coef.	Std.	Err.	t	P > | t |	[95% Conf. Interval]
就业种类	.0817413	.0361833	2.26	0.024	.0106809	.1528018
_ cons	2.112158	.0814945	25.92	0.000	1.952111	2.272205

（2）就业稳定性和就业机会对人均家庭收入的影响。就业种类与就业的稳定性有一定关系，往往考虑就业稳定性，可能会选择相对保守的职业，比如打零工而不是自主经营。所以，考虑其他变量如就业稳定性和就业机会，再进行回归，发现就业机会和就业种类也有关系，越是高一层次的就业，即受教育程度、技能越高的，对于进城农民，就业机会往往却不多。但是就业的稳定性对收入有相关性，P > | t | 为 0.064，小于 10%，为显著影响，说明就业越是稳定，收入越多（见表 6 – 9）。

加入就业稳定性和就业机会变量后，就业种类对收入的影响不显著，但是就业稳定性和就业机会对收入的影响显著，而且是正方向。说明就业的稳定性对于一年的收入总额更有影响，就业的机会对于收入也有更明显的效应。

表 6-9 人均家庭年收入与就业种类、就业稳定性、就业机会的回归

Linear regression			Number of obs = 606			
			F (3, 602) =6.57			
			Prob > F =0.0002			
			R-squared =0.0374			
			Root MSE =1.0654			
人均家庭年收入	Coef.	Std.	Err.	t	P > | t |	[95% Conf. Interval]
就业种类	0.0247461	0.0434415	0.57	0.569	-0.0605692	0.1100615
就业稳定性	0.1539428	0.045667	3.37	0.001	0.0642568	0.2436289
就业机会	0.0020137	0.0450155	0.04	0.964	-0.0863928	0.0904202
_ cons	1.902186	0.1324493	14.36	0.000	1.642067	2.162305

（3）政策的作用。加入就业稳定性和就业机会变量后，就业种类对收入的影响不显著。加入政策因素后，政策对就业影响很大。从对政府的政策作用看，进城农民和不进城农民都表现出了认可，总的是3.28，进城后是3.31，未进城是3.22，说明对于政府的政策还是有一定的认可（见表6-10）。

表 6-10 人均家庭年收入与就业种类、就业稳定性、就业机会、政策作用的相关性

Linear regression			Number of obs =606			
			F (4, 601) =7.75			
			Prob > F =0.0000			
			R-squared =0.0617			
			Root MSE =1.0527			
人均家庭年收入	Coef.	Std.	Err.	t	P > | t |	[95% Conf. Interval]
就业种类	0 .0031072	0.0435763	0.07	0.943	-0.0824731	0.0886874
就业稳定性	0.1248325	0.0448468	2.78	0.006	0.0367569	0.212908
就业机会	-0.0351334	0.0473303	-0.74	0.458	-0.1280862	0.0578194
政策作用	0.1997471	0.0542602	3.68	0.000	0.0931845	0.3063097
cons	1.456558	0.1783136	8.17	0.000	1.106364	1.806751

（4）不同就业种类的教育水平。根据对就业种类和教育水平的赋予的不同数值，不同的教育水平，对应不同的就业种类。从文盲、小学、初中、

高中到大专及以上分别用1级至5级数表示，从表6－11可以看出，打散工的文化程度相对低一些，在国有单位的文化程度相对高一些。

表6－11　不同就业种类与相应的文化程度

就业种类	受教育程度（计算值）	受教育程度
打散工	2.81	小学
自己创业	3.05	初中毕业
私营企业工作	2.83	接近初中毕业
国有企业	3.56	接近高中
兼业户	2.91	初中

三、影响收入的个人因素讨论

（一）进取心、技术能力、教育水平与人均收入的关系

在模型里，将人均家庭年收入与进取心、技术能力、教育水平等进行回归，教育水平是显著的，这说明收入与个人受教育程度是有关系的。收入与技术能力也是显著的关系，分别具有5%以下显著性水平（见表6－12）。进城后，很多工作需要有一定的受教育程度，一些技术工作需要技能，所以，收入随着个人的受教育程度和掌握的技能水平而有差异。

表6－12　人均家庭年收入、教育水平、进取心、技术能力、年龄的回归

Linear regression						
				Number of obs = 606		
				F（4，601） = 6.36		
				Prob ＞ F = 0.0001		
				R-squared = 0.0479		
				Root MSE = 1.0604		
人均家庭年收入	Coef.	Std.	Err.	t	P > | t |	[95% Conf. Interval]
教育水平	0.0953498	0.0415656	2.29	0.022	0.0137182	0.1769813
进取心	0.0683817	0.0462511	1.48	0.140	－0.0224517	0.159215
技术能力	0.0956963	0.0386259	2.48	0.014	0.0198381	0.1715544
年龄	0.0055025	0.0040371	1.36	0.173	－0.0024259	0.013431
_ cons	1.338325	0.2157618	6.20	0.000	0.9145864	1.762064

（二）收入与年龄的关系

在进城农民中，如果年龄分为5组，即1=30岁以下、2=30—40岁、3=40—50岁、4=50—60岁，5=60岁以上，收入分为以下几类，1=20000元以下、2=20000—40000元、3=40000—50000元、4=50000—60000元、5=60000元以上，收入与年龄有一定关系，年龄大的收入低。这也反映社会现实，由于我国人口众多，城镇化加快，劳动力富裕，一些缺乏技能的年龄稍大的，就业就处于劣势。从表6-13可以看出不同年龄段的收入状况。

表6-13　收入与年龄的关系

年龄段	Mean（收入）	Std. Err.（标准差）
30岁以下	2.608065	0.1065
30—40岁	2.680412	0.0790862
40—50岁	2.555556	0.1227149
50—60岁	2.452941	0.2030619
60岁以上	2.124521	0.1985472

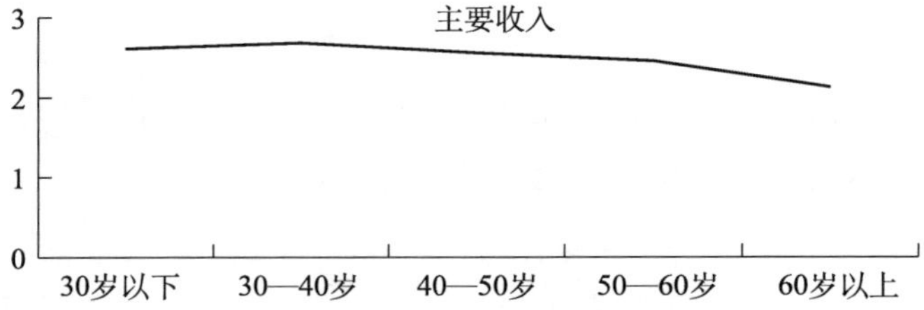

图6-1　收入和年龄的关系

从进城的年龄与收入的简单相关性关系看，年龄越年轻，收入越高（见图6-1），相关系数0.742，接近显著相关（表6-14）。这反映了进城后多数是打工。而在打工求职中雇主比较青睐年龄是在30—40岁的青壮年。从表6-15看出，收入和年龄的方差分析，不同年龄段的收入方差F检验有显著性，说明年龄不同，收入明显不同。

表6-14　相关性测量

	R	R方	Eta	Eta平方
收入 * 年龄	.742	.551	.749	.561

表 6－15　　ANOVA 收入的年龄关系的方差

			平方和	自由度	均方	F	显著性
收入 * 年龄	组间	（组合）	49.017	3	16.339	91.229	.000
		线性相关度	48.111	1	48.111	268.631	.000
		偏离线性度	.906	2	.453	2.528	.082
	组内		38.327	214	.179		
	总计		87.344	217			

四、存在的问题

（一）无论是否进城，收入差距还是比较大

尤其进城后收入差距比较大，家庭人均收入之间差异值是 1.116，换算后平均在 5500 元，说明有的进城农民不适应，其收入不如不进城的农民。有的进城后由于自身学历、技能以及不适应新的环境，基本上待业在家，还不如留在农村的农民，有种植和养殖收入。在调查中发现，由于迁移，不进城的部分农民其收入比较高，因为从事规模经营，种植规模和养殖面积大的农户收入高。而收入低的农户，往往是因为自身进取心不强，年龄比较大。可见，个人差异是影响收入的最主要因素。

（二）进城就业的层次还不高

进城后的收入低，就业的层次比较低。从就业种类按照种地、零散打工、私营企业、创业、国有部门这个顺序看，越往上就业收入越高，而进城后的农民工，大部分是零散打工，其平均收入在 2 万元多一点，固定的私企、创业的以及国企等国有单位就非常少。就业层次还是不高，与城镇居民收入相比，差距还在 1.329，相当于 6645 元，这对于没城市根基、没有城镇福利积累的进城农民来说，差距还是不小的。所以，提高就业层次，对于增加收入势在必行。

（三）进城后子女教育问题也存在

进城后不少农民居住在近郊或集中安置区，子女入学的学校并不优质。

从调查情况看，子女上学条件，平均还不如农村，因为居住在农村的，其子女也在城镇上学，由其祖父母陪伴。进城的农民的子女所受教育质量往往达不到城中心水平，与城镇子女相比还不在一个同等水平。

五、提高就业水平、提升人力资本、提高收入的对策

（一）增加就业途径，增加收入

说到底，产业发展了，更多吸纳劳动力的产业繁荣，就能增加农民工的就业途径。西部地区这些年进行了很多投资，如道路建设、房地产业、环境建设、扶贫工程、政府工程等，吸纳了大量的劳动力。各地也利用自身资源发展了特色产业，这为进城的农民提供了机会。但是进城后的就业渠道虽然很多，工业、建筑、服务有许多么容易，需要有关各方的扶持和帮助，提供一些针对农民工的定向的工作机会。

（二）对自主创业者，给予更多帮助，可以给予补助

对地摊经济也给予一定的允许。要建设一些便民市场，既方便了市民，也让更多农民工作为个体户入住。

（三）改变进城农民的观念

西部有的地区，人的观念还要改变。对一些工作，觉得是低人一等，比如保洁、家政服务如保姆工作，一些地区年长的妇女还碍于面子而不愿意做这类“伺候人”的工作。能够吃苦，具有服务意识，凭劳动获得收入，是没有低人一等的工作。对于从贫困地区进城后的农民，在养老保险、医疗保险、失业保险方面，在最初进城的 3 年内给予一定的额外补助，免去进城农民的后顾之忧，增加灵活就业的机会。

（四）继续加大培训力度

让年轻的进城农民提高技能，适应各种需要人力的工作。过去培训通常是进城务工的农民，但现在也要在社区里有针对性地对已经进城的农民进行登记，进行适合社会需要的培训服务。

（五）结合乡村振兴，提倡返乡创业

随着乡村治理的推进，乡村的基础条件大大改善，乡村人口也大大减少，但是土地却大大空闲，提倡乡村创业，能人带头。已经进城的农民，本身具有了一定的外出经历，观念、视野都得到了改变，回乡创业更能有优势。

（六）学习大城市经验

在城市的义务教育方面，积极学习大城市的经验，让更多区域都具有优质教育资源，不要再有学区房。让更多进城农民子女家庭享受同等的教育权益。

第七章 贫困地区进城农民的福利效应测度

第一节 进城农民的各项福利指标的变化

一、引言

人口由农村迁移到城镇是一种世界范围趋势。改革开放以来，城镇化水平大幅提升，城镇化率从1978年的17.92%增长到2019年的60.60%[①]。2019年，常住人口84843万人，比上年末增加1706万人。乡村常住人口55162万人，减少1239万人。根据中国初步实现现代化和全面小康社会建设的战略，更多农民工家庭在城市定居或到城镇就业。农村人口迁移到城镇，这种迁移，对于农村人口来说，会发生生产、生活方式和居住方式的深刻变化。农村人口的诸多方面都将面临困境，比如生计、就业、保障、地位等，而贫困地区，困境更为突出。而有相当一部分农民，是从农村迁移到所在的县（镇），在经济基础较差的贫困地区，更为典型，即所谓的本地城镇化、半城镇化，在县镇靠打零工为生。即使部分农民离村不弃地，

① 国家统计信息网，中华人民共和国统计公报 http：//www. tjcn. org/tjgb/00zg/36162. html.

即住在城里，兼种少量地块，但是在目前需要规模和精细种养才有收益的情况下，所种养的农产品和畜产品也只是仅能自给，而城镇生活的较高成本需要农民从事农业以外的工作才能获取收入。部分进城农民生计不同程度出现了困境，尤其是失地农民、缺乏技能和文化程度低的农民。在贫困地区，进城农民工的生计问题尤为突出，进城后不适应的情况很多，加之农民工没有社会福利保障，因而生活的风险较大。城市居民享有的福利待遇以及社会保障农民工享受不到，就业仍然在较低层次，子女教育福利、住房福利等也与城市居民有一定差距。他们的生计问题以及与之相关的福利问题值得关注，国内学者也有不少相关研究。这里对进城农民的福利效应进行测度，以期对进城农民的福利问题进一步研究，对巩固脱贫成果决策提供参考。

二、理论依据与指标的设置

（一）关于福利概念及内容

关于福利，诺贝尔经济学奖的获得者阿玛蒂亚·森（Amatya. Sen）（1993）认为，福利既不是效用也不是基本物品，而是一个人选择自由的生活，即可行性能力，也就是人有可能实现的所有功能性活动的集合，并提出了经济条件、透明性保证、防护性保障、社会机会及政治自由五种衡量福利的功能性活动[①]。本节借鉴这个福利的外延，但又进行了改进。借鉴了国内学者高进云等（2007）的研究，从经济状况、社会保障、居住、社区生活、环境和心理等6个方面研究功能的变化[②]，分别从经济方面、保障方面、住房方面、就业方面、受教育方面衡量进城农民的福利效应[③]。

（二）进城农民的福利效应的相关指标及其赋值

本书所研究的是西部原贫困地区的进城农民，由贫困转向脱贫，继而

① Sen A. Capability and Well-being [J]. The Quality of Life, 1993: 30 – 73.

② 高进云，乔荣锋，张安录. 农地城市流转前后农户福利变化的模糊评价——基于森的可行能力理论 [J]. 管理世界，2007 (6): 45 – 55.

③ Sen A. Capability and Well-being [J]. The Quality of Life, 1993: 3037.

小康，伴随着城镇化的大趋势，在各种力量推动下进入城镇。根据其生活实际需要和福利需要，从人均家庭年收入、与城镇居民人均家庭年收入差距、非农年收入变化、养老保险缴纳等级、医疗保险缴纳等级、住房状况、就业种类、就业机会、子女上学条件等指标来解释福利。

1．经济方面

由于城市具有更多挣钱机会以及城市生活的多种便利，吸引更多农民进城。进城农民的收入问题始终是一个综合反映农民实惠的指标，尤其是货币收入，可以进行多种支付选择，获得更多自由。更多人进城，也是为了获得更多收入。所努力的目标就是增加更多的货币收入。而获得收入，体现了农民可行能力的重要方面。用人均家庭年收入、与城镇居民人均家庭年收入差距、非农年收入变化三个指标衡量。收入的取值是根据现阶段（2019 年）统计公布的人均城镇和农村居民人均家庭收入为标准而设置 5 等组数据。

2．生活保障方面

在农民进城以前，农民和城镇最大的不同，是城镇的有养老金和医疗保险，而随着进城，农民也不同程度获得了养老金，医疗保险则城乡居民全覆盖，但是缴纳的等级不一样，收入高的、条件好的，或者保险的意识强的缴纳的等级高，反之就低。本书设计了养老保险缴纳等级和医疗保险缴纳等级 2 个变量。

3．就业方面

所谓可行能力，不仅仅是收入的获得，还应该是某种生存能力和发展能力，就业是实现这种能力获得的途径。进城后就业的种类、就业机会是获得生存和发展的条件。就业的种类不同，获得的能力也不同。对于农民来说，由于自身技能、学历的弱势，就业种类和就业机会是反映不同就业结果的重要变量，不仅反映自身的就业水平、就业质量，也反映了就业的结果。

4．教育情况

现阶段中国的一般百姓，由于 20 世纪 80 年代开始计划生育的原因，家庭的小孩教育变得格外受重视，不仅城镇居民，对于进城农民也是如此。从教育的需求看，最大的不是农民自身这一代的需要，而是子女的教育、孙辈的教育。而城乡教育方面的较大差距，也是进城的一大动力。所以这里设计了子女上学条件这个变量。

根据现阶段的实际情况，结合公开的统计数据，对于各项变量赋予一定数值范围，对于有的变量定类的、定序的，也设置了相应的数字表示其类型和不同的等级，具体见表 7-1。对于定值变量，数字越小，代表的标志值越小，反之越大。

表 7-1　　福利变量赋值

福利指标	特征	变量类型	福利指标	特征	
人均家庭年收入	1 = 15000 元以下 2 = 15000—30000 元 3 = 30000—40000 元 4 = 40000—50000 元 5 = 50000 元以上	定值	住房状况	1 = 非常差 2 = 较差 3 = 一般 4 = 较好 5 = 非常好	定序变量
与城镇居民人均家庭年收入差距	1 = 5000 元以下 2 = 5000—10000 元 3 = 10000—15000 元 4 = 15000—20000 元 5 = 20000 元以上	定值	人均居住面积	定值	
非农年收入变化	1 = 5000 元以下 2 = 5000—10000 元 3 = 10000—20000 元 4 = 20000—30000 元 5 = 30000 元以上	定值	居住环境	1 = 非常差 2 = 较差 3 = 一般 4 = 较好 5 = 非常好	定序变量
养老保险缴纳等级	1 = 无 2 = 100—500 元 3 = 500—1000 元 4 = 1000—2000 元 5 = 2000 元以上	定值	就业种类	1 = 外出务工 2 = 自己创业 3 = 私营企业 4 = 国有企业（含政府部门）） 5 = 兼业	定类
医疗保险缴纳等级	1 = 不缴纳 2 = 一档 3 = 二档 4 = 三挡	定值	就业机会	1 = 非常少 2 = 较少 3 = 一般 4 = 较多 5 = 非常多	定序变量

续表

福利指标	特征	变量类型	福利指标	特征	
教育水平	1 = 文盲 2 = 小学 3 = 初中 4 = 高中以上本科以下 5 = 本科及以上	定序变量	对政府政策感受	1 = 很差 2 = 差 3 = 一般 4 = 好 5 = 很好	
进取心	1 = 不想 2 = 无所谓 3 = 一般 4 = 较想 5 = 非常想	定序变量	子女上学条件	1 = 镇及以下 2 = 中心城区或与城镇居民同等	定序变量
技术能力	1 = 没有技能 2 = 低级技能 3 = 中级技能 4 = 较高级技能 5 = 高级技能	定序变量			

三、样本的选择

西部贫困地区范围比较大，本书的样本是宁夏南部山区八县、陕西的定边县、甘肃的平凉市，采取随机抽取街道，然后随机抽取住户，共 1817 户。其中进城的 1097 户，未进城的 720 户，来自平原地带的 606 户，来自山区是 1211 户，其中宁夏的 1520 户。为了进行进城前后的对比，选择了部分与进城条件差不多的农户进行配比。样本单位的户主从年龄看有几个不同的年龄段，就业种类也不一样，分属不同的区域，在住房和子女上学条件方面都有差异。

四、对比结果

（一）进城后一般各项福利指标都发生变化，向好趋势明显

进城前后收入和保障各项指标有一定变化。根据前面所设置的各变量

的取值及代表符号，计算各变量均值及标准差系数，这里的 X_0、X_1 分别是进城前和进城后的均值，σ_0 和 σ_1 是进城前和进城后标准差。标准差系数用 V 表示，$V=\sigma/X$，V_0、V_1、V 分别表示进城前和进城后以及总体的标准差系数，系数越大，说明个体的差异越大，数据计算结果如表 7－2 所示。

表 7－2　　进城前后收入和保障各项指标

是否进城		人均家庭年收入	与城镇居民人均家庭年收入差距	非农年收入变化	养老保险缴纳等级	医疗保险缴纳等级	住房状况	居住环境	就业种类	就业机会	政府政策作用	子女上学条件	教育水平	进取心	技术能力	年龄段
未进城	X	2.19	3.8	2.06	2.42	2.01	2.52	2.52	1.91	2.40	3.24	1.55	2.56	2.22	2.18	2.74
	σ_0	1.02	1.12	1.01	1.00	0.63	0.80	0.72	1.15	1.07	0.91	0.50	1.08	0.94	1.23	1.19
	V_0(%)	46.7	29.5	49.1	41.4	31.5	34.9	28.5	60.2	44.5	27.9	32.1	42.2	42.3	56.2	43.5
进城	X_1	2.53	3.44	2.24	2.67	2.04	2.6	2.56	2.16	3.06	3.3	1.55	2.93	2.86	2.81	2.6
	σ_1	1.10	1.34	1.11	1.10	0.73	0.94	0.81	1.25	1.05	0.94	0.51	1.09	1.09	1.13	1.16
	V_1(%)	43.4	39.0	49.7	41.2	35.6	36.3	31.7	57.8	34.2	28.5	32.9	37.2	38.1	40.3	44.5
总平均	X	2.39	3.58	2.17	2.57	2.03	2.57	2.54	2.06	2.8	3.28	1.55	2.78	2.61	2.56	2.65
	σ	1.08	1.27	1.08	1.07	0.69	0.92	0.78	1.22	1.10	0.93	0.51	1.10	1.08	1.21	1.17
	V(%)	45.2	35.5	49.7	41.6	34.0	35.8	30.5	59.0	39.4	28.2	32.6	39.6	41.3	47.2	44.3

注：根据调查资料整理。

进城前后收入和保障各项指标均值简单对比结果：在几项指标中，人均家庭年收入提高了，进城后是 2.53，而未进城的为 2.19；与城镇居民收入的差距，进城为的 3.44，未进城 3.8，未进城的高于进城。非农年收入，进城的 2.24，未进城的为 2.06。社会保险方面，进城的养老保险缴纳等级、医疗保险等级、均高于未进城的，分别是 2.67、2.04，而未进城的分别是 2.42、2.01。从住房来看，进城后的房子一般是钢混，至少是砖混，但农村的房子还有不少是土坯的。从居住的环境的便利性以及小区环境看，显然也是进城后得到改善。就业状况看，就业种类、就业机会均高于未进城的，分别是 2.16、3.06，而未进城的是 1.91、2.4，进城后明显提高。

从子女上学条件和教育水平看，子女上学条件变化不大，说明显著农村其实变化也很大，子女也都到村子区上学。进城后的农民的受教育也提高了为2.93，未进城2.56，进城的进取心、技术能力都比未进城的高。年龄上，未进城的比进城的大，说明留在农村的年龄大的、老年人居多。能够进入城市，除劳务移民外，一般都是有一定文化程度和进取心的人，也是年龄比较年轻的人。如今，留守在农村的，要么是一些“能人”，流转土地，规模种植，还有一部分也加入合作社，有一定规模种植经济价值高的蔬菜水果。还有就是山区的一些养殖户，有个别属于大户，养羊或养牛和鸡。其收入比较高，其自身能力比较强。带动了乡亲们的养殖和相应的产业链发展，如种蓄、饲草、饲料、兽医、技术服务、屠宰、运输等产业链的发展。

（二）进城农民个体差异程度

进城前后收入和保障各项指标有一定变化，但个体也有差距。标准差系数，这是反映个体差异程度的指标，是以标准差与平均值相比而得到的去除量纲差异后的同一总体差异程度的指标，进城后家庭年收入的差异在缩小，但与城镇居民差距这个指标却增大，说明进城后的农民其实还处于边缘，不能完全与城镇职工收入一样，且同样进城的，他们之间的差距也很大。与城镇的差距都比未进城的高。但家庭人均收入差距的标准差系数却低于未进城，说明进城后的一般都靠打工收入或劳务收入。但未进城的有的因年龄大或个人因素，收入差距加大。非农收入方面，进城的差距明显大于未进城的，其他的社会保险方面，医疗保险差距大于未进城的。就业机会、子女上学条件进城后也比进城前数值高，个人抓住就业机会的能力差距也比较大。

第二节 倾向匹配得分法的收入效应分析

一、研究方法

研究进城各项指标的变化，能够反映经济方面、福利方面、就业方面、受教育方面等的变化。但是，为了准确反映进城后的这些福利效应，除了进行直接比较，还需要匹配比较。本书采用倾向匹配得分法，这个方法是评估某项目实施后的效应，如鼓励人口迁移。项目参与者的全体构成实验组或处理组，未参与者构成控制组或对照组。农民进城的效应评估，自然的做法是直接对比其收入或各项社会福利、就业状况和受教育状况。但是，进城者与未进城者在某些方面的条件是不同的，比如年龄、受教育水平、技能、进取心等。对于进城的农民与未进城农民各项指标的比较，要先匹配，即在其他条件相同的情况下比较是否进城对各项福利指标的影响。该思想是鲁宾（Rubin，1974）提出的“反事实框架”（a counterfactual framework），称为“鲁宾因果模型”（Rubin Causal Model，RCM）以虚拟变量 Di = {0，1}表示个体是否参与项目，反映个体是否得到处理（treatment），未来收入或其他感兴趣的结果（outcome of interest）为 y_i。

$$Y_i = \begin{cases} y_{1i} & 若\ D=1 \\ y_{0i} & 若\ D=0 \end{cases} \tag{7.1}$$

式（7.1）中，y_{1i}表示参加项目的收入及各项结果，y_{0i}表示未参加项目的收入及各项结果。最后验证的结果是（$y_{1i}-y_{0i}$），即个体 i 参加项目的因果效应。如果参加了项目，是无法看到其未参加项目的结果的。同理，如果个体未参加项目，也看不到其参加项目的结果。因此，只能观测到 y_{0i}或 y_{1i}。这实际上是一种“数据缺失”（missing data）问题。

上式是个分段函数，更简洁地，可将 y_i 写为

$$y_i = (1-D_i)\ y_{0i} + D_i y_{1i} = y + (y_{1i} - y_{0i})\ D_i \tag{7.2}$$

式（7.2）中，（$y_{1i}-y_{0i}$）为处理效应。

倾向匹配得分就是找到对照组，将参加项目的与未参加项目的进行对比，看所研究的结果（收入、福利等）的差异。

二、进城因素对人均家庭收入的影响

（一）倾向匹配得分法的分析过程

以人均家庭年收入作为主要研究的因变量。人均家庭收入，对于进城的农民来说，包含了各个渠道获得的收入：打零工收入、在私营企业的收

入、在国营企业的收入以及从事自主经营收入，也有来自农业的收入以及其他财产性收入、补贴收入以及转移收入。对于未进城的农民来说，包含来自土地种植、养殖收入，也包含打零工收入、补贴收入以及转移性收入，是一个综合性指标。该指标的变化，受很多因素的影响，要反映进城因素的影响，就要采用进城的对象是同一批人，这里采用倾向匹配得分法进行研究，进城后的群体和未进城的进行比较，但未进城的要和进城的能够匹配，就是说他们的特征里除了进城因素外，还有其他一些因素应该是相同的，比如个人的一些特征，其他的因素如养老保险缴纳等级、医疗保险缴纳等级、就业种类、就业稳定性、就业稳定性、政策作用程度、受教育水平、进取心教育程度、技能、年龄等，这些除收入外的因素要保证不变。

1. 简单回归

这里在不加入其他因素情况下，先看人均家庭年收入和进城的关系，进行简单回归，以人均家庭年收入作为因变量，以是否进城作为自变量。这里用 stata14，根据调查数据，进行如下回归处理。

输入命令：. reg 人均家庭年收入 是否进城，r

表 7－3　　简单回归结果表

Linear regression						
				Number of obs =1，817		
				F（1，1815）=46.13		
				Prob > F = 0.0000		
				R-squared = 0.0241		
				Root MSE = 1.0687		
人均家庭收入	Coef.	Std.	Err.	t	P > ｜t｜	[95% Conf. Interval]
是否进城	.3430378	.0505047	6.79	0.000	.2439844	.4420913
_ cons	2.1875	.0381	57.41	0.000	2.1127752	.262225

在没有其他控制变量的情况下，进城后的人均家庭收入提高了 0.343，在 1% 水平下显著，P > ｜t｜=0，小于 10%，具有显著性，说明进城后确实人均家庭收入提高。

2. 加入协变量回归

收入提高的影响因素很多，要证明仅仅是由于进城因素造成收入提高，还需要控制其他变量。在这里选用养老保险缴纳等级、医疗保险缴纳等级、就业种类、就业稳定性、就业稳定性、对政府政策感受、教育水平、进取心、技术能力、年龄段这几个控制变量作为协变量，再进行回归。

输入命令：reg 人均家庭年收入是否进城、养老保险缴纳等级、医疗保险缴纳等级、就业种类、就业稳定性、就业稳定性、对政府政策作用、教育水平、进取心、技术能力、年龄段、r，得到结果如表 7－4 所示。

表 7－4　　加入协变量回归结果表

Linear regression			Number of obs = 1，817			
			F （10，1806） =20.27			
			Prob ＞ F =0.0000			
			R-squared =0.1059			
			Root MSE =1.0255			
人均家庭年收入	Coef.	Std.	Err.	t	P＞｜t｜	[95% Conf. Interval]
是否进城	.1970905	.0547742	3.60	0.000	.0896631	.304518
养老保险等级	.1055116	.0255583	4.13	0.000	.0553847	.1556385
医疗保险等级	－.0627256	.0420289	－1.49	0.136	－.145156	.0197048
就业种类	－.0051188	.0242303	－0.21	0.833	－.0526412	.0424036
就业稳定性	.1011882	.0248734	4.07	0.000	.0524045	.1499719
政府政策作用	.113332	.0301745	3.76	0.000	.0541515	.1725126
教育水平	.0972622	.0238219	4.08	0.000	.0505409	.1439835
进取心	.045712	.0260714	1.75	0.080	－.0054213	.0968452
技术能力	.0595955	.0234804	2.54	0.011	.0135439	.1056472
年龄段	.0428997	.022079	1.94	0.052	－.0004034	.0862028
_ cons	.901719	.1468535	6.14	0.000	.6136984	1.189

注：以 P＞｜t｜ 来看，如果小于 10%，说明是显著的，就是说该因素有影响。

加入控制变量后，发现进城因素仍然是起作用的，平均处理效应降为 0.197091，显著性水平依然为 0，小于 5%，可以看出在养老保险缴纳等级、医疗保险缴纳等级、就业种类、就业稳定性、就业稳定性、对政府政策作用、教育水平、进取心、技术能力、年龄段这些因素中，只有医疗保险缴纳等级、就业种类两个因素的 P＞｜t｜ 是超出 10% 的。

3. 倾向匹配得分

下面进行倾向匹配，由于样本容量并不大，进行有效放回匹配。

stata 输入命令：

psmatch2 是否进城、养老保险缴纳等级、医疗保险缴纳等级、就业种类、就业稳定性、就业稳定性、对政府政策感受、教育水平、进取心、技术能力、年龄段，outcome（人均家庭年收入）n（1）ate ties logit（见表 7－5）。

表 7－5　　　　1 对 1 匹配 logit 回归结果

Logistic regression			Number of obs =1，817 LR chi2（9）=265.93 Prob > chi2 =0.0000 Log likelihood = －1087.0863 Pseudo R2 =0.1090			
是否进城	Coef.	Std.	Err.	z	P > ǀ z ǀ	[95% Conf. Interval]
养老保险缴纳等级	.211208	.0550	3.84	0.000	.1033486	.3190673
医疗保险缴纳等级	－.1174281	.0856	－1.37	0.170	－.2851188	.0502625
就业种类	.1085064	.0482	2.25	0.025	.0139395	.2030732
就业稳定性	.0103949	.0461	0.23	0.821	－.0798944	.1006841
政府政策作用	－.0839037	.0610	－1.38	0.169	－.2033858	.0355785
教育水平	.1107973	.0552	2.01	0.145	.0025756	.2190189
进取心	.4942314	.0551	8.96	0.040	.3861394	.6023234
技术能力	.3396428	.0478	7.10	0.110	.2459175	.433368
年龄段	－.1328353	.0461	－2.88	0.140	－.2231069	－.0425636
_ cons	－1.88626	.3085	－6.11	0.000	－2.491041	－1.281479

从 1 对 1 匹配 logit 回归结果中，可以看到，养老保险缴纳等级、就业种类、进取心这三个变量的 P > ǀ z ǀ 分别为：0、0.025、0.040，这三个变量显著性较高，其余变量都有不显著性。因此，进一步进行 Logit 回归误差分析如表 7－6 所示。

表 7－6　　　　Logit 回归误差

Variable	Sample	Treated	Controls	Difference	S. E.	T-stat
人均家庭年	ATT ATU ATE	2.53053783 2.52757353 2.1891516	2.1875 2.4519761 2.40843764	.34303783 .075597426 .219286045 .132770707	.051257837 .079837843	6.69 0.95

续表

匹配样本分布			
assignment	Off suppot	On support	Total
Untreated	1	719	720
Treated	9	1088	1097
Total	10	1807	1817

表 7-6 显示了 logit 回归的结果，中部显示，匹配后参加者的样本平均处理效应（ATT）估计值为 .0756 ，对应的 t 值为 0.95，小于 1.96 的临界值，故不显著。上表的下部汇报是否在共同取值范围内，在 1817 个观测值中，控制组（Untreated）有 1 个不在共同取值范围内，处理组（Treated）共有 9 个不在共同取值（Off suppot），其余 1088 个观测值均在共同取值范围内。

4. 进一步考察匹配结果是否较好地平衡了数据

虽然加入协变量进行了匹配，使用倾向匹配得分法，还需要考察匹配结果是否较好地平衡了数据。虽然从匹配后参加者的样本平均处理效应 ATT 看，小于临界值，说明匹配效果不错，但是所汇报的标准误没有考虑倾向得分为估计所得的事实（即假设倾向得分为真实值，然后推导标准误），不能保证匹配的效果，因此，还需要进一步考察匹配结果是否较好地平衡了数据。

表 7-7 显示了匹配前后偏差绝对值的分布特征。从结果看，大多数变量的标准化偏差在匹配后缩小了。“不匹配”（Unmatched）汇报匹配前样本估计的结果，与前面一元回归的结果一致。

从图 7-1、图 7-2 也看出，大多数变量的标准化偏差在匹配后缩小了。

表 7-7 各变量标准化偏差的匹配前后变化

Variable	Unmatched / Matched	Mean Treated	Mean Control	% bias	% reduct bias	t-test t	t-test p>|t|	V(T)/V(C)
养老保险缴纳等级	U	2.6727	2.4222	23.8		4.92	0.000	1.21*
	M	2.6599	2.7261	-6.3	73.6	-1.43	0.152	1.07
医疗保险缴纳等级	U	2.0356	2.0111	3.6		0.74	0.461	1.32*
	M	2.0358	2.0717	-5.3	-46.7	-1.15	0.251	0.98
就业种类	U	2.1604	1.9083	21.0		4.34	0.000	1.18*
	M	2.1507	2.102	4.1	80.7	0.91	0.362	0.98
就业稳定性	U	2.1796	1.9778	6.1		3.33	0.001	1.10
	M	2.1719	2.1287	3.4	78.6	0.78	0.437	0.96
对政府政策感受	U	3.299	3.2431	6.1		1.26	0.208	1.08
	M	3.2932	3.2077	9.3	-52.8	2.24	0.025	1.25*
教育水平	U	2.928	2.5611	33.8		7.04	0.000	1.02
	M	2.9274	2.9108	1.5	95.5	0.36	0.720	1.07
进取心	U	2.856	2.2236	62.2		12.77	0.000	1.35*
	M	2.8382	2.7555	8.1	86.9	1.81	0.071	1.03
技术能力	U	2.8077	2.1819	53.1		11.15	0.000	0.85*
	M	2.795	2.8557	-5.1	90.3	-1.18	0.236	0.80*
年龄段	U	2.5962	2.7431	-12.5		-2.62	0.009	0.94
	M	2.5993	2.5193	6.8	45.6	1.63	0.103	1.05

注：* 如果匹配后的差异在［0.89；1.13］之外。

从图 7-1 和 7-2 可以直观看出，大多数观测值均在共同取值范围内，说明匹配结果较好地平衡了数据。大多数变量观测值在共同取值范围内（on support），故在进行倾向得分匹配时仅会损失少量样本。

（二）人均家庭收入分析的结论

1. 进城因素确实影响了人均家庭年收入

在充分与未进城的农民进行匹配后，进城后平均收入提高了。进城前的收入在 15000 元以下，而进城后达到 25000 元以上。进城后由于所处的环境不同，就业机会、就业种类、人力资本都比进城前提高

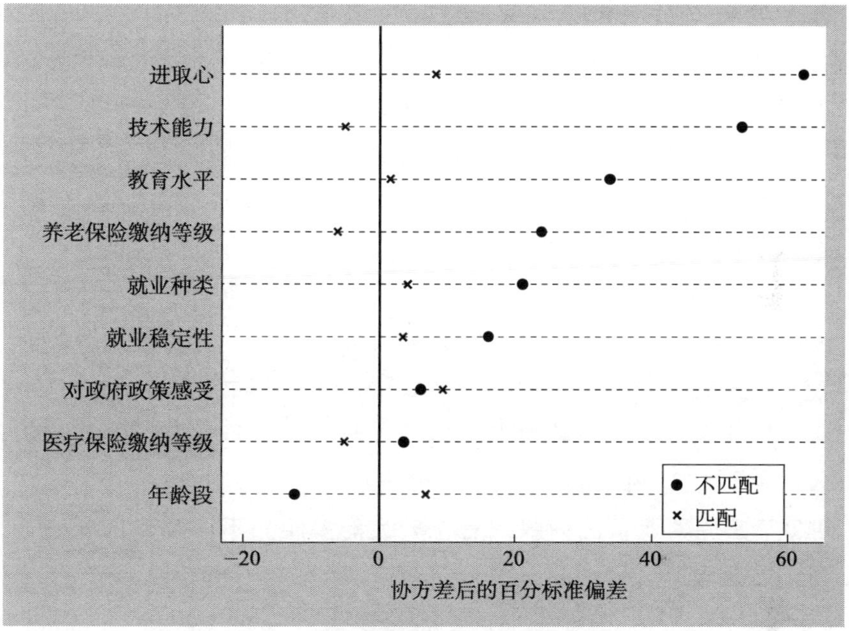

图 7－1　各变量的标准化偏差图示

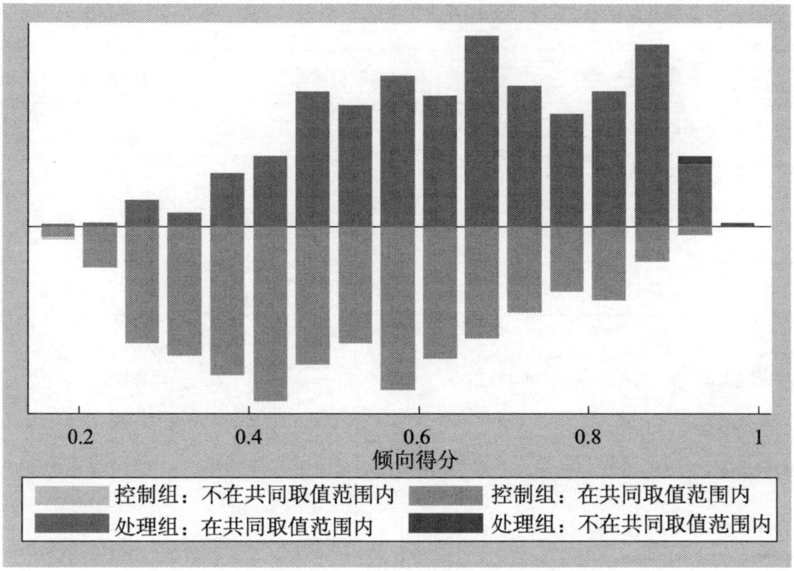

图 7－2　倾向匹配得分的共同取值范围

了。由于政策支持力度也比较大，对于出于劳动能力的人，给予的培训力度也比较大，所以收入也提高了。进城的农民往往受教育程度也高，年龄也比较年轻。养老保险缴纳等级、医疗保险缴纳等级、工伤保险缴费等级，这些社会保险的缴纳都比未进城的提高了，使得就业没有了后顾之忧，可以从事一些风险高而收入高的职业。这些都是进城后收入提高的原因。

2. 收入结构变化

收入有一定的结构，进城后来自非农收入增加，工资性收入增加；非农年收入，进城的2.24，未进城的为2.06。来自第二产业和第三产业的收入提高。从对劳务移民进城的农民的调查数据可见，其收入的构成为工资性收入占有绝大部分比重，除创业、农兼户外，占到71%。

进城后不同就业状况的收入有比较大的差距，不同类型的就业途径收入不同，见表7-8。

表7-8　进城农民收入结构

就业种类	收入数值	比重（%）
外出打工	2.38	44.8
自己创业	2.63	21.4
私营企业	2.68	20.9
国有企业	2.44	5.3
兼农户	2.82	7.6
合计	2.53	100

3. 进城农民之间的差别比较大

收入差距，标准差为1.098，换算成收入为5490元，这对于年人均收入不到15000元的农民家庭，差距是比较大的。

第三节
进城后收入之外的其他指标的福利效应分析

一、社会福利的效应分析——以养老保险缴纳等级为例

（一）倾向匹配得分法分析效应

分析进城对其他的福利指标的影响，方法和对收入的方法一样。在保障性福利中，以养老保险缴纳等级为例分析进城的福利效应。

1. 首先进行简单的回归

利用Stata14，输入命令：

reg 养老保险缴纳等级 是否进城 ，r

得出如下结果：

表7－9　　养老保险缴纳等级回归

Linear regression			Number of obs = 1817		
			F（1，1815）＝25.13		
			Prob ＞ F＝0.0000		
			R-squared＝0.0131		
			Root MSE＝1.0626		
养老保险等级	Coef.	Std. Err.	t	P＞｜t｜	［95% Conf. Interval］
是否进城	0.2505216	0.0499794	5.01	0.000	0.1524985　0.3485448
_ cons	2.422222	0.0373309	64.89	0.000	2.349006　2.495438

未加入其他因素的情况下，进城对养老保险等级是显著的，平均处理效应为0.2505，这已经从前面的数据看得出，进城前平均的等级是2.42，进城后是2.67（见表7－2），是提高的。原因就是进城后很多人打工，或在一定规模的企业和单位工作或自己经营，收入提高了，养老保险也交的多了。

2. 加入协变量

加入养老保险缴纳等级、是否进城、就业种类、就业稳定性、就业机会、对政府政策感受、子女上学条件、教育水平、进取心、技术能力、年龄段，进行更为可信的多元回归。

表 7－10　　　养老保险缴纳等级加入协变量回归

Linear regression			Number of obs = 1817			
			F （10，1806） =8.11			
			Prob ＞ F =0.0000			
			R-squared =0.0479			
			Root MSE =1.0463			
养老保险缴等级	Coef.	Std.	Err.	t	P＞丨t丨	[95% Conf. Interval]
是否进城	.1693274	.0540773	3.13	0.002	.0632666	.2753881
就业种类	.0376402	.0249563	1.51	0.132	－.0113059	.0865864
就业稳定性	－.0363623	.0212173	－1.71	0.087	－.0779753	.0052507
就业机会	.0330637	.0286621	1.15	0.249	－.0231507	.0892782
政策的作用	.1235545	.0299965	4.12	0.000	.064723	.1823859
子女上学条件	.1751625	.0489849	3.58	0.000	.0790895	.2712355
教育水平	.04399	.0266878	1.65	0.099	－.0083523	.0963323
进取心	.0682796	.0274131	2.49	0.013	.0145149	.1220443
技术能力	－.0049629	.0235039	－0.21	0.833	－.0510605	.0411347
年龄段	.0486342	.0236429	2.06	0.040	.0022639	.0950046
_ cons	1.284376	.1644592	7.81	0.000	.9618253	1.606926

加入协变量回归后，平均处理效应降为 0.1693，在 10% 水平下，进城因素仍然是显著的，养老保险缴纳等级与进城因素呈正相关。就业种类、就业机会、技术能力三个变量的影响都不显著。

3. 进一步进行倾向匹配得分处理：

使用 stata14，倾向匹配得分命令：

psmatch2 是否进城 就业种类 就业稳定性 就业机会 对政府政策感受 子女上学条件 教育水平 进取心 技术能力 年龄段，outcome （养老保险缴纳等级） n （1） ate ties logit common

表 7-11 匹配后样本平均处理效应

变量 (Variable)	样本 (Sample)	处理组 (Treated)	控制组 (Controls)	差异 (Difference)	平均差 (S. E.)	T 检验 (T-stat)
养老保险缴纳等级	Unmatched	2. 67274385	2. 42222222	0. 250521625	0. 050963	4. 92
	ATT	2. 6715462	2. 5318771	0. 139669106	0. 087193	1. 60
	ATU	2. 42222222	2. 58585648	0. 163634259		
	ATE			0. 149186431		

匹配样本分布

	Assignment	Off support	On support	Total
	Untreated	0	720	720
	Treated	4	1093	1097
	Total	4	1813	1817

注：ATU 为未参加者平均处理效应，ATE 为整个样本的平均处理效应。

从表 7-11 结果看，匹配后参加者的样本平均处理效应（ATT）估计值为 0. 1397 ，对应的 t 值为 1. 6，小于 1. 96 的临界值，故不显著。“Unmatched” 汇报匹配前样本估计的结果，与前面一元回归的结果一致。上表的下部汇报是否在共同取值范围内，在 1817 个观测值中，控制组（Untreated）全部在共同取值范围内，处理组（Treated）共有 4 个不在共同取值（Off suppot），其余 1093 个观测值均在共同取值范围内。

4. 进一步，考察此匹配结果是否较好地平衡了数据

虽然从匹配后参加者的样本平均处理效应 ATT 看小于临界值，说明匹配效果不错，但是所汇报的标准误没有考虑倾向得分为估计所得的事实，即假设倾向得分为真实值，然后推导标准误，不能保证匹配的效果，因此，还需要进一步考察匹配结果是否较好地平衡了数据。

使用以下命令：quietly psmatch2 就业种类 就业稳定性 政策作用 教育水平 进取心 技术能力 年龄段，outcome（人均家庭年收入）n（1）ate ties logit common

表 7-12 匹配后样本数据的平衡

Variable	Unmatched	Mean		% bias	% reduct	t - test		V(T)/
	Matched	Treated	Control		bias	t	p > | t |	V(C)
就业种类	U	2. 1604	1. 9083	21. 0		4. 34	0. 000	1. 18 *
	M	2. 1555	2. 1363	1. 6	92. 4	0. 37	0. 711	1. 13 *

续表

Variable	Unmatched	Mean		% bias	% reduct	t－test		V(T)/
	Matched	Treated	Control		bias	t	p>｜t｜	V(C)
就业稳定性	U	2.1796	1.9778	16.1		3.33	0.001	1.10
	M	2.1793	2.1006	6.3	61.0	1.46	0.145	1.09
就业机会	U	3.0593	2.4014	62.3		13.01	0.000	0.96
	M	3.0558	2.9973	5.5	91.1	1.25	0.213	0.81*
对政府政策	U	3.299	3.2431	6.1		1.26	0.208	1.08
	M	3.301	3.2726	3.1	49.3	0.74	0.459	1.22*
子女上学条件	U	1.5533	1.5458	1.5		0.31	0.757	1.05
	M	1.5554	1.5169	7.6	－412.8	1.78	0.075	1.04
教育水平	U	2.928	2.5611	33.8		7.04	0.000	1.02
	M	2.9231	2.9442	－1.9	94.3	－0.43	0.666	0.83*
进取心	U	2.856	2.2236	62.2		12.77	0.000	1.35*
	M	2.8545	2.8847	－3.0	95.2	－0.64	0.523	0.94
技术能力	U	2.8077	2.1819	53.1		11.15	0.000	0.85*
	M	2.806	2.8756	－5.9	88.9	－1.33	0.184	0.75*
年龄段	U	2.5962	2.7431	－12.5		－2.62	0.009	0.94
	M	2.5974	2.7392	－12.1	3.5	－2.80	0.005	0.91

注：* 如果差异范围超出［0.86；1.10］。

U 表示匹配前，M 表示匹配后，% bias 表示误差，% reduct｜bias｜表示误差降低的百分比，可以看出，匹配后的误差都减低了。t-test 是检验匹配后的效果，即与匹配前的差异是否明显，如果 p>｜t｜>10%，则说明差异不显著。表 7－12 显示的匹配后的 p>｜t｜除了年龄外都大于 10%，说明匹配效果好。

从匹配后样本数据的平衡结果看，匹配后的差异明显减小，平均数的误差由原来的 21 减小到 5.2，见表 7－13。

表 7－13　　匹配后样本数据的平衡结果

Sample	Ps R^2	LR chi2	p>chi2	Mean Bias	Med Bias	B	R	% Var
Unmatched	0.161	392.68	0.000	29.8	21.0	100.8*	1.22	33
Matched	0.006	17.62	0.040	5.2	5.5	18.0	0.82	56

注：如果 B>25%，R outside［0.5；2］。

从图 7 - 3 看出，匹配后的标准化偏差明显减小，匹配前后偏差绝对值的分布看，匹配后的变量的偏差缩小，偏差均值由原来的 29. 8 缩小到 5. 2。

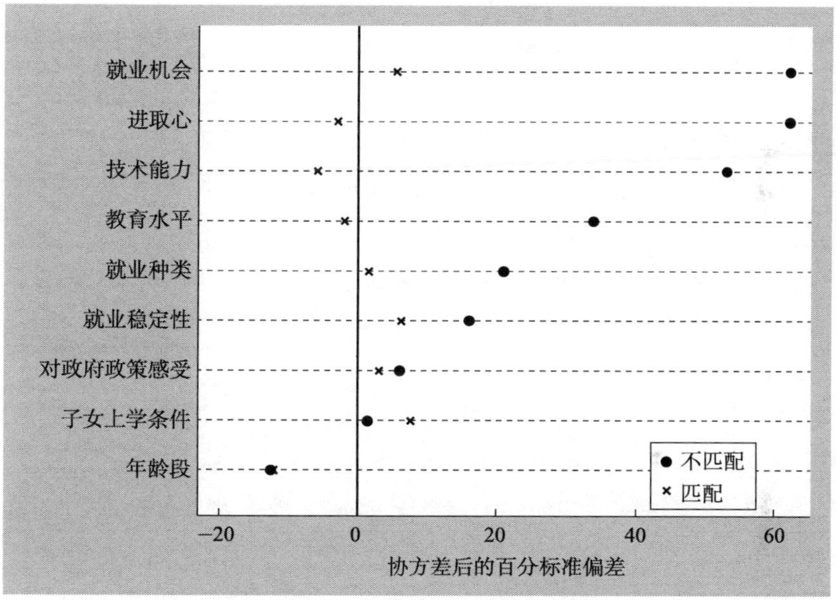

图 7 - 3　各变量的标准化偏差图示

从图 7 - 4 直观看出，大多数观测值均在共同取值范围内 （on support），故在倾向得分匹配时仅会损失少量样本。匹配后的误差明显小于匹配前。

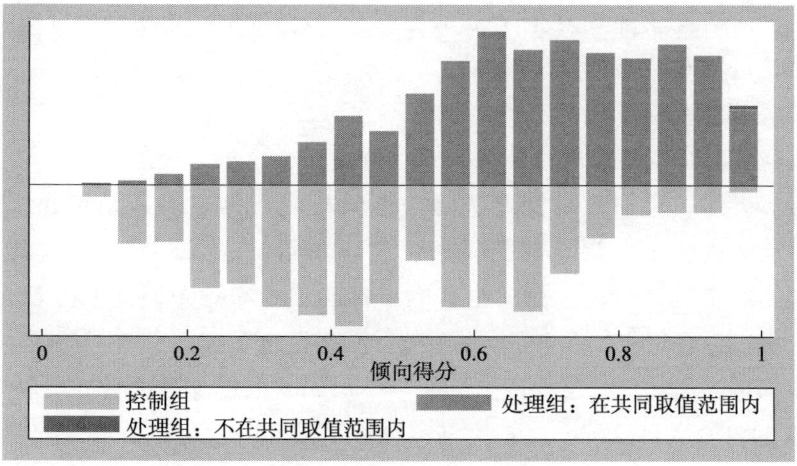

图 7 - 4　倾向匹配得分的共同取值范围

（二）分析结论

1. 进城后的社会福利均提高了。

养老保险缴纳等级、医疗保险等级、均高于未进城的，分别是2.67、2.04，而未进城的分别是2.42、2.01（见表7-2）。在进行倾向匹配后，仍然是进城的高于未进城的。这得益于进城后的收入提高了，按照比例，所缴纳的养老保险等社会保险也多了。进城前农民是不缴纳养老保险的，进城后受雇于单位，国家强制要缴纳“五险”，没有工作的，随着进城后养老、医疗等社会保险意识的增强，会主动缴纳养老保险。因而整体上社会保险明显高于未进城的。

2. 保险缴纳的等级差别依然存在

养老保险缴纳等级、医疗保险缴纳等级差异程度进城前分别是标准差1.002、0.63，标准差系数41.4%、31.5%，进城后标准差分别是1.101、0.726，标准差系数为41.2%、35.6%，差别有所扩大，这反映了进城后的就业种类不同，收入不同，个人对于保险的认识不同，所以差异较大。

二、进城因素对于就业的影响

（一）进城对于就业机会的影响

进城后的就业种类发生了根本的改变，已经非常明显，无需研究。本部分讨论进城对就业机会的影响

1. 简单回归

reg 就业机会 是否进城，r

可以看出，未加入协变量，是否进城与就业机会明显呈正相关关系，进城对就业机会是非常显著的，这也符合实际。进城后，只要身体健康、勤劳，不要期望太高收入，工作基本上都能够找得到，因此就业机会明显比在农村多。在很多工作中，个人的受教育程度、进取心、技术能力以及年龄，都是影响工作机会的因素。所以，加入其他变量再进行分析。

2. 加入协变量分析

为了分析其他变量是否影响就业，加入协变量，把教育水平、进取心、

技术能力、年龄段四个变量作为影响因素，进行回归。输入命令：reg 就业机会 是否进城 教育水平　进取心 技术能力 年龄段 r。

表 7－14　　就业机会回归

Linear regression					
				Number of obs ＝1817	
				F（1，1815）＝167.91	
				Prob ＞ F ＝0.0000	
				R-squared ＝0.0853	
				Root MSE ＝1.054	
就业机会	Coef.	Std. Err.	t	P＞丨t丨	[95% Conf. Interval]
是否进城	0.6578636	0.050769	12.96	0.000	0.5582918　0.7574355
_ cons	2.401389	.0397693	60.38	0.000	2.32339　2.479387

表 7－15　　就业机会加入协变量回归

Linear regression					
				Number of obs ＝1，817	
				F（5，1811）＝37.26	
				Prob ＞ F ＝0.0000	
				R-squared ＝0.0916	
				Root MSE ＝1.0515	
就业机会	Coef.	Std. Err	t	P＞丨t丨	[95% Conf. Interval]
是否进城	0.6222193	0.0527506	11.80	0.000	.5187608　0.7256778
教育水平	0.0424098	0.0292961	1.45	0.148	－0.0150479　0.0998675
进取心	0.0612556	0.0281453	2.18	0.030	0.0060548　0.1164563
技术能力	－0.0369006	0.0229306	－1.61	0.108	－0.0818737　.0080726
年龄段	－0.0302203	0.0239588	－1.26	0.207	－0.0772102　0.0167695
_ cons	2.319975	0.1100489	21.08	0.000	2.104139　2.535811

加入协变量后，除进取心外，教育水平、技术能力、年龄段等因素并不显著，技术能力 P＞丨t丨 接近 10%，近似显著。

2. 就业机会的倾向得分匹配

就业机会也采用倾向匹配得分法，用教育水平、进取心、技术能力、年龄段几个因素进行匹配。

表 7-16　　就业机会的倾向得分匹配

Linear regression					Number of obs = 1, 817
					LR chi2 (4) = 244.76
					Prob > chi2 = 0.0000
					Log likelihood = -1097.6734
					Pseudo R2 = 0.1003
是否进城	Coef.	Std. Err.	t	P > | t |	[95% Conf. Interval]
教育水平	0.1010069	0.0540012	1.87	0.061	-0.0048336　0.2068474
进取心	0.5205366	0.054434	9.56	0.000	0.4138479　0.6272253
技术能力	0.3501245	0.0470825	7.44	0.000	0.2578445　0.4424045
年龄段	-0.1235349	0.0454517	-2.72	0.007	-00.2126185　-0.0344513
_ cons	-1.710595	0.2103518	-8.13	0.000	-2.122877　-1.298313
Variable Sample	Treated	Controls	Difference	S. E.	T-stat
就业机会 Unmatched	3.05925251	2.40138889	.657863618	.050551111	13.01
ATT	3.06501832	2.3897161	.675302211	.078195989	8.64
ATU	2.40138889	2.93232315	.530934261	.	.
ATE		.617937463			
Treatment	support				
assignment	Off support	On support		Total	
Untreated	0	720		720	
Treated	5	1, 092		1, 097	
---Total	5	1, 812		1, 817	

从匹配的效果看，并不很好。说明进城的与未进城的在教育程度、进取心、技术能力、年龄方面很难找到匹配的对象。他们之间的差异比较大。样本参与者的处理效应 ATT 数值为 8.64，高于 1.96，说明非常显著，即进城的和未进城的在个人人力资本方面的差异很大。但是，在 1817 个观测值中，控制组（Untreated）全部在共同取值范围内，处理组（Treated）共有 5 个不在共同取值（Off suppot），其余 1093 个观测值均在共同取值范围内。

（二）就业种类和就业政策方面

进城的就业机会明显高于未进城的。城市里的各种产业，建筑、工业企业用工、为生产生活服务、环卫等提供了很多就业岗位，对技术、对文化程度等的要求不高，适合进城的农民工。各地政府也组织了劳务介绍，进行劳务输出，发挥了很大作用，进城后的作用就更大，解决了进城农民的就业问题。

表 7－17　　就业方面进城前后的变化

就业种类	均值	就业机会	政府政策作用
进城前的均值	1.91	2.40	3.24
进城前标准差	1.15	1.07	.905
进城前标准差系数（%）	60.2	44.5	27.9
进城后的均值	2.16	3.06	3.30
进城后标准差	1.25	1.05	.940
进城后标准差系数（%）	57.8	34.2	28.5

三、研究结论

（一）进城后农民所得到的益处

1. 进城后农民的经济状况和保障性福利状况、子女教育状况都提高了

在几项指标中，人均家庭年收入提高了。进城后是 2.53，而未进城的为 2.19，这相当于由原来的不到 15000 元提高到接近 20000 元。与城镇居民收入的差距，进城为 3.44，未进城 3.8，未进城的高于进城。非农年收入，进城的 2.24，未进城的为 2.06。社会保险方面，进城的养老保险缴纳等级、医疗保险等级、均高于未进城的，分别是 2.67、2.04，而未进城的分别是 2.42、2.01 。从住房来看，进城后的房子一般是钢混、至少是砖混，但农村的房子还有不少是土坯的。从居住的环境的便利性以及小区环境看，显然也是进城后得到改善。就业状况看，就业种类、就业机会均高于未进城的，分别是 2.16、3.06，而未进城的是 1.91、2.4。进城后明显提高。

2. 就业种类、就业稳定性、就业机会，进城的好于未进城的

从影响收入的因素分析，就业的种类，进城的农民自然好于不进城的，分别是2.16和1.86。进城后的就业是零散打工或在私营企业打工，也有自己创业的，总之比在农村的种类多，而且收入也多。就业稳定性也好于未进城，这大概是农民觉得土地收入不稳定，如果遇到降雨少就会收入很少。养殖户也是如此，如果遇到疾病或市场不好，同样收入大减。对于就业机会，肯定是进城后机会大大增加（见图7－5）。

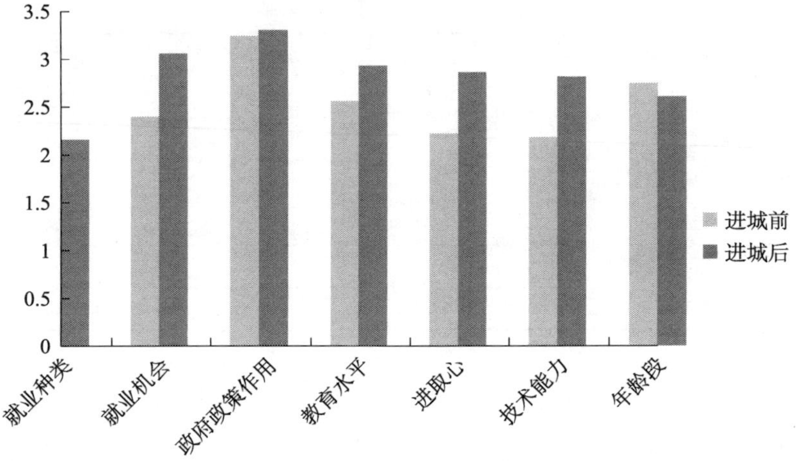

图7－5 各个影响变量

3. 从政策对进城各项福利的作用明显

从政策对进城各项福利的作用看，进城前后总的是3.28，进城后是3.31，未进城是3.24。说明政策起到了一定的作用，通过组织集中安置劳务移民、就业培训、劳务派遣、政府购买服务等各种促农民工就业的方式以及社区对不同的群体提供的帮助，如老年人的福利补助、国家实行的全部托底。

（二）存在的问题

第一，无论是否进城，收入差距还是比较大的。尤其进城后收入差距比较大，家庭人均收入之间差异值1.116，换算后平均在5500元，说明有的进城农民不适应，其收入不如不进城的农民。有的进城后由于自身学历、技能以及不适应新的环境，基本上待业在家，还不如留在农村的农民，有

种植和养殖收入。在调查中发现，不进城的部分农民其收入比较高，因为从事规模经营，种植规模和养殖面积大的农户收入高。而收入低的农户，往往是因为自身进取心不强，年龄比较大。可见，个人差异是影响收入的最主要因素。

第二，进城就业的层次还不高。进城后农民的收入低的，就业的层次也比较低。从就业种类按照种地、零散打工、私营企业、创业、国有部门这个顺序看，越往上就业收入越高，而进城后的农民工，大部分是零散打工，其平均收入在 2 万元多一点，固定的私企、创业的以及国企等国有单位就非常少。就业层次还是不高。与城镇居民收入相比，差距还在 1.329，相当于 6645 元。这对于没城市根基、没有城镇福利积累的进城农民来说，差距还是不小的。所以，提高就业层次，对于增加收入势在必行。

第三，进城后的居住和子女教育问题也存在。进城后的居住环境与之前农村相比改善了，但是居住面积却小了，好多居住在近郊或集中安置区，子女入学的学校并不优质。从调查情况看，子女上学条件，平均来看还不如农村，因为居住在农村的，其子女也在城镇上学，由其爷爷奶奶陪伴。进城的农民的子女往往达不到在城中心或和城镇子女同等水平。

（三）对策建议

第一，继续加大培训力度。让年轻的进城农民提高技能，适应各种需要人力的工作。过去培训通常针对进城务工的农民，但现在也要在社区里有针对性地对已经进城的农民进行登记，进行适合社会需要的培训服务。

第二，结合乡村振兴，提倡返乡创业。如今乡村治理，乡村的基础条件大大改善，乡村人口也大大减少，但是土地却大大空闲，应提倡乡村创业，能人带头。已经进城的农民，本身具有了一定的出外经历，观念、视野都得到了改变，回乡创业更能有优势。

第三，对于从贫困地区进城后的农民，在养老保险、医疗保险、失业保险方面，在最初进城的 3 年内给予一定的额外补助。

第四，在城市的义务教育方面，积极学习大城市的经验，让更多区域都具有优质教育资源，不要再有学区房。让更多进城农民子女家庭享受同等的教育权益。

第八章

移民搬迁进城农民福利水平的综合评价

第一节
贫困地区移民搬迁进城农民的福利满意度研究
——基于宁夏的调查

一、引言及理论基础

在西部地区，部分农民为脱贫自愿或由政府组织迁移至城镇。搬迁的目的是要促使贫困地区农民摆脱恶劣生存环境，进城并转型生计，改善生活条件，使生活更加美好。为此，各级政府和社会为进城农民提供了各项福利政策：社会保障、住房、就业和子女教育等福利。那么，搬迁进城的农民，在工资待遇、就业机会及社会福利保障等方面是否满意？与城市居民相比是否有差距？本节就这一问题进行调查研究。

本书中将个人福利水平视为个人生活质量、发展潜能及幸福指数的综合反映，基于森的可行能力理论和贫困地区经济状况以及进城农民实际状况，构建包括经济状况、居住条件、社会保障、社会机会、心理状况的福利的功能性内容。

第一，经济状况。经济状况指自己所能获得的收入，因为收入是最能衡量福利水平的综合性因素。收入能够体现物质基础，体现了一定的人力资本能力，收入的高低也是农民进城的主要决定因素。

第二，居住条件。城市与乡村差别很大，居住的环境不同。城市基础设施完善，室内设施方便等都是体现福利的因素。而且在中国，家庭财产价值主要体现在房屋上，进城后拥有一套城市住房无疑是提升了进城农民的福利水平。

第三，社会保障。包括养老保险、医疗保险、失业保险以及政府补贴政策。

第四，社会机会。主要有人力资本提升，包括就业培训、技能获得、子女教育。

第五，心理状况。指与城镇同事或邻里的关系、适应状况、融入程度等。

本书中，以福利的功能性组合内容作为反映进城农民的可行能力的指标，从农民自身的满意度和部分可量化的指标数值，评价进城农民的福利状况。在福利的功能性内容组成中，各个方面是相互影响的：生活水平经济状况是一个比较终极的目标，但是收入的高低与所迁入的居住的环境有关，迁入位置好、经济发展水平高的地方，收入也高。社会保障对收入的影响是一个抵御风险的作用，可以后顾无忧地从事一些强度大、工资高、风险高的工作；人力资本对收入的影响不言而喻，培训、教育都显著地提高就业机会、提升人力资本，收入也会随之提高；心理状况影响在于适应程度好、很快融入城市生活，也能提高收入。

二、研究思路 、数据来源、模型设定、变量的选取

（一）研究思路

因涉及多个原因、多个结果的关系，还包括一些不可直接观测的变量，采用结构方程模型对进城农民福利进行测度，构建如图 8 - 1 所示的进城农民福利结构方程模型，对进城农民福利进行满意度测量。

（二）数据来源

采用入户调查的方式，对宁夏移民村红寺堡团结村、西吉县兴隆洞洞村、西吉县马莲乡罗曼村、镇北堡镇、同阳村、和润村等典型的移民安置点作为调查区域，以区域内进行生计转型的进城农民进行问卷调查，共收回有效样本945份。

（三）模型及变量设定

1. 模型设定

由于各变量如经济状况、社会保障、居住条件、人力资本提升、心理因素一般不好用单一指标衡量，因此，本书用多个指标来反映。本书采用结构方程模型（Structural Equation Model，SEM）来分析各变量之间的关系，分析多个原因和多个结果之间的关系，处理潜在变量。该模型包含测量模型和结构模型两个基本模型，前者是由潜在变量与观察变量组成，其中观察变量可以用问卷、量表等获得数据，潜变量是观察变量间所形成的特质或抽象概念，其本身无法直接测量，需要用观察变量所获得的数据来反映。

结构方程模型的方程如下：

$$X = \Lambda_x \xi + \delta \tag{8.1}$$

$$Y = \Lambda_y \eta + \varepsilon \tag{8.2}$$

$$\eta = \beta\eta + \Gamma\xi + \zeta \tag{8.3}$$

其中式（8.1）至式（8.2）为测量方程，式（8.3）为结构方程。式（8.1）、式（8.2）中的X、Y为观测变量，Λ_x、Λ_y为因子载荷，δ、ε为误差项。式（8.3）中的η为内因（依变）潜变量，ξ为外因（自变）潜变量，β为内因潜变量间的关系，Γ为外因潜变量对内因潜变量的影响，ζ为残差项。

几个反映福利的因素如经济状况、社会保障、居住条件、人力资本、心理因素都是进城农民福利满意的影响因素，它们之间有一定的相关性。这几个变量都需要具体的观测变量来反映。

构建如8－1图所示的模型图。

2. 变量及其赋值

（1）经济状况Y_1，反映移民的收入状况的满意情况。收入是最具综合

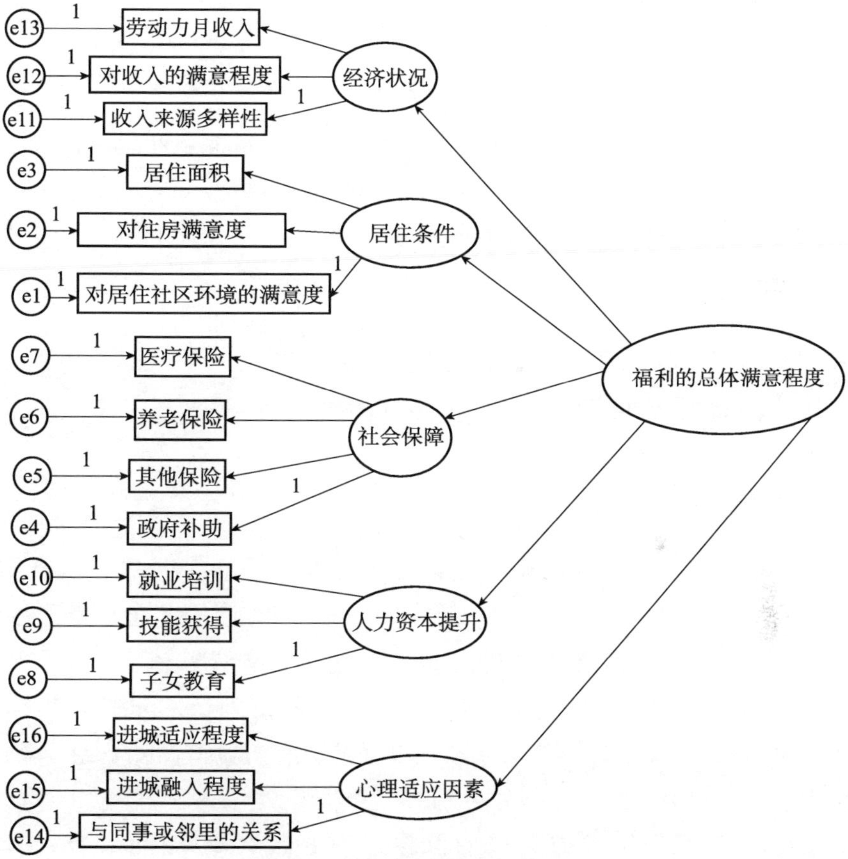

图 8－1　进城农民福利路径图

性的变量，有三个观测变量：①家庭单人劳动力月收入 X_1，取值为“5 = 5000 元以上、4 = 4000—5000 元、3 = 3000—4000 元、2 = 2000—3000 元、1 = 2000 元以下”；②对收入公平性的满意程度 X_2 作为观测变量，取值从“5 至 1”依次表示“非常好、较好、一般、较差、非常差”；③收入来源多样性 X_3，取值为分别是“一种来源、二种来源、三种来源及以上”。

（2）居住条件 Y_2，有三个观测变量，选取人均居住面积 X_4、对住房主观感受 X_5、对居住环境主观感受作为观测变量 X_6，其中人均居住面积按实际人均居住面积计算，其余变量取值均从“5 至 1”表示“非常好至非常差”。

（3）社会保障 Y_3，选取是否有养老保险 X_7、是否有医疗保险 X_8、其他

保险 X_9、政府政策 X_{10} 作为观测变量，除政府政策取值为 1 为好，0 为不好，其余取值均为 1 为有，0 为无。

（4）人力资本提升 Y_4，选取就业培训 X_{11}、技能获得 X_{12}、子女教育的影 X_{13} 作为观测变量，变量取值均从“5 至 1”表示“非常好至非常差”。

（5）心理因素 Y_5，与同事或邻里关系 X_{14}、适应状况 X_{15}、融入程度 X_{16}、作为观测变量，其中与同事或邻里关系为从“5 至 1”表示“很好、好、一般、不好、很不好”，其余变量均从“5 至 1”表示“非常好至非常差”。

三、结果与分析

（一）样本的描述特征

调查时，对样本的特征做了记录。对于变量设置了量表，从高到低，赋值为 5、4、3、2、1。如对于所设定的上述 5 个方面的潜在变量，各自又有观测变量，福利满意度研究时对其各自的观测变量赋值，根据其特征，分别给予规范的量表数值，如劳动力月收入，从高到低，分别每个等级赋值为 5、4、3、2、1；对于养老保险，根据其享有的数值高低，给予量表赋值等（见表 8－1）。

由表 8－1 可知，进城农民的医保、养老保险及其他保险缴纳率较高，依次为 80.6%、81.0%、74.9%；有 74.9% 的人认为政府政策好；对住房和居住环境的主观感受，一般和较好为主要群体，人均居住面积为 24.77 平方米；就业培训和技能获得效果并不显著，分别有 42.2%、39.4% 的人认为帮助不大，仅有 2% 左右的人获得了极大的帮助，但对于子女教育的改善效果显著，有 27.3% 改善较多、30.8% 得到了极大的改善；进城农民与城镇居民的待遇还存在些许差距，仍有 27.6% 的人认为存在明显差距，不过适应程度较好，仅有 11.5% 的群体不适应，融入程度还有待提高，有 23.2% 的群体还未能很好地融入进城生活；总体来说，进城农民对福利还存在许多不满，有 38.7% 的人不满意目前的福利状况，该群体的月收入主要范围在 2000 元至 5000 元，就业机会也较有增加。

表 8－1　　　　调查样本的总体描述　　　　单位：人,%

因素	特征	频数	频率（%）	因素	特征	频数	频率（%）
单个劳动力月收入	2000 元以下	39	4.1	对政策感受	不好	237	25.1
	2000—3000 元	207	21.9		好	708	74.9
	3000—4000 元	363	38.4	就业培训	没有优惠政策	252	26.7
	4000—5000 元	207	21.9		帮助不大	399	42.2
	5000 元以上	129	13.7		一般	177	18.7
对收入的满意度	非常不满意	75	7.9		较有帮助	93	9.8
	不满意	291	30.8		非常有帮助	24	2.5
	一般	345	36.5	技能获得	没有优惠政策	354	37.5
	满意	144	15.2		帮助不大	372	39.4
	非常满意	90	9.5		一般	150	15.9
收入来源多样化	单一	108	11.4		较有帮助	48	5.1
	二种来源	267	28.3		非常有帮助	21	2.2
	三种以上	570	60.3	子女教育的影响	没有改善	114	12.1
住房面积	不满意	240	25.4		改善不大	186	19.7
	满意	705	74.6		一般	96	10.2
房屋质量满意度	非常不满意	75	7.9		改善较多	258	27.3
	不满意	291	30.8		改善特别大	291	30.8
	一般	345	36.5	与同事或邻里关系	很好	36	3.8
	满意	144	15.2		好	72	7.6
	非常满意	90	9.5		一般	150	15.9
对住房环境满意度	非常不满意	75	7.9		不好	504	53.3
	不满意	291	30.8		很好	183	19.4
	一般	345	36.5	适应状况	非常不适应	27	2.9
	满意	144	15.2		不适应	81	8.6
	非常满意	90	9.5		一般	168	17.8
养老保险	无	340	36.0	生活状况满意度	非常差	27	2.9
	有	605	64.0		较差	123	13.0
医疗保险	无	95	10.1		一般	474	50.2
	有	850	89.9		较好	267	28.3
其他保险	无	760	80.4		非常好	54	5.7
	有	185	19.6	福利总体满意度	非常不满意	75	7.9
					不满意	291	30.8
生活状况与城市差距	差距非常大	36	3.8		一般	345	36.5
	差距较大	525	55.6				
	一般	312	33.0		满意	144	15.2
	好于城镇	72	7.6		非常满意	90	9.5

进城农民的社会保障较为良好，养老保险和医保均值均为0.81，政府政策与其他保险均值分别为0.75和0.749。居住条件方面，人均居住面积为24.77平方米，对住房主观感受和居住环境感受均值分别为3.48和3.50。对于人力资本而言，就业培训、技能获得及子女教育的影响均值分别为2.19、1.95和3.20。心理因素中各指标变量均值从大到小依次是适应状况3.76、与同事邻里关系3.45、融入程度3.33。月收入、收入满意度、对收入来源多样化的均值依次为3.21、2.88、3.19（见表8－2）。

表8－2　　　　变量的定义、符号及描述性统计

进城农民福利的功能性活动	变量	均值	标准差
经济状况 Y_1	月收入 X_1	3.21	0.845
	收入的满意度 X_2	2.88	1.071
	收入来源的多样性 X_3	3.19	1.057
社会保障 Y_2	是否有养老保险 X_4	0.81	0.396
	是否有医疗保险 X_5	0.81	0.393
	政府政策 X_6	0.75	0.434
	其他保险 X_7	0.749	0.4342
居住条件 Y_3	人均居住面积 X_8	24.77	7.266
	对住房主观感受 X_9	3.48	0.904
	对居住环境主观感受 X_{10}	3.50	0.724
人力资本改善 Y_4	就业培训 X_{11}	2.19	1.021
	技能获得 X_{12}	1.95	0.968
	子女教育的影响 X_{13}	3.20	1.053
心理因素 Y_5	与同事和邻里关系 X_{14}	3.45	1.410
	适应状况 X_{15}	3.76	0.957
	融入程度 X_{16}	3.33	1.046

（二）进城农民与未进城农民的福利比较

研究中对于进城农民也进行了与相同条件的未进城农民的匹配，匹配对象数量为215名（有的村已整体搬迁，难以找到匹配者，而邻村条件不够吻合、不匹配）。在各个调查农民中，选取了部分村，对匹配的农民进行

走访，问卷进行调查，部分采取电话访问，得到的结果如表 8－3 所示。

表 8－3 进城农民与未进城农民的福利特征比较

社会保障	养老保险	进城前（2015 年前）	进城后	与未进城农民比较
	医疗保险	几乎无	全部	保险保额增加
就业	就业机会	很少	增多	增多
	收入	比较低	提高	提高 20%
教育	自身技能提高	没什么技能	提高	未提高
	子女教育	教育质量低	成绩提高	成绩提高

收入方面，进城农民与未进城农民相比，显著提高；医疗方面全部覆盖，并且缴费基数也增加。技能提升，子女教育质量提高。

（三）信度、效度检验及因子分析

本书采用 SPSS21.0 进行数据处理，对样本数据进行了 KMO 样本测度及 Bartlett 球体检验（见表 8－4），由结果可知，KMO 值为 0.815 且 $P<0.001$，表明适合做因子分析。

表 8－4 KMO 样本测度及 Bartlett 球体检验

Kaiser-Meyer-Olkin Measure of Sampling Adequacy.		0.815
Bartlett's Test of Sphericity	Approx. Chi-Square	2616.550
	df	78
	Sig.	0.000

同时对社会保障、心理因素、居住条件、社会机会改善等变量进行了信度分析（表 8－5）。据表 8－5 显示，本书的调查问卷整体的 α 系数值为 0.618，潜变量（社会保障、心理因素、居住条件及人力资本改善）α 系数值分别为 0.918、0.860、0.848、0.763，表明各测量指标间信度较高。四个潜变量的累计贡献率高达 77.66%，可观测变量的标准因子载荷系数均高于 0.7，表明本书中福利潜变量四个维度结构良好。

（四）模型拟合

为验证结构方程模型是否适用，需要对模型的拟合指数和标准化后的路径系数进行检验，由结果可知，本书的测量模型与数据的总体拟合情况较好，假设模型的构建大体得到支持（见表8-6）。

表8-5　　样本信度、效度及因子分析情况表

进城农民功能性活动	指标变量	标准因子载荷	α系数	贡献率	累计贡献率
社会保障	是否有养老保险	0.887	0.918	38.767	38.767
	是否有医疗保险	0.898			
	政府政策	0.850			
	其他保险	0.787			
心理因素	与同事或邻里关系	0.835	0.860	15.518	54.284
	适应状况	0.855			
	融入程度	0.882			
居住条件	人均居住面积	0.865	0.848	12.965	67.249
	对住房主观感受	0.821			
	对居住环境主观感受	0.835			
社会机会	就业培训	0.863	0.763	10.410	77.659
	技能获得	0.859			
	子女教育的影响	0.750			

表8-6　　SEM整体适配度评价标准及拟合结果

统计检验量	含义	模型指数	标准	拟合结果
GFI	拟合优度指数	0.95	>0.90	理想
IFI	增量拟合指数	0.973	>0.90	理想
PGFI	简约适配度指数	0.372	>0.50	接近
RMSEA	近似误差均方根	0.070	<0.1	理想
CFI	比较拟合指数	0.972	>0.90	理想
TLI	塔克—刘易斯指数	0.948	>0.90	理想
NFI	规范拟合指数0.	0.947	>0.90	理想
PCFI	调整后的比较指数	0.518	>0.50	理想
PNFI	调整后的规准指数	0.505	>0.50	理想
CN	临街样本数	945	>200	理想
CMIN/DF	X^2自由度比	2.013	<3	理想

（五）模型路径分析与结果分析

观测变量的 C. R. 值均大于临界值（1.96），表明潜变量与观测变量间的载荷系数估计显著性较高。

结构模型反映了各个潜变量之间的关系。根据结果可知，经济状况、社会保障、居住条件、社会机会、心理因素对进城农民福利的路径系数分别是0.46、0.66、0.74、0.40、0.50，且均达到1%的显著水平，并均对进城农民福利满意度呈正相关关系。由此可见，社会保障、居住条件、社会机会、心理因素优势越明显，进城农民福利满意度则越好（见表8－7）。

表8－7 路径、载荷系数估计结果表

变量与路径	方向	Estimate	S. E.	C. R.	P	Label		
经济状况	←	福利满意度	+	2.01	0.32	6.21	***	0.46
社会保障	←	福利满意度	+	1.00	–	–	–	0.66
居住条件	←	福利满意度	+	1.64	0.22	7.38	***	0.74
社会机会	←	福利满意度	+	1.47	0.31	4.81	***	0.40
心理因素	←	福利满意度	+	2.02	0.32	6.35	***	0.50
对居住环境的主观感受	←	居住条件	+	1.00	–	–	–	0.73
对住房主观感受	←	居住条件	+	1.53	0.11	14.15	***	0.90
人均居住面积	←	居住条件	+	10.91	0.82	13.32	***	0.79
其他保险	←	社会保障	+	1.00	–	–	–	0.83
养老保险	←	社会保障	+	1.07	0.04	24.31	***	0.98
医疗保险	←	社会保障	+	1.04	0.05	23.07	***	0.95
子女教育的影响	←	人力资本	+	1.00	–	–	–	0.62
技能获得	←	人力资本	+	0.90	0.09	10.08	***	0.81
就业培训	←	人力资本	+	0.96	0.10	10.07	***	0.82
融入程度	←	心理因素	+	1.00	–	–	–	0.93
适应状况	←	心理因素	+	0.76	0.05	15.43	***	0.77
与同事或邻里关系	←	心理因素	+	0.84	0.05	15.39	***	0.77
福利满意度	←	进城农民福利	+	2.10	0.33	6.34	***	0.47
政府政策	←	社会保障	+	0.86	0.06	14.55	***	0.71

注：* $P<0.1$，** $P<0.05$，*** $P<0.01$。

测量模型反映了各可测指标与潜变量之间的相互关系。据表8－6显示：(1) 在反映经济状况三个指标中，收入是影响福利满意度的主要的指标，均有显著影响。(2) 社会保障的四个可观测指标中，养老保险、医疗保险及社会政策对社会保障均有显著影响，各指标与社会保障间的标准化路径系数从大到小依次是养老保险0.98、医疗保险0.95、其他保险0.83、政府政策0.71，也就是说进城农民养老保险、医保、其他保险及政府政策等越好，进城农民福利水平满意就越高。(3) 在反映居民条件的三个可观测指标中，对居民条件影响由大到小的变量依次是对住房感受、人均居住面积、对居住环境感受，这些指标的标准化路径系数分别为0.90、0.79、0.73。(4) 在反映人力资本的三个可观测指标中，就业培训、技能获得、子女教育对人力资本的影响逐渐减弱。(5) 在反映心理因素的三个可观测指标中，融入程度对心理因素影响最强，其标准化路径系数为0.93，其次是与同事或邻里关系，两者标准化路径系数均为0.77。

(六) 结果讨论

根据结构方程模型的路径系数图并结合模型路径分析，得出以下结论：

第一，劳动力收入。收入是反映进城农民福利满意度的个体差别性的指标，反映了个人的能力，与人力资本密切相关。个人综合素质提高，个人实用技能获得，对于就业机会的把握起根本作用，也衡量政府组织的就业培训的效果，也能很好地反映出进城农民生计转型的效果。

社会保障是显著影响进城农民福利满意度的因素之一。社会保障每提高一个单位，进城农民福利满意度就增加0.66个单位。根据调研可知，如今各乡镇、城镇对于医保和社保的普及率很高，政府也较为重视，许多村镇医疗保险和养老保险已全面覆盖，大病补充险、家庭意外险普及率也十分高，对于双老户、无劳动能力的家庭政府“兜底”，学前教育实行“一免一补”、义务教育“三免一补”，让进城农民实现“两不愁，三保障”，真正意义上达到“使老有所终，壮有所用，幼有所长，矜寡孤独废疾者皆有所养”。但进城农民其他保险缴纳率较低，诸如工伤险、失业险等，且只有较少部分人签署了劳动合同，其合法权益的保障还存在很大隐患，诸如随意克扣、拖欠工资等。进城农民福祉还需不断完善和提高。

第二，居住条件是影响进城农民福利满意度的因素之一。居住条件每提高一个单位，进城农民福利就增加 0.74 个单位。居住条件对于人们尤为重要，人们对住房极其依赖，住房在提供休息场所的同时给予人们心理上的慰藉。对于由政府组织的移民，政府都会给予一些优惠政策，诸如为其适当分配住所及土地等，努力安置好进城农民。但由于在住房、土地分配方式上仍存在许多不足，且进城农民家庭人口数普遍偏多，导致家庭人均居住面积较少，所以居住条件对其福利水平仍有很大的影响。

第三，人力资本、心理因素也显著影响进城农民福利满意度。人力资本、心理因素每提高一个单位，进城农民福利满意度分别增加 0.40、0.50 个单位。由于一系列的原因进城农民开始了生计转型，大多转为“非农就业”，他们的生活在本质上和形式上都大有改变。由于其学历、技能等条件受限，就业成为一大难题。为提高进城农民的就业率，政府相继推出许多优惠政策。即便如此，由于其自身社会资本、家庭或其自身等因素，成效并不显著，进城农民的就业及适应状况、融入程度仍存在很大问题，故对福利水平的影响也较大。

四、提高进城农民福利满意度的建议

针对进城农民家庭人口数较多、家庭人均收入较少、人均居住面积较小、受教育程度普遍偏低、就业、适应状况和融入程度仍存在许多问题，本书提出以下建议：

（一）重新择业安置，加大教育与就业培训力度

各乡、镇政府部门应详细充分地对劳动市场和进城农民个人进行调研，针对本地区实际情况和农民情况实行分类别、分岗位的专岗技能培训，并在培训过程中注重培训人员的掌握程度。对于其子女教育问题，从思想上改变其对教育的重视程度，鼓励继续教育。

（二）加强法律宣传，培养其法律意识

对于工作单位恶意克扣、拖欠其工资等行为，农民工没有维权意识。政府应加大对其劳动法等基本法律知识的普及，避免其合法权益受到侵害或在受到侵害时可以合法合理地维护自己的权益。

（三）优化住房分配方式

不应"一刀切"式地统一安排，应在分配前详细调查每家每户的详细情况，进行合理分配，提高进城农民的居住舒适感，从而提高其福利水平。

（四）及时跟进住户情况，减少"滞后性"

政府应及时跟进各家各户的实际情况，精准扶贫对象，让脱贫的"退出"，让真正贫困的"进来"，真正落实国家的精准扶贫政策。不断提升政府自身服务和治理能力，规范运行"家门口"服务站，切实做到"生活小事不出村，办事服务在身边"，着力打造阳光村务，提高群众信任度和满意度。

第二节 劳务移民进城农民的福利效应的区位差异

一、问题的提出及相关概念

（一）进城农民的生计和福利问题

在西部大开发中，对一部分生活在自然条件恶化、资源贫乏、生态环境脆弱地区的贫困人口，实行移民搬迁，异地安置；在移民迁出区，将坡度在25度以上的陡坡地退耕还林还草，恢复林草植被，减少水土流失，保护西部地区生态环境。对于移民，开始是有土安置，后来由于没有更多适合有土安置的地方，部分迁出户也自愿到工矿企业就业，实行无土安置，称之为劳务移民。这部分移民和有土安置的生态移民不同，失去了土地的保障，只能异地打工，因此对生计有一定的影响。离开农村，失去或放弃或流转长期赖以生存的土地，原有的以种地养殖为主的生计方式已经发生根本改变。而城镇生活的较高成本需要农民从事农以外的工作才能获取收入。进城后多数还是靠打散工维持生计，收入并不稳定，部分家庭出现了困难。自谋出路，缺乏发展的基础。城市居民享有的福利待遇以及社会保障劳务移民享受不到，就业仍然在较低层次，子女教育福利、住房福利等也与城市居民有一定差距。

进城后的移民都安置到不同经济水平的地区，而各地区经济条件差异，导致其福利水平有较大的差异。除此之外，各个县均有脱离农村搬迁到县城的居民，他们基本上完全到县城谋生，农村的土地则流转出去。可以说，生计方式发生很大变化。进城后，农民的整体福利水平由于地域的差异，出现了不同的结果。

伴随着城镇化，有相当部分农民进城，而在西北地区，有一部分特殊的人群，是通过劳务移民而进入城镇。本书选择山区和川区的县城进行聚类分析，将各自的经济条件、自然环境条件进行聚类分析。然后分析不同地域经济条件导致的福利差异，提出因地制宜，发展产业，调整福利政策的建议

（二）相关概念及理论

20 世纪七八十年代，森批判了传统福利思想，提出了以自由为核心的可行能力理论。森引入了“功能性活动”。对于福利的功能性活动的测量，森（Sen，2002）[①] 提出政治自由、经济状况、社会机会、透明性保证、防护性保障五种衡量福利的工具。国内学者高进云（2007）[②] 选取家庭经济收入、社会保障、居住条件、社区生活、居住环境、心理因素衡量福利水平。贾燕、李钢等（2009）[③] 在此基础上，将个体技能水平和生活质量纳入衡量福利功能性活动中。张安录（2013）从组织生产、经济收入、健康与休闲、社会保障、居住条件与环境、社会参与、子女教育、社会公平等八种农户家庭功能性活动选择评价指标，农地城市流转的农户福利效应进行测度、评判[④]。

---

① Amartya Sen. Rationality and Freedom [M]. 2002：40 - 50.

② 高进云，乔荣锋，张安录．农地城市流转前后农户福利变化的模糊评价——基于森的可行能力理论［J］．管理世界，2007（6）：45 - 55.

③ 贾燕，李钢，朱新华等．农民集中居住前后福利状况变化研究——基于森的“可行能力”视角［J］．农业经济问题，2009（2）：30 - 36.

④ 王珊，张安录．农地城市流转的农户福利效应测度［J］．中国人口·资源与环境 2014（3）：108 - 112.

因此，本节对福利的评价也就是对功能性活动的测量，且对福利功能性活动的测量主要从经济状况、社会保障、居住条件、发展机遇等方面入手。

二、研究设计及过程

（一）不同经济条件县市的聚类

1. 聚类的对象

由于所研究的福利水平与劳务移民进城农民所在的地域有直接关系，经济条件好的地区，相应的福利水平就高；经济条件差的地区，福利的水平也相应较差。本书选取了宁夏的黄河流域（一般称之为川区）的银川、永宁、贺兰、灵武、大武口、惠农、平罗、吴忠市的利通区，以及称之为山区的红寺堡、盐池、同心、原州区、隆德县、泾源县、彭阳县、沙坡头区、西吉县、中宁县、海原县等过去列为贫困地区的县及区，选取陕西的延安市和榆林市，甘肃的白银市、天水、武威、张掖、平凉等市。这里都有劳务移民进城的农民。之所以选择这些地方，是因为可以代表西北的劳务移民进城的农民的生计和福利状况。

2. 指标的选取

（1）各个县的环境状况，包括自然环境和综合环境：①降水量（年）；②人口自然增长率（‰）。

（2）各个县的经济状况：①规模以上工业企业能源消费量（吨标准煤）；②地区生产总值比上年增长（%）；③人均地区生产总值比上年增长（%）；④城镇化率（%）；⑤人均社会消费品零售额（元）；⑥城镇非私营单位在岗职工平均工资（元）；⑦城镇常住居民人均可支配收入（元）；⑧农村常住居民人均可支配收入（元）。

由于环境指标如降雨量、经济指标如规模以上工业企业能源消费量是绝对量指标，不便于比较。人口自然增长率（‰）很难与经济发展有明确的关联，在西北地区，往往落后地区人口出生率较高，这个指标不能反映经济状况。经过分析筛选，最终确定的指标为城镇化率（%）、地区生产总值比上年增长（%）、人均地区生产总值比上年增长（元）、人均社会消费品零售额（元）、城镇非私营单位在岗职工平均工资（元）、城镇常住居民人均可支配收入（元）、农村常住居民人均可支配收入（元）。以这些指标对各个不同县市进行聚类，划分类型。

3. 聚类分析法的概念和方法

聚类分析法是多变量统计技术，有分层聚类法和迭代聚类法。聚类分析也称群分析、点群分析，是研究分类的一种多元统计方法。这个方法的思想是：所研究的样品（网点）或指标（变量）之间存在程度不同的相似性也就是亲疏关系——以样品间距离衡量）。根据一批样品的多个观测指标，找出一些能够度量样品或指标之间相似程度的一些统计量，以这些统计量为划分类型的依据。把一些相似程度较大的样品（或指标）聚合为一类，把另外一些彼此之间相似程度较大的样品（或指标）又聚合为另一类，直到把所有的样品（或指标）聚合完毕，这就是分类的基本思想。在聚类分析中，通常我们将根据分类对象的不同分为 Q 型聚类分析和 R 型聚类分析两大类。

R 型聚类分析是对变量进行分类处理，Q 型聚类分析是对样本进行分类处理。

R 型聚类分析的主要作用是：(1) 不但可以了解个别变量之间的关系的亲疏程度，而且可以了解各个变量组合之间的亲疏程度。(2) 根据变量的分类结果以及它们之间的关系，可以选择主要变量进行回归分析或 Q 型聚类分析。

Q 型聚类分析的优点是：(1) 可以综合利用多个变量的信息对样本进行分类；(2) 分类结果是直观的，聚类谱系图非常清楚地表现其数值分类结果；(3) 聚类分析所得到的结果比传统分类方法更细致、全面、合理。

为了进行聚类分析，首先需要定义样品间的距离。常见的距离有：(1) 绝对值距离；(2) 欧氏距离；(3) 明科夫斯基距离；(4) 切比雪夫距离。

聚类的几种方法：

(1) 直接聚类法。分类对象的元素构成 $m \times m$ 矩阵。先把各个分类对象单独视为一类，然后根据距离最小的原则，依次选出一对分类对象，并成新类。如果其中一个分类对象已归于一类，则把另一个也归入该类；如果一对分类对象正好属于已归的两类，则把这两类并为一类。每一次归并，都划去该对象所在的列与列序相同的行。经过 m－1 次就可以把全部分类对象归为一类，这样就可以根据归并的先后顺序作出聚类谱系图。

（2）最短距离聚类法。最短距离聚类法是在原来的 m×m 距离矩阵的非对角元素中找出，把分类对象 G_p 和 G_q 归并为一新类 G_r，然后按计算公式计算原来各类与新类之间的距离，这样就得到一个新的（m－1）阶的距离矩阵；再从新的距离矩阵中选出最小者 d_{ij}，把 G_i 和 G_j 归并成新类；再计算各类与新类的距离，这样一直下去，直的各分类对象被归为一类为止。

（3）最远距离聚类法。最远距离聚类法与最短距离聚类法的区别在于计算原来的类与新类距离时采用的公式不同。最远距离聚类法所用的是最远距离来衡量样本之间的距离。

本书采用 K 均值聚类法（K-Means），其算法步骤如下：

（1）选择一些类/组，并随机初始化各自的中心点。中心点是与每个数据点向量长度相同的位置。

（2）计算每个数据点到中心点的距离，距离哪个中心点最近就划分到哪一类中。

（3）计算每一类中中心点作为新的中心点。

（4）重复以上步骤，直到每一类中心在每次迭代后变化不大为止。

4. 调查数据的处理以及分类结果

（1）上述各县市的上述指标的数据来源于统计年鉴（2019 年数据），见表 8－8。

表 8－8　　各县市经济和自然条件有关指标

	人口自然增长率（‰）	地区生产总值比上年增长（%）	人均地区生产总值比上年增长（%）	人均社会消费品零售额（元）	城镇非私营单位在岗职工平均工资（元）	城镇常住居民人均可支配收入（元）	农村常住居民人均可支配收入（元）	城镇化率（%）	降水量（毫米/年	能源消费量标准煤吨/年
银川	9.04	6.3	5.1	36535	94559	38217	15282	79	146	44970008
永宁	8.1	1.1	0.4	12964	72113	33032	14994	90	177	812967
贺兰	7.97	9	3.1	58728	66366	33660	15928	58	147	364798

续表

	人口自然增长率（‰）	地区生产总值比上年增长（%）	人均地区生产总值比上年增长（%）	人均社会消费品零售额（元）	城镇非私营单位在岗职工平均工资（元）	城镇常住居民人均可支配收入（元）	农村常住居民人均可支配收入（元）	城镇化率（%）	降水量（毫米/年	能源消费量标准煤吨/年
灵武	7.65	6.4	6.3	13138	93065	35252	16032	58	150	40965483
大武口	1.31	6.3	6.8	17533	74031	36961	11922	90	166	1340510
惠农	1.24	8.1	7.6	12582	72449	29163	10746	84	138	5923202
平罗	5.97	7	4.5	11564	68224	28684	16638	54	143	6383090
利通区	5.77	5	-3	22034	74480	32291	12731	65	205	1230057
红寺堡	8.46	8.1	45.3	8398	58651	16273	9825	34	270	337439
盐池	8.01	8	5.4	16158	71965	28464	12127	51	323	307436
同心	13.3	10	10.7	8478	88661	25661	10278	41	291	22507
原州区	9.66	6.2	4.1	16755	86501	30595	11164	53	710	1304307
隆德县	2.92	6	7	7088	90648	25020	10344	34	717	11672
泾源县	9.57	6.1	4.6	7962	90689	26557	9724	34	1020	4910
彭阳县	10	7.1	6.9	7555	98126	27239	11000	34	757	11264
沙坡头区	7.68	5.8	6	14532	81665	31028	13210	57	270	4057443
西吉县	12.8	6.8	5.9	5870	87904	27335	10416	29	573	20745
中宁县	7.58	5.9	6.2	12844	73321	29462	13239	46	213	3277355
海原县	11.1	7	7.5	7726	84526	26097	9627	32	564	1348
延安	3.83	6.7	6.9	18211	70541	34888	11876	64	695	7401200
榆林	4.3	7.1	6.6	20315	76576	33904	13226	60	526	13108200
白银市	3.15	6.2	5.9	8989.4	72513	31769	9927	51	328	562.31
天水	3.41	6.7	6.3	7256.33	63692	28707	8439	42	492	83.16
武威	2.89	4	4	7658.22	69337	30048	12566	43	212	115.03
张掖	3.54	6.5	6.1	15773.3	76479	27465	14944	49	132	111.4
平凉	3.58	6.4	6.1	7174.96	75160	29644	9083	42	511	533.09

（2）聚类过程如表8－9所示。

表8－9　最终聚类中心

指标	聚类		
	1	2	3
城镇化率（%）	39.41	57.62	68.68
地区生产总值比上年增长（%）	6.9	6.2	7.7
人均地区生产总值比上年增（%）	6.6	7.8	4.1
人均社会消费品零售额（元）	9321.50	13374.20	47631.50
城镇非私营单位在岗职工平均工资（元）	90015.0	71949.8	80462.5
城镇常住居民人均可支配收入（元）	25469.5	30111.4	35938.5
农村常住居民人均可支配收入（元）	11073.1	12218.3	15605.0

各个县市依经济条件聚类情况依经济条件不同，按照最短距离进行聚类，其分布和距离如表8－10所示。

表8－10　各个县市依经济条件聚类情况

聚类成员				聚类成员			
个案号	V1	聚类	距离	个案号	V1	聚类	距离
1	银川	3	18087.002	14	泾源县	1	2303.334
2	永宁	2	4053.405	15	彭阳县	1	20031.609
3	贺兰	3	18087.002	16	沙坡头区	2	9876.685
4	灵武	1	12006.510	17	西吉县	1	4503.465
5	大武口	2	8284.462	18	中宁县	2	1903.938
6	惠农	2	1986.129	19	海原县	1	5929.573
7	平罗	2	6223.323	20	延安	2	6950.694
8	利通区	2	9295.563	21	榆林	2	9218.204
9	红寺堡	2	19971.310	22	白银市	2	5247.983
10	盐池	2	3236.079	23	天水	2	11039.732
11	同心	1	1792.689	24	武威	2	6294.788
12	原州区	1	9689.392	25	张掖	2	6379.836
13	隆德县	1	2474.453	26	平凉	2	7667.126

5. 聚类结果

这些县市以经济条件可以分为三类：以银川市、贺兰县为第一类，表示经济较为发达的地区；第二类为永宁、大武口 平罗 惠农、利通区、中宁、延安、榆林、白银市、天水、武威、天水等地；第三类为经济较差的宁夏山区县市，同心、原州区、隆德县、泾源县、彭阳县等。考虑到银川是特殊的省会城市，贺兰也属于银川的郊县，有特殊性，地理位置也属于黄河灌溉区，因此可以归并到第一类。这样，聚类就最终分为两类，川区经济较发达县市为第一类共 18 个县市，山区经济欠发达县市为第二类共 7 个县市（见表 8－11）。

表 8－11　经济发达县市与欠发达县市各指标描述统计

福利指标		个案数	最小值	最大值	平均值	标准差
地区生产总值比上年增长（%）	发达县市	18	1.10	9.00	6.26	1.71
人均地区生产总值比上年增长（%）	发达县市	18	－3.00	45.30	7.43	9.74
人均社会消费品零售额（元）	发达县市	18	7174.96	58728.00	17012.79	12562.70
城镇非私营单位在岗职工平均工资（元）	发达县市	18	58651.00	94559.00	74067.89	8861.71
城镇常住居民人均可支配收入（元）	发达县市	18	16273.00	38217.00	31136.00	4795.01
农村常住居民人均可支配收入（元）	发达县市	18	8439.00	16638.00	12811.56	2507.79
城镇化率（%）	发达县市	18	34.30	90.02	59.24	16.80
地区生产总值比上年增长（%）	欠发达县市	7	6.00	10.00	7.03	1.38
人均地区生产总值比上年增长（%）	欠发达县市	7	4.10	10.70	6.67	2.18
人均社会消费品零售额（元）	欠发达县市	7	5870.00	16755.00	8776.29	3612.56
城镇非私营单位在岗职工平均工资（元）	欠发达县市	7	84526.00	98126.00	89579.29	4360.45
城镇常住居民人均可支配收入（元）	欠发达县市	7	7239.00	30595.00	24072.00	7640.31
农村常住居民人均可支配收入（元）	欠发达县市	7	9627.00	11164.00	10364.71	578.47
城镇化率（%）	欠发达县市	7	28.54	53.19	36.68	8.22

从表 8－10 看出，经济较发达的县市大部分指标的均值都高于欠发达地区。

（二）基于经济条件不同的进城移民的福利差异

1. 样本的选择

对于经济发达地区和经济欠发达地区，进城农民的福利是通过对各个住户进行调查的。按照类型抽样，川区的抽取了650户。山区的抽取了450户，进行了入户问卷调查，有效回收率为95%。同时，为了与未进城的农民进行匹配对比，分别又选了对照组，即未进城农民家庭进行对比，以此来反映进城后的福利变化，川区的调查了244户，山区的调查了180户。

2. 福利效应的功能性测度指标

进城的农民的福利不是一般的社会福利。根据森的功能性活动，选取经济状况、社会保障、居住条件及发展机遇四个要素反映劳务移民福利水平（见表8-12）。

(1) 经济指标。包括人均家庭年收入（X_1）、与城镇居民人均家庭年收入差距（X_2）、非农年收入变化（X_3）。

(2) 社会保障指标。包括养老保险缴纳等级（X_4）、医疗保险缴纳等级（X_5）、工伤保险缴费等级（X_6）、失业保险（X_7）。

(3) 居住情况。包括人均居住面积（X_8）、住房状况（X_9）、居住环境（X_{10}）。

(4) 发展机遇指标。包括就业种类（X_{11}）、就业稳定性（X_{12}）、就业机会（X_{13}）、子女上学条件（X_{14}）、教育水平（X_{15}）、进取心（X_{16}）、技术能力（X_{17}）。

表8-12　　各福利变量的界定及赋值

福利	指标变量	变量取值
经济状况	人均家庭年收入	5. 60000元以上，4. 45000—60000元，3. 30000—45000元，2. 15000—30000元，1. 15000元以下
	与城镇居民人均家庭年收入差距（以宁夏2018年城镇居民人均家庭总收入为基础——37520元）	5. 5000元以下，4. 5000—10000元，3. 10000—15000元，2. 15000—20000元，1. 20000元以上
	非农年收入变化（与劳务移民之前年收入相比多出部分）	5. 30000元以上 4. 20000—30000元，3. 10000—20000元，2. 5000—10000元，1. 5000元以下
社会保障	养老保险缴纳等级	5. 2000元以上，4. 1000—2000元，3. 500—1000元，2. 100—500元，1. 无
	医疗保险缴纳等级（宁夏2018年医保个人缴费标准）	4. 三档760元，3. 二档320元，2. 一档180元，1. 不缴纳

续表

福利	指标变量	变量取值
居住条件	人均居住面积	按实际的人均居住面积计算
	住房状况（水电暖、通讯状况、住房舒适度）	5. 非常好，4. 较好，3. 一般，2. 较差，1. 非常差
发展机遇	就业种类	5. 政府部门，4. 国有企业，3. 私营企业，2. 自己创业，1. 外出务工（工地、小商贩等流动性较大的职业）
	就业稳定性（与甲方签约时间长短）	5. 3 年以上，4. 2—3 年，3. 1—2 年，2. 半年—1 年 1. 3 个月以下
	就业机会（政府提供）	5. 非常多，4. 较多，3. 一般，2. 较少，1. 非常少
	教育水平	5. 本科及以上，4. 高中以上本科以下，3. 初中，2. 小学，1. 无
	技术能力	5. 高级技能，4. 较高级技能，3. 中级技能，2. 低级技能，1. 没有技能
	进取心	5. 非常想，4. 较想，3. 一般，2. 无所谓，1. 不想

3. 进城后不同地区的福利差异

按照各变量的赋值，对于选中的调查户进行调查，得到表 8 – 13 的结果。

表 8 – 13　　进城后的川区和山区县市的福利状况比较

县市＼福利指标	X_1	X_2	X_3	X_4	X_5	X_6	X_7	X_8	X_9
川区	2.9	2.83	2.28	2.72	2.04	2.01	0.2	19.2	2.63
山区	2.76	2.89	2.17	2.58	1.94	1.91	0.19	20.20	2.50

县市＼福利指标	X_{10}	X_{11}	X_{12}	X_{13}	X_{14}	X_{15}	X_{16}	X_{17}	
川区	2.57	2.16	2.13	3.06	1.54	2.92	2.87	2.6	
山区	2.44	2.05	2.22	2.91	1.46	2.77	2.73	2.65	

调查中按照各变量对应的序数值（见表 8 – 12），计算得出川区各县市的各项指标，表示经济状况的 X_1 和 X_3，人均家庭年收入（X_1）、非农年收入变化（X_3），川区分别是 2.9、2.28，均高于山区。反映社会保障的指标

也高于山区，养老保险缴纳等级（X_4）、医疗保险缴纳等级（X_5）、工伤保险缴费等级（X_6）、失业保险（X_7）分别是2.72、2.04、2.01、0.2，高于山区的2.58、1.94、1.91、0.19 。其他的指标如住房状况（X_9）、居住环境（X_{10}）也体现出川区高于山区的特点。发展机遇指标方面，就业种类（X_{11}）、就业机会（X_{13}）、子女上学条件（X_{14}）、教育水平（X_{15}）、进取心（X_{16}）、技术能力（X_{17}）等均体现出川区高于山区的特点。

4. 不同区域进城农民福利的变化

劳务移民进城前后，福利都发生了变化，不同区域的变化也不相同。在有些指标上，山区县市高于川区，如人均家庭年收入（X_1）、非农年收入变化（X_3）、医疗保险缴纳等级（X_5）等指标比川区县市的提高幅度大。但养老保险等级、就业机会、教育水平等指标的增长率低于川区水平（见表8－14、表8－15）。

表8－14　　川区县市进城移民福利的变化

	福利指标	X_1	X_2	X_3	X_4	X_5	X_6	X_7	X_8	X_9
川区县市	进城前平均值	1.98	3.76	1.98	2.13	2.01	1.91	0.12	19.5	2.48
	进城后变化率（%）	46.5	－24.7	15.2	27.7	1.5	5.2	66.7	－1.	6.0
	福利指标	X_{10}	X_{11}	X_{12}	X_{13}	X_{14}	X_{15}	X_{16}	X_{17}	
	进城前平均值	2.49	1.86	2.02	2.41	1.56	2.62	2.2	2.23	
	进城后变化率（%）	3.2	14.5	51.5	37.3	－1.3	11.5	30.5	25.1	

表8－15　　山区县市进城移民福利的变化

	福利指标	X_1	X_2	X_3	X_4	X_5	X_6	X_7	X_8	X_9
山区县市	进城前平均值	1.88	3.57	1.88	2.02	1.91	1.81	0.11	18.55	2.36
	进城后变化率（%）	46.70	－24.70	15.40	27.50	1.60	5.30	66.70	－1.90	6.10
	福利指标	X_{10}	X_{11}	X_{12}	X_{13}	X_{14}	X_{15}	X_{16}	X_{17}	
	进城前平均值	2.37	1.77	1.92	2.29	1.48	2.49	2.09	2.12	
	进城后变化率（%）	3.10	16.00	5.30	27.10	1.50	11.30	30.60	25.10	

5. 对川区各福利指标高于山区的进一步分析

（1）从上述分析看出，经济条件决定了福利的高低，川区整体上各项福利指标均高于山区各县。城镇化水平高，川区平均值为59.24%，山区为36.68%，越是城镇化水平高的地方，经济越发达。

（2）各地的对于移民的不同的安置地的选择，决定了其福利待遇的差异。虽然迁出地一般都是山区，但安置时有的安置在就近的山区县，反而效果不如安置在距离中心城市的川区县市的工矿企业。不愿意离开家乡就近安置的，长远看享受到的福利没有迁移到远离家乡的地方的福利好。

（3）个人的受教育水平、技能、进取心等构成发展机遇，代表着获得福利的能力，同时也影响经济条件。可以看出，进入川区的平均各项指标略高于山区，说明川区的移民在发展机遇方面的能力比较好一点。

三、缩小区位差异，提高整体福利水平的建议

第一，对于西北地区，人口的迁移应该向经济基础、自然条件、交通便捷的城镇集中，对于脱贫后进入城镇的，引导其流向机会较多的城市。进一步采取措施，提高中心城市的城镇化水平。

第二，作为个人或有关政府部门，打破总是发展地方经济的固有思维而进行脱贫扶贫。从观念上突破，走出去，到大城市、中心城市，到经济基础雄厚的地方。越是发达的地方，所得到的福利越好，得到更多共享经济带来的实惠。

第三，人力资本的提高是获得更好福利的根本，提高自身受教育水平和技能、增强进取心，方能获得更好的经济收入和社会保障。对于进城的农民工福利，从增智、增渠、增权、增收四个方面来实现西北地区农民工的可持续就业①。

① 李华红．西部地区农民工可持续就业的困与变——基于贵州样本的分析［J］．现代经济探讨，2013（1）：64－68.

第三节 基于可行能力视角的劳务移民人力资本对福利水平的影响

一、引言

党的十八大提出第一个百年目标，即到中国共产党成立100年时，全面建成小康社会。2020年是我国实现第一个百年目标关键性的一年，也是决胜脱贫攻坚战关键性的一年，要想实现全面小康目标，必须精准扶贫、精准定位。劳务移民是生态移民中以无土安置为特征，以输出劳务为手段，将有一定文化程度和技术能力的农民转移至城镇、工业园区、农业产业化基地等，是帮助其实现稳定就业，脱贫致富的一种方式。该举措有利于加快新型城镇化、改善生态环境、提高资源配置率，加快区域协调发展、改善区域就业结构等。劳务移民从农村流向城市，从传统农民转变为“失地农民”，终结了与土地的关系。该群体在迁至城市后，交通、教育等基本生活方式得到了极大改善，但其心理并未脱离农民身份，其生活质量由于文化程度、技能低下等原因也与城镇居民之间存在较大差距，其身份的转变也并不代表该群体与城镇居民享有同等的福利待遇，因此提升劳务移民收入水平、改善其就业状况、增进其福利水平是帮助该群体脱贫的重要渠道。但劳务移民目前福利状况如何？劳务移民福利水平与人力资本之间有何关系？影响劳务移民福利水平的主要人力资本构成要素有哪些？会对福利水平产生何种影响？本书基于森的可行能力理论，以宁夏贫困地区劳务移民为研究对象，利用结构方程模型分析劳务移民人力资本差异对福利的影响，以期为提高劳务移民福利水平提供相关建议。

二、文献回顾与研究假设

人力资本的概念是欧文·费雪（1906）在其著作《资本的性质和收入》

中首次提出，但并未明确人力资本的概念。舒尔茨（1960）[①] 认为，人力资本是人们通过教育等活动所获取的技能、知识等。美国学者加里·贝克尔（1964）[②] 对人力资本的概念做了进一步阐述。他认为，人力资本就是通过教育、培训及医疗保障等促使文学欣赏能力提高、收入水平提高及健康状况改善等。M.M.麦塔（1976）认为，人力资本是知识、技能及能力的总和。唐纳德·J.约翰斯顿（1998）将和经济活动相关联的个人所凝结形成的知识、技能及其他品质作为人力资本的定义。

虽然各学者对于人力资本的认识较有不同，但对于人力资本的构成要素基本统一，主要包括教育、技能、健康三方面。对于森的可行能力理论，虽然应该从功能和能力两方面完整反映福利水平，但由于能力不易观测，且个人福利与功能性活动直接相关，所以可直接采用功能性活动来度量福利。因此，对福利的评价也就是对功能性活动的测量，且对福利功能性活动的测量主要从经济状况、社会保障、居住条件等方面入手。

关于人力资本的具体指标，选取了教育水平（郝雨霏、张顺，2016）[③]、健康状况、技术能力三个指标，其中通过健康自评分或BMI指数反映健康状况，通过是否参加技术培训来反映技术能力（文雯、周宝同（2012）[④]。所以，最终是选择劳务移民文化程度、BMI指数、拥有技能等级、个体实际年龄和改变生活、超过他人意愿强度来分别反映劳务移民的教育水平、健康状况、技术能力、年龄和进取心。

根据森的功能性活动，选取经济状况、社会保障、居住条件及发展机遇四个要素反映劳务移民福利水平。选取人均家庭年收入、与城镇居民人均家庭年收入差距、非农年收入变化来衡量进城农民的家庭经济状况；选取养老保险缴纳等级、医疗保险缴纳等级、工伤保险缴纳等级、是否缴纳失业险反映劳务移民社会保障；选取人均居住面积、住房状况、居住环境衡量劳务移民居住条件；选取就业种类、就业稳定性、就业机会及对政府

---

① 舒尔茨，吴珠华等译．论人力资本投资［M］，北京：北京经济学院出版社，1990.

② 贝克尔，梁小民译．人力资本［M］，北京：北京大学出版社，1987.

③ 郝雨霏，张顺．劳动力就业市场化、人力资本与人职匹配［J］．人口与经济，2016（2）：79－85.

④ 文雯，周宝同．基于农村人力资本的农户收入差异分析——以重庆市永川区青峰镇为例［J］．西南农业大学学报（社会科学版），2012，10（9）：31－36.

政策感受作为衡量劳务移民发展机遇的指标。

基于以上分析，本书提出以下假设：

H_1：教育水平对劳务移民的福利具有正向显著影响。

H_2：健康状况对劳务移民的福利具有正向显著影响。

H_3：技术能力对劳务移民的福利具有正向显著影响。

H_4：年龄对劳务移民的福利具有正向显著影响。

H_5：进取心对劳务移民的福利具有正向显著影响。

这五种假设用图示表示如图 8－2 所示。

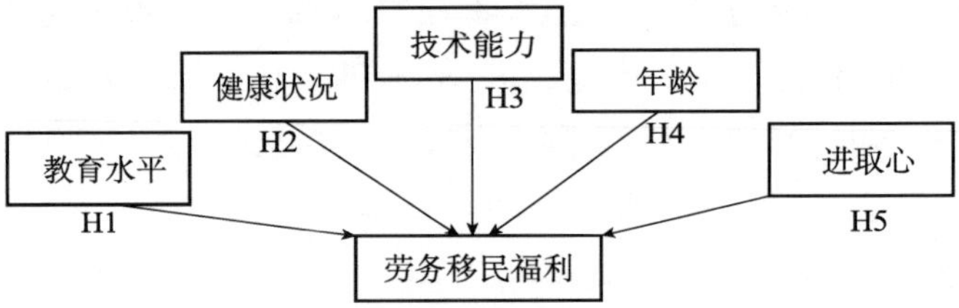

图 8－2 人力资本对福利影响假设

三、数据来源、描述性统计

（一）数据来源

按照两阶段抽样，先是类型抽样，选取红寺堡团结村、西吉县兴隆洞洞村、西吉县马莲乡罗曼村、银北（镇北堡镇、同阳村、和润村、平罗县）等典型的移民安置点，然后采用随机抽样，按照各类型的移民比例，调查了户劳务移民 890 户，收回有效问卷 870 份，有效回收率 96.67%。

（二）样本总体描述

1．人力资本基本特征

调查数据显示，劳务移民整体教育水平、技术能力较低，初中及初中以下学历累计占比为 74.9%，没有技能和拥有低级技能累计占比 62.8%，其中没有技能和低级技能分别占比 34.7%、28.0%，仅有 6.7% 的劳务移民拥有高级技能。劳务移民进取心也较差，其中对改变生活、超过他人持有不想、无所谓、一般的态度的人累计占比 74.9%，只有 11.5% 的劳务移民非常想改变生活现状。该群体健康状况有待改善，健康的劳务移民仅为21.1%，有36.8%的劳务移民偏瘦，且该群体大多为中年人，年龄均值为44.24岁。

2. 福利基本特征

数据显示，劳务移民人均家庭年收入占比从大到小依次为15000—30000元占比40.0%，15000元以下占比27.1%，30000—40000元占比21.4%，40000元以上共占比11.5%。与城镇居民人均家庭年收入差距在15000—20000元的群体高达40.5%，差距在20000元以上占比33.8%。非农收入变化占比从大到小依次为5000—10000元、5000元以下、10000—20000元，分别占比40.2%、28.5%、17.9%。可以看出劳务移民经济状况较差，收入较低，与城镇居民收入间差距较大，非农收入变化一般。

养老保险缴纳等级最多的为100—500元档、500—1000元档，比例分别为38.6%、25.3%。医疗保险缴纳等级最多的为一档，比例为64.4%，还有17.5%未缴纳医疗保险。工伤保险缴纳等级最多的为一类，占比45.7%，还有29.0%不缴纳工伤保险。仅有23.7%的劳务移民有失业保险。可以看出劳务移民社会保障还有待改善，尤其是工伤保险和失业保险部分。

人均居住面积均值为18.8平方米，住房状况有44.6%的劳务移民感受较差，还有31.7%的劳务移民感受一般。对于居住环境47.1%的劳务移民感受一般，38.4%的劳务移民感受较差，仅有5%的群体感受非常好。可以看出劳务移民居住条件较差，还有待改善。

发展机遇整体状况如下：劳务移民有44.8%外出务工，有21.4%自己创业，还有20.9%在私营企业工作，仅有12.9%的劳务移民在国企或政府部门任职。劳务移民就业稳定性在一年以下的共占比70.3%，其中3个月以下占比47.4%。由政府提供的就业机会有76.3%的劳务移民认为一般、较少或非常少。对政府政策的感受40.0%的劳务移民感觉一般，33.3%的群体感觉较有帮助。可以看出劳务移民发展机遇整体较差，大部分为外出务工和自主创业，并且整体稳定性较差，换工作频率较高，政府政策较有帮助（见表8－16）。

表 8 – 16　　调查样本的总体描述　　单位：人,%

福利指标	特征	频数	频率（%）	福利指标	特征	频数	频率（%）
人均家庭年收入	15000 元以下	236	27.1	住房状况	非常差	68	7.8
	15000—30000 元	348	40.0		较差	388	44.6
	30000—40000 元	186	21.4		一般	276	31.7
	40000—50000 元	54	6.2		较好	116	13.3
	50000 元以上	46	5.3		非常好	22	2.5
与城镇居民人均家庭年收入差距	5000 元以下	60	6.9	居住环境	非常差	58	6.7
	5000—10000 元	40	4.6		较差	334	38.4
	10000—15000 元	124	14.3		一般	410	47.1
	15000—20000 元	352	40.5		较好	58	6.7
	20000 元以上	294	33.8		非常好	10	1.1
非农年收入变化	5000 元以下	248	28.5	就业种类	外出务工	390	44.8
	5000—10000 元	350	40.2		自己创业	186	21.4
	10000—20000 元	156	17.9		私营企业	182	20.9
	20000—30000 元	74	8.5		国有企业	46	5.3
	30000 元以上	42	4.8		政府部门	66	7.6
养老保险缴纳等级	无	110	12.6	就业稳定性	3 个月以下	412	47.4
	100—500 元	336	38.6		半年至一年	200	23.0
	500—1000 元	220	25.3		1 – 2 年	82	9.4
	1000—2000 元	166	19.1		2 – 3 年	124	14.3
	2000 元以上	38	4.4		3 年以上	52	6.0
医疗保险缴纳等级	不缴纳	152	17.5	就业机会	非常少	32	3.7
	一档	560	64.4		较少	186	21.4
	二档	120	13.8		一般	446	51.3
	三挡	38	4.4		较多	94	10.8

续表

人力资本指标	特征	频数	频率（%）	人力资本指标	特征	频数	频率（%）
教育水平	无	108	12.4	进取心	不想	162	18.6
	小学	258	29.7		无所谓	246	28.3
	初中	286	32.9		一般	244	28.0
	高中以上本科以下	150	17.2		较想	118	13.6
	本科及以上	68	7.8		非常想	100	11.5
健康状况（BMI）	过于消瘦或肥胖	118	13.6	技术能力	没有技能	302	34.7
	肥胖	124	14.3		低级技能	244	28.0
	超重	124	14.3		中级技能	112	12.9
	轻重	320	36.8		较高级技能	154	17.7
	健康	184	21.1		高级技能	58	6.7
年龄	年龄	M = 44.24		SD = 22.653			

四、实证分析

（一）变量界定

由于各变量（经济状况、社会保障、居住条件、发展机遇等劳务移民福利变量）无法用单一指标衡量，且有些指标是劳务移民的主观认识，无法直接测量。通过对比各模型后，发现结构方程模型不仅可以评价预先构建的理想概念模型，还可以检验其合理性，并验证研究假设的真伪，能够有效解决本书的问题。因此，本书采用结构方程模型，并通过分析该模型的整体拟合度检验和假设检验的结果，具体探究人力资本差异对劳务移民福利水平的影响。

在选取测量指标时，基于理论基础和调研的实际情况，选取了经济状况、社会保障、居住条件、发展机遇作为反映劳务移民的福利的指标，选取教育水平、健康状况、技术能力、进取心、年龄反映劳务移民人力资本。变量具体界定如表 8－17 所示。

表 8 - 17　变量界定与均值

福利	指标变量	变量取值	均值 M	标准差 SD
经济状况	人均家庭年收入	5. 50000 元以上 4. 40000—50000 元 3. 30000—40000 元 2. 15000—30000 元 1. 15000 元以下	2. 23	1. 08
	与城镇居民人均家庭年收入差距	5. 5000 元以下 4. 5000—10000 元 3. 10000—15000 元 2. 15000—20000 元 1. 20000 元以上	3. 9	1. 13
	非农年收入变化（与劳务移民之前年收入相比多出部分）	5. 30000 元以上 4. 20000—30000 元 3. 10000—20000 元 2. 5000—10000 元 1. 5000 元以下	2. 21	1. 10
社会保障	养老保险缴纳等级	5. 2000 元以上 4. 1000—2000 元 3. 500—1000 元 2. 100—500 元 1. 无	2. 64	1. 06
	医疗保险缴纳等级（宁夏 2019 年医保个人缴费标准）	4. 三档 760 元 3. 二档 320 元 2. 一档 180 元 1. 不缴纳	2. 05	0. 70
居住条件	人均居住面积	按实际的人均居住面积计算	18. 8	5. 71
	住房状况（水电暖、通讯状况、舒适度）	5. 非常好；4. 较好；3. 一般；2. 较差；1. 非常差	2. 58	0. 91

续表

福利	指标变量	变量取值	均值 M	标准差 SD
发展机遇	就业种类	5. 政府部门；4. 国有企业；3. 私营企业；2. 自己创业；1. 外出务工（工地、小商贩等流动性较大的职业）	2.09	1.24
	就业稳定性（与甲方签约时间长短）	5.3 年以上；4.2—3 年；3.1—2 年；2. 半年至1 年；1.3 个月以下	2.09	1.29
	就业机会（政府提供）	5. 非常多；4. 较多；3. 一般；2. 较少；1. 非常少	3.08	0.99
人力资本	指标变量			
教育水平	文化程度	5. 本科及以上；4. 高中以上本科以下；3. 初中；2. 小学；1. 无	2.78	1.11
技术能力	拥有技能等级（难度、可替代性）	5. 高级技能；4. 较高级技能；3. 中级技能；2. 低级技能；1. 没有技能	2.34	1.29
进取心	改变生活、超过他人的意愿程度	5. 非常想；4. 较想；3. 一般；2. 无所谓；1. 不想	2.71	1.24
年龄	调查对象实际年龄	以调查对象实际年龄为依据	44.2	11.65

（二）信度、效度检验

信度分析用于研究定量数据（尤其是自陈量表题）的回答可靠准确性；主要指标 α 系数，如果此值高于 0.8，则说明信度理想；如果此值介于 0.7—0.8 之间，则说明信度较高；如果此值介于 0.6—0.7，则说明信度可接受；如果此值小于 0.6，说明信度不佳。结果见表 8－18。

表 8－18　　　　信度检测结果表

变量	可靠性分析	
	克隆巴赫系数 α	项数
福利	.778	14
人力	.665	5

效度研究主要采用因子分析，用于研究定量数据（量表题）的设计合理性以及确定量表的维度。分析 KMO 值：如果此值高于 0.8，则说明效度高；如果此值介于 0.7—0.8 之间，则说明效度较好；如果此值介于 0.6—0.7，则说明效度可接受，如果此值小于 0.6，说明效度不佳。本书两个潜变量因子分析的 KMO 和巴特利特检验检验结果如表 8－19 和表 8－20 所示，表明适合做因子分析。

表 8－19　　福利－KMO 和巴特利特检验

KMO 取样适切性量数		.774
Bartlett 的球形度检验	上次读取的卡方	1785.971
	自由度	91
	显著性	.000

表 8－20　　人力资本－KMO 和巴特利特检验

KMO 取样适切性量数。		.736
Bartlett 的球形度检验	上次读取的卡方	297.431
	自由度	10
	显著性	.000

（三）模型构建及运行结果

结构方程模型包含测量模型和结构模型这两个基本模型，前者是由潜在变量与观察变量组成，其中观察变量是通过问卷、量表等测量工具获得的数据，潜在变量是观察变量间所形成的特质或抽象概念并且无法直接测量，要用观察变量所获得的数据来反映。后者是潜在变量间因果关系模型的说明。

结构方程模型的方程如下：

$$X = \Lambda_x \xi + \delta \tag{8.1}$$

$$Y = \Lambda_y \eta + \varepsilon \tag{8.2}$$

$$\eta = \beta \eta + \Gamma \xi + \zeta \tag{8.3}$$

其中式（8.1）和式（8.2）为测量方程，式（8.3）为结构方程。式（8.1）、式（8.2）中的 X、Y 为观测变量，Λ_x、Λ_y 为因子载荷，δ、ε 为误

差项。式（8.3）中的 η 为内因（依变）潜变量，ξ 为外因（自变）潜变量，β 为内因潜变量间的关系，Γ 为外因潜变量对内因潜变量的影响，ζ 为残差项。

选取经济状况、社会保障、居住条件、发展机遇 4 个潜变量作为衡量劳务移民功能性的指标。4 个潜变量共包含 19 个观测变量（可直接获得的数据），每个潜变量对应的观测指标，以及每个指标的选项取值如表 8－16 所示。由于人力资本的差异造成劳务移民福利水平的不同，所以将人力资本作为自变量，劳务移民福利作为因变量，构建了如图 8－3 所示的模型图。由于存在少量的缺失值，本书采用线性插补来填补缺失值。

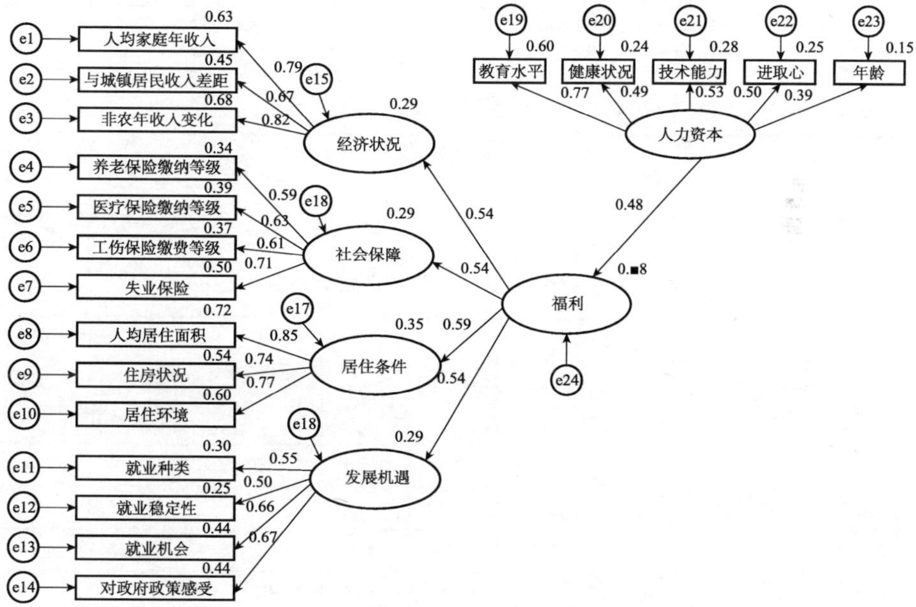

图 8－3　结构方程模型构建及结果

（四）模型整体拟合度检验

为保证结构方程模型适用于本研究，对模型的拟合指数和标准化后的路径系数进行检验，检验结果如表 8－21 所示。由结果可知，测量模型与数据的总体拟合情况较好，假设模型的构建大体得到支持。

表 8－21　　SEM 整体适配度评价标准及拟合结果

统计检验量	含义	模型指数	标准	拟合结果
GFI	拟合优度指数	0.931	>0.90	理想
IFI	增量拟合指数	0.927	>0.90	理想
PGFI	简约适配度指数	0.720	>0.50	理想
RMSEA	近似误差均方根	0.049	<0.1	理想
CFI	比较拟合指数	0.927	>0.90	理想
TLI	塔克—刘易斯指数	0.915	>0.90	理想
NFI	规范拟合指数	0.867	>0.90	接近
PCFI	调整后的比较指数	0.797	>0.50	理想
PNFI	调整后的规准指数	0.746	>0.50	理想
CN	临街样本数	870	>200	理想
CMIN/DF	X^2自由度比	2.046	<3	理想

（五）模型假设检验

表 8－22　　结构模型各个路径、载荷系数估计结果表

变量与路径			Estimate	S. E.	C. R.	P	标准化路径系数	方向
福利	←	人力资本	.274	.054	5.033	***	.484	+
经济状况	←	福利	1.000				.538	+
社会保障	←	福利	.552	.110	5.022	***	.541	+
居住条件	←	福利	.721	.131	5.501	***	.593	+
发展机遇	←	福利	.730	.145	5.040	***	.542	+
工伤保险缴费等级	←	社会保障	1.000				.612	+
医疗保险缴纳等级	←	社会保障	.881	.096	9.213	***	.626	+
养老保险缴纳等级	←	社会保障	1.256	.142	8.843	***	.585	+
非农年收入变化	←	经济状况	1.000				.824	+
与城镇居民人均家庭年收入差距	←	经济状况	-.840	.065	-12.972	***	-.670	-
人均家庭年收入	←	经济状况	.949	.066	14.296	***	.794	+

续表

变量与路径			Estimate	S. E.	C. R.	P	标准化路径系数	方向
居住环境	←	居住条件	1.000				.774	+
住房状况	←	居住条件	1.131	.078	14.558	***	.737	+
人均居住面积	←	居住条件	8.208	.529	15.523	***	.848	+
就业机会	←	发展机遇	1.000				.660	+
就业稳定性	←	发展机遇	.995	.127	7.813	***	.503	+
就业种类	←	发展机遇	1.040	.126	8.283	***	.546	+
失业保险	←	社会保障	.606	.062	9.702	***	.705	+
对政府政策感受	←	发展机遇	.954	.105	9.113	***	.666	+
教育水平	←	人力资本	1.000				.773	+
健康状况	←	人力资本	.764	.095	8.065	***	.494	+
技术能力	←	人力资本	.805	.094	8.537	***	.534	+
进取心	←	人力资本	.725	.089	8.155	***	.501	+
年龄	←	人力资本	5.323	.800	6.654	***	.392	+

注：* 表示 $P<0.1$，** 表示 $P<0.05$，*** 表示 $P<0.01$。

（六）结果分析

潜变量之间的内在关系。由表 8－22 可知，人力资本对福利之间的路径系数为 0.484，反映福利的 4 个功能性活动的路径系数分别为经济状况（0.538）、社会保障（0.541）、居住条件（0.593）、发展机遇（0.542），均有正向显著影响。可见人力资本水平越高，劳务移民福利水平就越好，且可以从经济状况、社会保障、居住条件、发展机遇四个方面改善劳务移民福利状况。

潜变量与观测变量之间的关系。反映人力资本的 5 个观测变量的路径系数由高到低依次为：教育水平（0.773）、技术能力（0.534）、进取心（0.501）、健康状况（0.494）、年龄（0.392）。反映经济状况的 3 个观测变量的路径系数由高到低依次为：非农年收入变化（0.824）、人均家庭年收入（0.794）、与城镇居民人均家庭年收入差距（－0.670）。反映社会保障的4个观测变量的路径系数由高到低依次为：失业保险（0.705）、医疗保险缴纳等级（0.626）、工伤保险缴纳等级（0.612）、养老保险缴纳等级（0.585）。反映居住条件的3个观测变量的路径系数由高到低依次为：人均居住面积（0.848）、居住环境（0.774）、住房状况（0.737）。反映发展机遇的4个观测变量的路径系数由高到低依次为：对政府政策感受（0.666）、就业机会（0.660）、就业种类（0.546）、就业稳定性（0.503）。可见教育水平、技术能力、进取心是影响人力资本的主要因素，要提高劳务移民经济状况，最主要的是提高其收入水平。由于政策对医保和养老保险十分重视，所以仅有极小部分移民未缴纳这两个险种，但对于工伤保险和失业保险的重视程度还不高，所以劳务移民的工伤保险和失业保险应是我们关注的重点。对于居住条件，要重点提高人均居住面积，根据调研结果显示，劳务移民人均居住面积仅为18.80平方米，与2020年我国城镇居民人均居住面积40平方米的目标相比过小。提高发展机遇主要从提高政府政策适用性、拓宽劳务移民就业渠道入手。

五、结论与建议

（一）研究结论

基于森的可行能力理论，通过对宁夏几个典型移民安置点进行调研，应用结构方程模型，对于不同人力资本水平下的劳务移民福利状况进行了分析，最终得出以下结论：

1. 劳务移民整体人力资本水平较低、福利状况较差

由调查结果和模型输出结果显示，劳务移民整体教育水平较低、技术能力较差，小学、初中学历的较多，无技能或只拥有低级技能较多，且进取心不强，身体健康状况也不是很好，整体年龄偏大，导致劳务移民群体人力资本水平较低。劳务移民整体福利状况较差，与城镇居民相比不管是从经济状况、社会保障、居住条件还是发展机遇相比都有较大差距。其收入水平较低，社会保障程度较低，居住条件较差，尤其是人均居住面积过小，发展机遇较小。

2. 人力资本显著影响劳务移民福利水平

人力资本对劳务移民福利水平有正向显著影响。人力资本要素中教育

水平、技术能力、进取心、健康状况及年龄五个观测变量对人力资本的直接影响均通过了显著性水平，进一步影响劳务移民福利水平。由于较差的人力资本，劳务移民就业渠道较少、选择范围较窄，被替代性很高，且收入水平较低，实际改变生活状况的能力较差，进而导致劳务移民整体福利水平不高。

（二）提高进城农民福利的建议

基于以上对不同人力资本劳务移民福利的分析结果并结合调研地区实际情况，提出以下建议：

1. 加大教育投入和技能培训，提升劳务移民人力资本水平

根据本书研究显示，劳务移民群体教育水平偏低、技术能力偏下，是导致劳务移民人力资本水平整体偏低的主要原因。因此，提高劳务移民教育水平和技术能力是提升该群体人力资本水平、进而改善其福利状况的重要途径。根据调研可知，虽然政府对于劳务移民在教育、就业培训方面都有良好的政策，但该政策实行效果却并不显著。一方面，劳务移民整体对教育和技术能力的重要性认识不足，接受教育和培训意识淡薄；另一方面，政府政策适用范围较小，宣传度较低。因此，政府应加强对教育和技能培训的重视程度，通过政策鼓励劳务移民提升自身教育水平和技术能力。首先，重视适龄劳务移民的义务教育与高等教育的衔接，给予部分贫困家庭教育资助。其次，各政府部门应该详细地对劳动市场和劳务移民个人进行调研，针对本地区实际情况和个体情况实行分类别分岗位的专岗技能培训，并在培训过程中注重培训人员的掌握程度，做到“培训一人，毕业一人”，从而提高劳务移民人力资本水平，提高其福利水平。

2. 改善劳务移民居住地的医疗卫生及居住环境，提高劳务移民健康资本

由于劳务移民安置点大多处于城乡衔接地区，因此医疗卫生水平整体较差。政府首先应加大对移民安置地区基本医疗卫生的投入力度，完善医疗制度，加强医疗卫生服务，提升医疗卫生质量水平。及时引进新型硬件设施，加强医疗卫生队伍建设，制定人才计划，吸引具有较高水平的专业医疗人才，并加大对现有医疗服务人员的培训，提升医疗服务人员专业技能。其次，政府应加大劳务移民安置点建设投入，改善人居环境，改变“脏、乱、差”的生活环境，采取垃圾分类管理制度，打造整洁舒适的居住

环境，通过这些手段降低疾病的发生和传染。最后，优化住房分配方式，拒绝“一刀切”式的统一安排，应在分配前详细调查每家每户的详细情况，进行合理分配，并严格把控住房质量，提高进城农民的居住舒适感，从而提高其福利水平。

3. 加强心理教育，增强劳务移民进取心

首先，政府应做到扶贫与扶志相结合。定期举行励志讲座，鼓舞劳务移民士气，坚定其改变生活的信心，增强其进取心。其次，政府应制定相应政策、建立奖励机制，大力鼓励劳务移民积极进取，自力更生。再次，对于部分态度消沉、心理较为消极的劳务移民要重点关注，定期对这部分群体举行心理疏导，帮助其建立信心，保持阳光健康的心态。最后，政府应加大劳动法等基本法律知识的普及，增强劳务移民法律意识、维权意识，避免其合法权益受到侵害，并在受到侵害时可以合法合理地维护自己的权益。

4. 加强社会保障体系建设，有效保障劳务移民基本生活

首先，政府应完善劳务移民安置地区的最低生活保障制度，扩大低保涉及范围。在完善老人、残障人群的福利制度的同时，也要重点关注妇女、儿童的福利制度，以此发挥社会保障制度的正向调节作用。其次，加强对社会保障的监督与管理。及时跟进各家各户的实际情况，减少信息滞后性，精准扶贫对象，让脱贫的“退出”，让真正贫困的“进来”，真正落实国家的精准扶贫政策，做到应保尽保、该退必退。再次，不断提升政府自身服务和治理能力，规范运行“家门口”服务站，切实做到“生活小事不走远，办事服务在身边”。着力打造阳光服务，提高群众信任度和满意度。

5. 改善就业环境，提高劳务移民安置区就业水平

首先，政府应根据当地区域特征、资源优势发展特色产业，并制定优惠政策，大力引进投资，培养具有地方特色且经济效益高的产业。其次，拓宽、延长产业链，促进三次产业融合，并充分利用电商平台，精准销售对象，加大宣传，拓宽销售渠道，增加收入水平。最后，政府应推行工农互助、城乡一体化等机制，经济发展较快区域要加大对经济发展较为缓慢区域的扶持，尤其是对于劳务移民安置区这种城乡结合部的扶持。

第四节
进城农民福利方案的选择——基于灰色关联法

一、方案的灰色关联分析法

（一）相关概念和理论

灰色关联分析法是灰色系统理论的一种主要研究方法之一。邓聚龙教授在20世纪80年代首次研究得出灰色系统理论，这种借助数学建模方法的系统研究理论现已广泛应用于社科等多领域。所谓灰色系统，是相对于白色及黑色系统而言的，白色表示信息全部已知，黑色表示信息盲区，而灰色则表示一些信息是确定的但另一些并不明确。

灰色系统理论所擅长的领域是样本数量少、信息贫瘠的灰色系统。灰色关联分析法在研判序列之间的联系时，依照的是不同序列之间函数图像形态的贴合程度。简而言之，序列之间的图像越相似、距离越近，它们之间的关联程度就越密切。一般的数理统计方法，如因子分析法等，对样本数量以及样本本身的规律性都有着较高的要求，一旦不满足这些要求，可能会出现定量分析结果与定性分析差异较大的情形，而灰色关联分析法却不受这些条件的限制。本书应用灰色关联度法，得出不同种类进城农户的福利演变规律。

本书所调查的进城农民，从山区贫困地区迁入城镇，有的迁入山区的县城，有的迁入条件比较好的川区县城或市。由于迁入地区的经济条件不同，所获得的福利的改善也不一样，福利的不同，说明所实施的福利方案存在差异。如何评价福利方案的好坏，是本节研究的问题。选取了山区的县镇8个和川区的县市8个，每个市县镇都调查了一定数量的样本农户，获得了福利的指标资料，求得每个市县镇的指标均值。用灰色关联度评价山区县（镇）市和川区县（镇）市的福利状况。

（二）分析方法

灰色关联度的分析方法如下：

设 X_i 为系统因素，其在序号 k 上的观测数据为 $x_i(k)$，$k = 1,2,\cdots,n$.

设 $X_0 = (x_0(1),x_0(2),\cdots,x_0(n))$ 为系统特征序列， (8.4)

且 $X_1 = (x_1(1),x_1(2),\cdots,x_1(n))$

……………………………

$X_i = (x_i(1),x_i(2),\cdots,x_i(n))$

……………………………

$X_m = (x_m(1),x_m(2),\cdots,x_m(n))$ 为相关因素序列。 (8.5)

则系统序列为：

$X_0 = (x_0(1),x_0(2),\cdots,x_0(n))$

$X_1 = (x_1(1),x_1(2),\cdots,x_1(n))$

……………………………

$X_i = (x_i(1),x_i(2),\cdots,x_i(n))$

……………………………

$$X_m = (x_m(1),x_m(2),\cdots,x_m(n)) \tag{8.6}$$

对于 $\xi \in (0,1)$，

$$\gamma(x_0(k),x_i(k)) = \frac{\min_i \min_k |x_0(k) - x_i(k)| + \xi \max_i \max_k |x_0(k) - x_i(k)|}{|x_0(k) - x_i(k)| + \xi \max_i \max_k |x_0(k) - x_i(k)|} \tag{8.7}$$

$$\gamma(X_0,X_i) = \frac{1}{n}\sum_{k=1}^{n}\gamma(x_0(k),x_i(k)) \tag{8.8}$$

式（8.7）、式（8.8）中 ξ 为分辨系数，$\gamma(x_0(k),x_i(k))$ 称为灰色关联系数，$\gamma(X_0,X_i)$ 称为 X_0 与 X_i 的灰色关联度。

（三）本书应用灰色关联分析法的适用性

在分析各个县的进城农民的福利时，使用的数据往往是不充足、不完备的，有着明显的“灰色性”，此时若仅仅利用一般的分析方法进行研究，得出的结论可能并不严谨科学，而灰色关联分析法恰好适用于这类场景。本书的研究对象为进城农民的生计和福利。影响福利的因素是多样的，且部分信息难以获取或者难以进行量化，具有“灰色性”，因此非常适用灰色关联分析法开展分析。

（四）步骤

灰色关联度法可以动态分析每个层次指标与目标指标的差距，并且分析每个评价指标的影响因素。

1. 指标的层次（见图8-4）

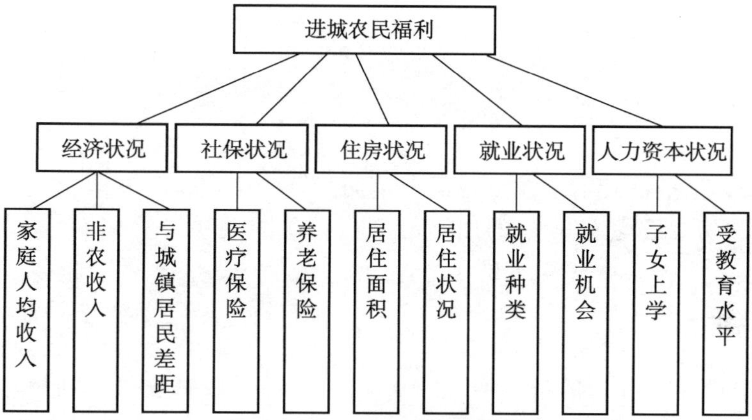

图8-4 评价目标树

2. 评价指标的规范化

设决策论域 $U=\{u_1, u_2, \cdots, u_m\}$ 是进城农民福利方案集合，$V=\{v_1, v_2, \cdots, v_n\}$ 是评价指标集合，则由 U 与 V 中任意搭配的元素对 (u_i, v_j) 构成 n 个评价指标条件的福利方案的评价指标矩阵 $F=(f_{ij})_{m\times n}$。为了消除不同指标、不同量纲的影响，针对不同类型的指标采用不同的规范方法，将其规范与隶属于 $[0, 1]$ 区间的极大型指标（越接近于1，越好）。

3. AHP（层次分析法）确定指标权值步骤

（1）对于具体的方案决策问题，建立评价目标树。

（2）构造判断矩阵。为了减少单个专家的主观性，可以采用德尔菲法（Delphi）由多个专家确定判断矩阵。

（3）层次单排序进行判断矩阵的一致性检验。

确定评价指标权值。各评价指标相对于总目标的权值：

$$\omega_i = l_i \prod_{j=1}^{k} ai_j, i = 1,2,\cdots,n \tag{8.9}$$

式（8.9）中：l_i 为评价指标 v_i 在最低层层次单排序中所得权值；k 为评价目标数中指标 v_i 的祖先数；a_{ij}为指标 v_i 的第 j 个祖先在层次单排序中所得权值，对于根节点 $a_{i1}=1$。

4. 灰色关联度决策模型

由以上分析可知，m×n 个构成进城农民福利方案多目标决策的灰色关联度矩阵为

$$\gamma = \begin{bmatrix} \gamma_{11}, \gamma_{12}, \cdots, \gamma_{1n} \\ \gamma_{21}, \gamma_{22}, \cdots, \gamma_{2n} \\ \cdots\cdots \\ \gamma_{m1}, \gamma_{m2}, \cdots, \gamma_{mn} \end{bmatrix} \tag{8.10}$$

n 个评价指标相对于总目标的权值向量 $W=(w_1,w_2,\cdots,w_n)$，则各设计方案 u_i 与相对最优方案 u_0 的加权关联度 γ_i 组成关联矢量 γ'。

$$\gamma' = \gamma W = (\gamma_1, \gamma_2, \cdots, \gamma_i, \cdots, \gamma_m) \tag{8.11}$$

式（8.11）中：$\gamma_i = \sum_{j}^{n} \gamma_{ij} w_j, i = 1,2,\cdots,m$。

根据式（8.11）的物理意义，γ_i 越大，说明进城农民福利设计方案 u_i 越接近相对最优方案 u_0。因此，当 $\gamma_i = \max(\gamma_1, \gamma_2, \cdots, \gamma_m)$ 时，方案 u_i 为设计中的最优方案。

在不考虑权重值情况下，设相对最优方案为 $u_0=(f_{01}, f_{02}, \cdots, f_{0n})$，则规范化处理后有 $u_0=(1, 1, \cdots, 1)$，设计方案 u_i 的评价指标 v_j 与相对最优方案 u_0 的评价指标 v_j 之间的灰色关联度为：

$$\gamma_{0i} = \frac{1}{n} \sum_{k=1}^{n} \gamma_{0i}(k), i = 1,2,\cdots,m \tag{8.12}$$

式（8.12）中：$\xi \epsilon (0, 1)$ 为分辨系数，可以人为确定，一般取 0.5；i=1，2，…，m；j=1，2，…，n。

二、应用分析过程

（一）不同地区进城前后的福利指标

1. 迁入川区县镇的各项福利指标

具体从以下各项指标加以反映：人均家庭年收入、与城镇居民人均家

庭年收入差距、非农年收入变化、养老保险缴纳等级、医疗保险缴纳等级、人均居住面积、住房状况、居住环境等。可以看出，搬迁后各项指标都提高了（见表 8－23）。

表 8－23　　搬迁到川区县镇的各项福利指标的前后对比

搬迁到川区	人均家庭年收入	与城镇居民人均家庭年收入差距	非农年收入变化	养老保险缴纳等级	医疗保险缴纳等级	人均居住面积	住房状况	居住环境
进城前平均值	1.98	3.76	1.98	2.13	2.01	19.53	2.48	2.49
进城后平均值	2.9	2.83	2.28	2.72	2.04	19.16	2.63	2.57
搬迁到川区	就业种类	就业稳定性	就业机会	子女上学条件	教育水平	进取心	技术能力	年龄段
进城前平均值	1.86	2.02	2.41	1.56	2.62	2.2	2.23	2.75
进城后平均值	2.16	2.13	3.06	1.54	2.92	2.87	2.79	2.6
标准差	1.23	1.28	1.10	0.50	1.11	1.08	0.49	0.44

2. 迁入山区县镇的各项福利指标

对于搬迁到山区县镇的，进城后各项福利指标也提高了，人均家庭年收入由原来的 1.88，提高到 2.76，即由原来的 21600 提高到进城后的 26400 元；养老保险等级由原来的 2.02 提高到 2.58，即每月 100 元提高到每月 216 元（见表 7－1），其他各项福利指标都有不同程度提高，见表 8－24。

表 8－24　　搬迁到山区县镇的各项福利指标的前后对比

搬迁到山区县城	人均家庭年收入	与城镇居民差距	非农年收入变化	养老保险缴纳等级	医疗保险等级	人均居住面积	住房状况	居住环境
进城前平均值	1.88	3.57	1.88	2.02	1.91	18.56	2.356	2.37
进城后平均值	2.76	2.69	2.17	2.58	1.94	18.20	2.50	2.44

续表

搬迁到山区县城	就业种类	就业稳定性	就业机会	子女上学条件	教育水平	进取心	技术能力	年龄段
进城前平均值	1.77	1.92	2.29	1.48	2.49	2.09	2.12	2.61
进城后平均值	2.05	2.02	2.91	1.46	2.77	2.73	2.65	2.47

（二）计算灰色关联系数和关联度

这里分别计算川区市县镇和山区市县镇的进城农民的福利关联度。先计算川区市县镇的福利关联度。

1. 对指标正向化处理

由于指标有正指标和逆指标、适度指标，即数值越大越好为正指标，数值越大反而不好为逆指标，数值适中为适度指标。所有的指标中，与城镇居民人均家庭年收入差距为逆指标，就业种类为适度指标。逆指标的取倒数处理。参考序列指标为全部调查对象的近3年（2017—2019年）福利指标平均值。

表8－25　　川区指标的正向化处理

	人均家庭年收入	与城镇居民人均家庭年收入差距	非农年收入变化	养老保险缴纳等级	医疗保险缴纳等级	人均居住面积	住房状况
参考数列	2.28	3.86	2.16	2.62	2.03	19.33	2.57
进城前	1.9800	3.7600	1.9800	2.1300	2.0100	19.5292	2.4800
进城后	2.9000	2.8300	2.2800	2.7200	2.0400	19.1558	2.6300
	就业种类	就业稳定性	就业机会	子女上学条件	教育水平	进取心	技术能力
参考数列	2.04	2.09	2.8	1.55	2.80	2.61	2.57
进城前	1.8600	2.0200	2.4100	1.5600	2.6200	2.2000	2.2300
进城后	2.1600	2.1300	3.0600	1.5400	2.9200	2.8700	2.7900

2. 无量纲化处理

在进行灰色关联分析时，由于涉及的指标较多，且指标的含义、大小、量纲不尽相同，往往会出现数值相差较大的情形，这时要进行各个指标的无量纲化处理，以消除这些因素对数据的影响，从而便于对数据进行比较与分析。进行指标无量纲化的方式有很多，常用的手段包括初值化、均值化、区间值化、逆化以及倒数化。其中较为常见的初值法适用于时间序列，本书选择初始值化方法进行无量纲化，

$$y_i(k) = \frac{X_i(k)}{x_0}, k = 1,2,\cdots,n \tag{8.13}$$

表 8－26　　川区指标的无量纲化处理

	人均家庭年收入	与城镇居民人均家庭年收入差距	非农年收入变化	养老保险缴纳等级	医疗保险缴纳等级	人均居住面积	住房状况
参考数列	1.0000	0.0000	1.0000	1.0000	1.0000	1.0000	1.0000
进城前	0.887892	0.964103	0.895928	0.806818	0.980488	1.038787	1.186603
进城后	1.300448	0.725641	1.031674	1.030303	0.995122	1.018926	1.258373
	就业种类	就业稳定性	就业机会	子女上学条件	教育水平	进取心	技术能力
参考数列	1.0000	1.0000	1.0000	1.0000	1.0000	1.0000	1.0000
进城前	0.889952	0.966507	0.782468	0.561151	1.119658	0.811808	0.799283
进城后	1.033493	1.019139	0.993506	0.553957	1.247863	1.059041	1

3. 求差序列

令 $\Delta_i(k) = |y_0(k) - y_i(k)| i = 1,2,\cdots,m$ (8.14)

差序列如表 8－27 所示。

表 8－27　　川区差序列

	人均家庭年收入	与城镇居民人均家庭年收入差距	非农年收入变化	养老保险缴纳等级	医疗保险缴纳等级	人均居住面积	住房状况
参考数列	1.0000	0.0000	1.0000	1.0000	1.0000	1.0000	1.0000
进城前	0.11211	0.96410	0.10407	0.19318	0.01951	0.03879	0.18660
进城后	0.30045	0.72564	0.03167	0.03030	0.00488	0.01893	0.25837

续表

	就业种类	就业稳定性	就业机会	子女上学条件	教育水平	进取心	技术能力
参考数列	1.0000	1.0000	1.0000	1.0000	1.0000	1.0000	1.0000
进城前	0.11005	0.03349	0.21753	0.43885	0.11966	0.18819	0.20072
进城后	0.03349	0.01914	0.00649	0.44604	0.24786	0.05904	0.00000

4. 求关联系数

$$\gamma(x_0(k), x_i(k)) = \frac{\min_i \min_k |x_0(k) - x_i(k)| + \xi \max_i \max_k |x_0(k) - x_i(k)|}{|x_0(k) - x_i(k)| + \xi \max_i \max_k |x_0(k) - x_i(k)|}$$

求两级最大差和最小差，记 $M = \max_i \max_k \Delta_i(k)$ (8.15)

$$m = \min_i \min_k \Delta_i(k) \quad (8.16)$$

由以上数据可知，$M = 1.0000$，$m = 0.0000$。

从表 8-28 看出，进城后的各项福利指标都有不同程度提高，相对城镇居民福利都有提升。

表 8-28 川区关联系数

指标	人均家庭年收入	与城镇居民人均家庭年收入差距	非农年收入变化	养老保险缴纳等级	医疗保险缴纳等级	人均居住面积	住房状况
进城前	0.03349	0.33333	0.82244	0.71390	0.96110	0.92553	0.72093
进城后	0.61603991	0.79830023	1.87668865	1.88171046	1.97996418	1.92444349	1.30209353
指标	就业种类	就业稳定性	就业机会	子女上学条件	教育水平	进取心	技术能力
进城前	0.81413888	0.93503355	0.68905432	0.52345588	0.8011361	0.71921783	0.70602416
进城后	0.93503355	0.96181281	0.98670744	0.51939838	0.66042117	0.89088527	1

5. 川区福利关联度

灰色关联系数代表相关因素序列和系统特征序列之间的联系程度，但由于各个地区和各个福利指标之间一一对应，所得出的灰色关联系数的数量较多，不便于进行分析对照。灰色关联度的作用就是借助特定的手段将这些灰色关联系数整合起来，求出可以代表福利的数值。这一数值越大则表明福利水平越高。

灰色关联度的计算公式为：$\gamma_{0i} = \frac{1}{n}\sum_{k=1}^{n}\gamma_{0i}(k)\ ,\ i = 1,2,\cdots,m$

(8.17)

从关联度看出，进城后的福利关联度都提高了，说明与参照的城镇居民的福利比较，大部分指标确实在进城后提高（见表8-29）。

表8-29　川区福利关联度

福利	经济状况	社会保障	住房	就业状况	教育	人力资本
进城前	0.527571	0.8375	0.82323	0.812742	0.662296	0.712621
进城后	0.649065	1.930837	1.61326851	0.961185	0.58991	0.94544264

同理得到山区县的灰色关联度（见表8-30）。

表8-30　山区县镇福利关联系数

指标	人均家庭年收入	与城镇居民人均家庭年收入差距	非农年收入变化	养老保险缴纳等级	医疗保险缴纳等级	人均居住面积	住房状况
进城前	0.632398	0.758142	0.645025	0.528094	0.816608	1.000001	0.683641
进城后	0.52595	0.360496	0.973337	0.968358	0.856015	0.928932	0.574965
指标	就业种类	就业稳定性	就业机会	子女上学条件	教育水平	进取心	技术能力
进城前	0.635588	0.782206	0.503168	0.352115	0.829968	0.53351	0.520121
进城后	0.980019	0.929641	0.851479	0.348712	0.588669	1.029496	0.87001

山区关联度如表8-31所示。

表8-31　山区县镇福利关联度

	经济状况	社会保障	住房	就业状况	教育	人力资本
进城前	0.678522	0.672351	0.841821	0.640321	0.591042	0.526816
进城后	0.619928	0.912187	0.751949	0.92038	0.468691	0.949753

（二）结果讨论

1. 绝大部分的福利指标都是川区比山区高

从最后结果福利关联度看，进城后的福利除人力资本方面川区和山区变化接近，绝大部分的福利指标都是川区比山区高，说明进城到川区，整体上生活水平提高，各项福利是高于进城农民和未进城农民的平均值的。也可以这样说，川区现有的福利模式是一种标杆，缩小差距，首先是山区按照川区的福利情况努力去做。

2. 社会保障在进城后都提高很快

在所有的影响福利的因素中，社会保障在进城后都提高了。在人力资本方面，也发生较大变化，提高较大。此外，进城后就业状况也改善较大。

3. 山区县市的农民，其经济状况，住房、自身教育等方面在福利分贡献降低

进城后，山区县市的农民，其经济状况，住房、自身教育等方面在福利分贡献中都有所降低。究其原因，是进城后社会保障、就业状况和人力资本都有大幅提升，增加了在福利中的贡献。

第九章

结论与建议

第一节

进城农民生计改善中福利的作用

一、进城农民生计的改善措施

与城镇居民相比，进城农民的福利存在一定的差距：如住房的福利未能享受到、体制内的单位几乎很难进入、社会保险的缴纳可持续性不能保证、社会资本处于弱势等。提出以下对策：

其一，多种举措并进，提供更多就业机会，政府充当社会资本的提供者。各种政府工程，如修路、建筑，环卫、劳务派遣等，吸纳更多农民工，使其获得更多收入的机会。

其二，提升住房价值，增加财产性收入。农民进城，往往买的是比较偏僻地理位置的房子，而学区房的存在，造成了城市里房子价值的巨大差异。如果教育均衡，不再有学区房，那么各个小区的房子就不会因为位置而产生巨大差异，进城农民购买的房屋也会有一个不错的升值，家庭资产也会有一定的增值。

如果是由于劳务移民进城的或拆迁失地进城的，尽管房屋是提供的，但是通常地理位置也比较偏，而且环境也相对差，房屋的增值比较慢，如果有专门的经费给予这类住房的周边道路、环境等进行改善，同时打破学区房的旧格局，这类房屋也会升值。这同样增加进城农民的财产性收入。

其三，农民工的自身人力资本有待提高。人力资本在技术发达社会，尤其是城市，显得尤为重要。进城后，与农村不同，许多工作需要一定的技能，需要培训后才能上岗。因此，一些考级也是必要的，接受一定的职业训练很必要。发挥社区在组织进城农民定期培训中的作用，也发挥职业培训的作用，提高进城农民的技能水平。

二、生计改善中就业的保障

生计是谋生的手段，更注重的是发展的能力，发展中降低风险，需要福利的保障，以解除后顾之忧。进城的农民，生计最大的问题是能够有一定的就业。有了就业，就有了获取收入的途径。针对就业水平不高，就业的收入水平差异较大的问题提出以下对策：

1. 提高就业水平、提升人力资本、提高收入的对策

增加就业途径，增加收入。说到底，产业发展了，更多吸纳劳动力的产业繁荣了，就增加了农民工的就业途径。西部地区这些年进行了很多投资，道路建设、房地产业、环境建设、扶贫工程、政府工程等，吸纳了大量的劳动力。各地也发展了利用自身资源的特色产业，这为进城的农民提供了机会。但是进城后的就业渠道虽然很多，如工业、建筑、服务等行业，需要有关各方的扶持和帮助，提供一些针对农民工的定向的工作机会。

2. 给予自主创业者更多方便和补助

进城农民的自主创业，往往有一定困难，由于资金缺乏、社会资本不足，进城自主创业，往往也是小摊小贩、个体户、小微企业。因此，对自主创业者，应给予更多帮助，以补助形式给予补贴。

对地摊经济也给予一定的允许。要建设一些便民市场，既方便了市民，也让更多农民工作为个体户入住。

3. 进城农民的观念变化

西部有的地区，人的观念还需要改变。对一些工作，觉得是低人一等，比如保洁、家政服务（如保姆工作），一些地区的年长的妇女还碍于面子而

不愿意做这类“伺候人”的工作。能够吃苦，具有服务意识，凭劳动获得收入，不是低人一等的工作。对于从贫困地区进城后的农民，在养老保险、医疗保险、失业保险方面，在最初进城的三年内给予一定的额外补助，以免去进城农民的后顾之忧和灵活就业。

4. 继续加大培训力度

加大培训力度，让年轻的进城农民提高技能，适应各种需要人力的工作。过去，培训通常针对进城务工的农民，今后也要在社区里，有针对性地对已经进城的农民进行登记，参加适合社会需要的培训服务。

5. 结合乡村振兴，提倡返乡创业

如今乡村治理，乡村的基础条件大大改善，乡村人口也大大减少，但是土地却大大空闲，提倡乡村创业，能人带头。已经进城的农民，本身具有了一定的出外的经历，观念、视野都得到了改变，回乡创业更有优势。

6. 提高义务教育的公平性

在城市的义务教育方面，积极学习大城市的经验，让更多区域都具有优质教育资源，不要再有学区房。让更多进城农民子女家庭享受同等的教育权益。

三、针对不同地域经济条件导致的福利的差异的措施

经济条件决定了福利的高低，经济条件好的有水灌溉的地区整体上各项福利指标均高于山区各县。对于劳务移民，各地的对于移民的不同的安置地的选择，决定了其福利待遇的差异。虽然迁出地一般都是山区，但安置时有的安置在就近的山区县，反而效果不如安置在距离中心城市的川区县市的工矿企业。不愿意离开家乡就近安置的，长远看享受的福利不如离开家乡的到经济发达地区的迁移户。对于这种情况，根据其原因，采取以下举措：

第一，对于西北地区，人口的迁移应该向经济基础、自然条件、交通便捷的城镇集中，对于脱贫后进入城镇的，引导其流向机会较多的城市。进一步采取措施，提高中心城市的城镇化水平。

第二，作为个人或有关政府部门，打破总是发展地方经济的固有思维而进行脱贫扶贫。从观念上突破，走出去，到大城市、中心城市，到经济

基础雄厚的地方。越是发达的地方，所得到的福利越好，得到更多共享经济带来的实惠。

第三，人力资本的提高是获得更好福利的根本。提高自身受教育水平和技能、增强进取心，方能获得更好的经济收入和社会保障。对于进城的农民工福利，从增智、增渠、增权、增收四个方面来实现西北地区农民工的可持续就业。

第二节 劳务移民进城农民的收入改善

一、劳务移民进城农民的收入弱势

1. 劳务移民整体人力资本水平较低、福利状况较差

由调查结果和模型输出结果显示，劳务移民整体教育水平较低、技术能力较差，小学、初中学历的较多，无技能或只拥有低级技能较多，且进取心不强，身体健康状况也不是良好，整体年龄偏大，导致劳务移民群体人力资本水平较低。劳务移民整体福利状况较差，与城镇居民相比不管是从经济状况、社会保障、居住条件还是发展机遇相比都有较大差距。其收入水平较低，社会保障程度较低，居住条件较差，尤其是人均居住面积过小，发展机遇较小。

2. 人力资本显著影响劳务移民福利水平

人力资本对劳务移民福利水平有正向显著影响。人力资本要素教育水平、技术能力、进取心、健康状况及年龄五个观测变量对人力资本的直接影响均通过了显著性水平，进一步影响劳务移民福利水平。由于较差的人力资本，劳务移民就业渠道较少、选择范围较窄，被替代性很高，且收入水平较低，实际改变生活状况的能力较差，进而导致劳务移民整体福利水平不高。

二、提高劳务移民收入的建议

1. 加大教育投入和技能培训，提升劳务移民人力资本水平

提高劳务移民教育水平和技术能力是提升该群体人力资本水平，进而提升其福利状况的重要途径。重视适龄劳务移民的义务教育与高等教育的衔接，给予部分贫困家庭教育资助；详细充分地对劳动市场和劳务移民个人进行调研，针对本地区实际情况和个体情况实行分类别分岗位的专岗技能培训，从而提高劳务移民人力资本水平，提高其福利状况。

2. 改善劳务移民居住地的医疗卫生及居住环境，提高劳务移民健康资本

加大对移民安置地区基本医疗卫生的投入力度，完善医疗制度，加强医疗卫生服务，提升医疗卫生质量水平；应加大劳务移民安置点建设投入，改善人居环境，改变“脏、乱、差”的生活环境，采取垃圾分类管理制度，打造整洁舒适的居住环境，通过这些手段降低疾病的发生和传染；优化住房分配方式，拒绝“一刀切”式的统一安排，应在分配前详细调查每家每户的详细情况，进行合理分配，并严格把控住房质量，提高进城农民的居住舒适感，从而提高其福利水平。

3. 加强心理教育，增强劳务移民进取心

做到扶贫与扶志相结合。定期举行励志讲座，鼓舞劳务移民士气，坚定其可以改变生活的信心，增强其进取心；制定相应政策、建立奖励机制，大力鼓励劳务移民积极进取、自力更生；对于部分态度消沉、心理较为消极的劳务移民要重点关注，定期对这部分群体举行心理疏导，帮助其建立信心，保持阳光健康的心态；政府应加大劳动法等基本法律知识的普及，增强劳务移民法律意识、维权意识，避免其合法权益受到侵害。

4. 加强社会保障体系建设，有效保障劳务移民基本生活

完善劳务移民安置地区的最低生活保障制度，扩大低保涉及范围；加强对社会保障的监督与管理。及时跟进各家各户的实际情况，减少信息滞后性，精准扶贫对象，让脱贫的“退出”，让真正贫困的“进来”；不断提升政府自身服务和治理能力，规范运行“家门口”服务站，切实做到“生活小事不走远，办事服务在身边”。

5. 改善就业环境，提高劳务移民安置区就业水平

根据当地区域特征、资源优势发展特色产业，并制定优惠政策，大力引进投资，培养具有地方特色且经济效益高的产业；拓宽、延长产业链，促进三次产业融合；要加大对经济发展较为缓慢区域的扶持，尤其是对于劳务移民安置区这种城乡结合部的扶持。

第三节 提高西部农村老年人福利可及程度的几项建议

一、老年人福利的问题

虽然本书主要研究进城农民，但是很多人进城了，其父母尚在农村，要保障进城农民的福利，也要保障他们父母的福利。所以本节专门就西部老年人福利做了研究。通过分析老年人福利的可及程度，发现以下问题：

1. 在基本保障指标中，农村老年人养老金和养老保险这两项处于福利贫困状态

大部分的农村老年人获得低于500元的养老金，满足不了基本生活。目前农村老年人主要在乡村卫生所就医，能够去到镇以上的卫生所较少。农村老年人的医疗保险大部分是处于最低档水平。年龄大的反而缴纳的档位越低，这可能是老年人不愿意或者没有更多钱去缴纳更高的保险。医疗服务方面，由于年轻一点的都进城，留下的是年老的，所以大多是年老的在农村卫生院就医。

2. 少部分农村老年人的农业收入少，且获得的补贴很少

在经济状况指标中，少部分农村老年人的农业收入、集体或政府给予补贴收入都比较低，大部分依靠子女给予赡养费，这增加了子女的负担。

3. 接近一半的农村老年人认为在生活便利方面能够得到基本满足

在生活状况指标中，一半的农村老年人认为在生活便利方面能够得到基本满足，这部分是住在距离镇比较近的地方。但是还有一半的老年人认为生活并不便利。而对于住房设施完备程度、交通便利程度、休闲娱乐、

食物营养程度、居住状况来说，老年人并没有过高的要求，他们都在不同程度上满足了农村老年人的福利需求，但是不同年龄的差异程度也比较大。交通方面是一种心理感受。年轻者多出门，自然对交通要求高，年老者反而觉得满足，没有更高要求，休闲也如此。

二、改善老年人福利的措施

1. 提高老年人的养老金

对于65岁以上的老年人，每月增加养老金，按照生活水平测算，能够达到农村居民人均收入的50%的水平，这样基本上老年人的各项生活基本需要能够得以货币支付，也能体现老年人的尊严，子女负担也能够减轻。

2. 完善所在乡镇的卫生设施及各项医疗条件

医疗服务方面，提高医疗服务水平，使得居住在农村的老年人能够不必要去县城、省城看常见病。安排全科医生到乡镇工作，定期轮岗。也可以定期安排水平高的专家下乡坐诊，以解决老年人看病问题。

3. 对适宜的老年人提供农业机械使用的帮助和相应的种养技术指导

针对不同年龄的老年人，鼓励有能力的老年人参加合作社，提高其来自农业的种养殖和其他收入。

4. 发展农村集体经济

利用老年人无力种地而闲置的耕地和某些可利用的农村宅基地发展一些灵活的集体经济，如特色种植、养殖以及副业，利用各地的特色资源，发展特色产业，如乡村旅游、休闲农业壮大集体经济，获得集体收入，给予老年人更多补贴。

第四节 进城农民的各项福利改善举措

依据福利的维度，从经济状况、社会保障、居住条件、发展机遇四个方面，根据本书前面的讨论，针对存在的问题和短板，提出以下设计：

一、经济状况方面

经济状况，就是想方设法获得比较高的收入，获得更多的非农收入，减少与城镇职工收入的差距。

（一）就业渠道的扩展

就业质量的提高。对于进城的农民，由于各种原因，如学历、文化程度、对城市的融入程度、社会资本等各种原因，在就业方面相对于原来的居住在城里的就业群体，会有一些弱势。所以，如何增加对于进城农民的就业渠道，就成为增加收入的根本。

在西部地区，大的公司和好的公司，没有东部发达地区的多，但是，近些年的西部开发，一些产业的转移和西部的特色。也有不少的中小企业蓬勃发展，提供了很多的就业机会，尽管收入没有东部地区高。因此，这些产业转移和挖掘西部特色产业，就成为要研究的问题。为此，提出以下策略：

1. 提供一些优惠政策，开放、包容，吸引大公司大企业到西部落户

公司多了，就业机会就多。企业需要各种岗位的人，可以为城镇职工提供很多就业机会。企业的建立需要建筑，而建筑最需要农民工；企业也需要大量的服务型的人员，农民工对于就业的要求不高，这些都会获得很多就业机会。

2. 针对企业需要，特别是一些大量需要体力劳动的行业，政府出面定向劳务输送

对一些单位针对进城的农民工实行劳务派遣。实行订单培训，农民工往往能够吃苦，工作踏实，对报酬的要求也不高，如果能够给予一定的帮助，工作的机会就更多一些。

（二）发展特色产业

对于从贫困地区来的农民进城，其实有不少还是从事与农业有关的产业，有不少季节性回乡劳动获得收入，需要发展与当地资源条件相符合的特色产业，一是农业方面的特色产业，如养殖种植，发展“公司 + 农户”

的模式，吸引进城农民回乡发展。二是把增加进城农民收入的主攻方向确立在发展农产品加工企业上。不断更新思想观念，确立市场农业、现代农业的新观念、新思路。学会用先进科学技术改造传统农业的本领。从本地资源出发，按照区域化布局、规模化生产的要求，建立起适应本地需要的农产品加工企业，从而把农村丰富的资源变成宝贵的财源，实现更多农产品的增值，创出品牌，促进农村工业化、城镇化、农业现代化水平的提升。

同时，各地推进农业产业化经营的同时，以小城镇为主阵地，建设农副产品批发市场，发展中介组织，使小城镇成为引导进城农民进入流通、衔接产销的桥梁纽带。引导和支持各类投资主体在小城镇投资兴业，使小城镇成为各种经济形式竞相发展的创业基地。

（三）在生产性收入之外，还要增加居民财产性收入

党的十七大报告提出要“创造条件让更多群众拥有财产性收入”，党的十八大强调要多渠道增加居民财产性收入，党的十九大报告明确要拓宽居民劳动收入和财产性收入渠道。而农民提高财产性收入的主要渠道是土地。农民可供使用和升值的财产主要是宅基地及宅基地上的房屋，包括宅基地和房屋能否自由出租和销售。“农民提升财产性收入更多是强调盘活土地资产，顺应城镇化趋势，为农民进城和居民下乡创造条件。”宅基地流转目前仍限于集体组织内部，而真正的需求是在外部，应创造条件允许宅基地使用权向集体组织外部流转。农民进城可以依法自愿有偿退出农村宅基地等各项权益，“对于进城农民而言这是一个变现机制，在法律层面有法可依，但在操作环节改革一直不到位，这个问题的内在逻辑很复杂”[①]。

对失地农民的社会福利，实行征地补偿，完善相关法律法规，严格区分公共目的征用和其他目的征用，在确定土地赔偿款时，要按照市场价格和因土地征收造成的各种损失实施补偿，充分保证失地农民的社会福利。综合考虑失地农民的生活需求，建立完善福利制度体系，对失地农民进行教育培训，提高其再就业能力，积极发挥非物质性的社会保障对城市化与工业化进程中的作用。

① 21 世纪经济报道 . 2021 - 8 - 19.

二、社会保障方面

促进农民农村共同富裕一方面需要增加农民收入，另一方面也要完善农民社会保障。社会保障，包括医疗保险、养老保险、其他保险，实行与原城镇职工同等的待遇。值得肯定的是，现在实行新农合合作医疗，绝大部分农民都可以参加这种保险，保证了大病能够得到医治。

农民进城，户籍转变，变为真正的城市人，相应的社会保障完全和原城镇居民同等，这是消除城乡差别的最终结果。但是过去我国户籍管理制度导致了入学、养老、医疗等60多种城乡间的社会保障差异，为此早在2015年国务院出台的《关于进一步推进户籍制度改革的意见》提出，到2020年，基本建立与全面建成小康社会相适应，有效支撑社会管理和公共服务，依法保障公民权利，以人为本、科学高效、规范有序的新型户籍制度，努力实现1亿左右农业转移人口和其他常住人口在城镇落户。要实现这个目标，各地就应把消除社会保障差异作为户籍制度改革的重点，逐渐剥离依附在户籍上的不平等待遇，不断提升公共服务和社会保障水平，让农民真正变市民。这些政策的逐步实施，有助于合理引导农业人口有序向城镇转移，加快新型城镇化的步伐。

如今，这种状况已经在发生变化，不少地区已经对于入学、医疗进行了改革，按照住房区域划片入学，医疗按照户籍所在地实行，不能医治的大病转入高一级医院；就地在各县市建立了养老机构。要推进农业转移人口市民化，真正实现“农民进城”，还需要稳步推进义务教育、就业服务、基本养老、基本医疗卫生、住房保障等城镇基本公共服务覆盖全部常住人口，进一步消除社会保障差异①。

西部地区，进城落户已经不是问题。但是，现实中农民虽然进城，但大部分还是农民身份，不愿放弃农村的土地②。这种状况，虽然能够给他们一定的保障，但是却不利于市民化身份的转变。况且，有部分农民长期不在农村，土地使用权也没有流转出去，宅基地长期也处于闲置荒废状态。

---

① 江西日报．2015－10－8.

② 江西日报．2015－10－8.

为此，如何盘活耕地、林地、宅基地就成了需要研究的问题。

三、居住条件

对于进城的农民，有自主谋生能力的人，购房不成问题。本身在西部的三线四线城镇，房价还是进城农民能够承受的。住房问题在县城并不严重。

对于移民搬迁的进城的农民，有基本的住房保障，迁移进城的都给予一定面积的住房一套，尽管位置有的偏一点，但是也是在城镇。有了工作，获得了相对稳定的收入，就有条件改善住房。

在一些房价较高的城市，也建立了保障房制度，进城农民通过申请，如果符合条件也可以获得住房。还有一些地方建立了廉租房，进城农民符合条件也能够获得。

所以，在住房方面，要做的工作还是要分类进行，了解不同原因进城农民的情况，在保障房和廉租房方面把工作做细，真正帮助有实际需要的进城农民工。

四、发展机遇

（一）提升人力资本，提高各种手段提高就业能力

进城农民在就业服务方面，要给予更多的培训和支持。进城农民仍面临较为严峻的就业考验。受自身知识和技能所限，大部分进城农民被迫灵活就业，从事稳定性和抗风险能力较弱的工作，一旦遭遇重大突发事件，很可能面临失业风险。未来还需要进一步提升进城农民的工作技能，提高其城市生活的抗风险能力①。

发展机遇，说到底还是提高就业水平、提升人力资本。继续加大培训力度，让年轻的进城农民提高技能，适应各种需要人力的工作。

① 21 世纪经济报道 . 2021 - 8 - 19.

（二）增加就业途径，增加收入

说到底，产业发展了，更多吸纳劳动力的产业繁荣了，就增加了农民工的就业途径。需要提供一些针对农民工的定向的工作机会。对自主创业者，给与更多帮助。

（三）结合乡村振兴，提倡返乡创业

如今乡村治理，乡村的基础条件大大改善，乡村人口也大大减少，但是土地却大大空闲，提倡乡村创业，能人带头。已经进城的农民，本身具有了一定的出外的经历，观念、视野都得到了改变，回乡创业更能有优势。

第五节 关于进城农民福利社会化的思考

一、从社会福利服务对象上建立适度普惠型社会福利

我国民政部于2000年颁布的《关于加快社会福利社会化的意见》，对社会福利社会化的界定是：服务对象公众化、服务方式多样化、投资主体多元化和服务队伍专业化。福利对象的公众化是指要改变过去社会福利仅仅针对体制内员工、“三无人员”“五保户”、孤儿等传统服务对象的观念和做法，以有偿、低偿和无偿相结合的方式，为有需求的对象提供享受福利服务的机会。这个规定过去了20年，其间，我国社会福利的对象确实发生改变。但是，长期以来，政府独立支撑福利服务的状况基本没有改变，社会福利社会化改革仍然困难。

国家在福利我国社会福利社会化改革应充分发挥社会部门和企业化社会组织的作用，国家应从资源分配者转变为政策制定者和法律监督者。在我国，建立城乡居民共享的适度普惠型社会福利具有重要意义，其进步在于将社会福利对象扩大到农村居民。再者，从内容上增加项目，不限于病残孤寡补助，在困难家庭子女教育、生育、失业等方面给予补助。内容可

以涵盖的范围更大些：居民生活的主要方面，如贫困救助、医疗保险、住房保障及老人、残障服务等，“适度”是满足社会福利对象的最基本需要。越来越多农民进城，实际上农民身份已经越来越淡化，进城后就与城市居民一样，所以城市居民享有的各项福利，进城农民也享有。

二、从社会福利模式上，社会福利事业实行民办公助

更多农民进城，需要提供的福利更多。完全靠政府提供是满足不了的。为此，借鉴西方国家私有化改革的经验，需要更多地使用“民办公助”的一些方法。20 世纪 70 年代以来，西方发达国家进行新公共管理和私有化改革，即从政府包揽向“民办公助”转变。在美国，营利性组织从 20 世纪 60 年代末开始进入社会福利领域，即政府购买服务。在公共和社会服务的提供中，将公共服务通过订立合同的方式委托给民间营利或非营利机构，由它们来提供服务。营利性组织从事的社会福利项目主要集中在各种护理行业、家庭医疗服务、医院、心理咨询或治疗以及老人及儿童日托服务等。这并不是一个新的提法。但是对于更多进城农民，城市里需要各种福利性服务，民办公助就是将公共服务的生产和递送由公共部门转向私人，而公共部门在提供财政支持方面仍起着主导作用，私人的营利或非营利性组织或其他非政府组织等具体承担福利服务①。

三、解决政府购买服务中的问题

实际中也遇到问题，政府购买，需要评估监管，在招标活动要透明、公平。所以还是要加强政府的主导作用，从几个方面努力②：

1. 政府进行政府购买服务的基本理论和知识的宣传

使社会公众及社会福利机构知晓何为政府购买服务等，并关注公众需求，在政府与公众建立信任关系。

---

① 唐咏．从社会福利社会化视角思考政府购买社工服务的行为［J］．甘肃社会科学，2010（7）：153－155.

② 唐咏．从社会福利社会化视角思考政府购买社工服务的行为［J］．甘肃社会科学，2010（7）：153－155.

2. 应完善政府的监管评估机制

购买社工服务中监管及评估合同的履行是政府应尽的职责，政府必须把握好监管的“度”，建立有效的监管机制和评估标准体系，正确而充分地发挥监管的作用。

3. 营造公平竞争的环境

公开招标是购买服务的必要程序，竞标结果要经过各方专家综合评估产生，而非政府部门的某些领导擅自决定，真正为竞标者们提供公开透明的竞争环境，吸引最有实力的竞标者参与政府公共服务的提供和生产（菜禾，2007）①。

4. 重视立法，推进社会福利的制度化建设

通过相应法律规范社会福利的供给与需求，是福利事业制度化的基本要求。我国要根据自身经济发展水平和东方的儒家文化伦理，借鉴国际社会福利制度建设的经验和教训，既发挥政府的领导监督作用，又发挥民间团体、社区和家庭的作用，积极探索适合我国全面建设小康社会与和谐社会的社会福利社会化之路。

① 蔡禾．社会工作者的角色转换——从“管理者”到“服务者”［J］．新资本，2007（1）：29－31.

附录一

进城农民生计和福利调查（2019 年 7 月）

一、调查的目的和任务

调查任务：调查西部地区进城农民生计资本变化以及生计策略和生计结果变化，福利的变化从总体上了解从贫困地区进入县城（市镇）后到生计资本的变化。抽样调查掌握各个调查点的进城农民家庭人口、生计方式、社会福利状况。

二、调查对象：西北贫困地区的进城农户；进城务工人员

抽样框：宁夏南部山区的固原原州区进城农民户；西吉县进城农民户；海原县城进城农民户；红寺堡移民区镇居民户；平罗县进城农民户；惠农区进城农民户，甘肃的部分地区；陕西的部分地区。

三、调查内容

（一）对进城农民所在的县镇地区的劳务部门的调查

1. 近 5 年进城人数、户数

2. 进城前后农户耕地变化、收入变化、耕地数量、耕地质量、人均收入、收入来源

3. 进城前后产业发展情况

4. 进城前后劳务输出人数、输出收入

5. 进城前后住房及基础设施情况、住房套数、面积、道路、水、电、通讯、广播、电视

6. 进城前后环境情况 居住环境的变化

（二）对农户调查

第一部分　进城农户基本情况

原所在　　　县　　　　乡村　　　组

年龄　　性别　　　　受教育程度

基本情况　　单位：人，头，亩，元

进城时间	家庭主要劳力年龄	家庭人口数	未成年子女数（包括在校学生）	赡养人数	劳动力数	是否有耕地	住房面积	进城后农村是否特色种植	如果有种植，年收入多少	进城后是否养殖？头数？	外出务工人数、平均年收入	家庭外援收入	家庭金融资产平均年收入	家庭财产性平均年收入	家庭距离中心城市距离	是否有亲戚或社会关系

第二部分　关于进城农民生计和关于进城农民福利

一、被调查者基本情况

1. 您的性别（　　）。

A. 男　　　B. 女

2. 您的年龄是（　　）。

A. 20 岁以下　B. 20—30 岁　C. 30—40 岁　D. 40—50 岁

E. 50 岁以上

3. 您的文化水平（　　）。

A. 初中及以下　　　B. 高中

C. 中专、技校及大专　　　D. 本科

E. 研究生及以上

二、调查情况

1. 您进城后家庭主要靠什么生活？（　　）。

A. 打工　　B. 原农村种地收入

C. 储蓄　　D. 其他

2. 您进城后从事的职业是（　　）。

A. 打工　　B. 个体户　　C. 企业老板　　D. 不工作

E. 其他

3. 您进城后打工，通常是哪些工作？（　　）。

A. 建筑　　B. 工商　　C. 企业老板　　D. 不工作

E. 其他

4. 如果是打工，最长能够做多久（　　）。

A. 3 个月以内　　B. 散工　　C. 3 个月—1 年

D. 1 年以上　　E. 其他

5. 打工中一般要求的技能是否能够达到（　　）。

A. 达到　　B. 有困难　　C. 经过简单培训后达到

D. 其他原因（年龄、文化程度等）

6. 从农村到城镇，是否感觉就业的困难（　　）。

A. 困难　　B. 较困难　　C. 没感觉　　D. 很轻松

7. 您接受过系统的职业培训没有（　　）。

A. 接受过　　B. 接受过一些培训　　C. 没接受过

8. 如果接受过系统的职业培训，对您的就业是否有帮助（　　）。

A. 有帮助　　B. 没帮助　　C. 没接受过职业培训

9. 您接受的职业培训是由谁组织的（　　）。

A. 工作单位　　B. 政府　　C. 自己报名参加的培训机构

10. 从农村到城镇，家庭净收入是否有所提高（　　）。

A. 明显提高　　B. 变化不大　　C. 有所下降

11. 从农村到城镇后，改变最大的是以下哪个方面（　　）。

A. 生活居住环境　　B. 子女受教育程度

C. 医疗条件　　D. 就业选择

E. 社会福利保障（如“五险一金”）。

F. 其他______

12. 从农村到城镇后，子女教育方面是否享有国家福利（　　）。

A. 享有　　B. 不享有

13. 进城务工后，从事的工作单位是否会为您缴纳“五险一金”（　　）。

A. 全部缴纳　B. 只缴纳“五险”　C. 只缴纳其中部分______

D. 都不缴纳

14. 您的月均工资（　）。

A. 2000 元以下　　B. 2000—3000 元

C. 3000—4000 元　　D. 4000—5000 元

E. 5000 元以上

15. 从农村到城镇后，主要居所的形式（　　）。

A. 租房　　B. 按揭买房　　C. 全款买房

D. 其他（如国家给予了一定的补助、优惠政策或者由于政府占用耕地分配房等）______

16. 进城后的主要经济支出是以下哪个方面（　　）。

A. 家庭生活基本支出　　B. 子女教育

C. 储蓄养老　　D. 进行投资

E. 其他（如买房/赡养老人等）______

17. 您获取招聘信息的渠道（　　）。

A. 电视、手机及报纸等媒体　　B. 中介介绍

C. 亲朋好友介绍　　D. 自己到各单位询问

18. 您所从事的工作，休息时间如何安排（　　）。

A. 正常双休、国家法定节假日放假

B. 按照工作单位要求（如“上四休二”等）

C. 没有放假时期，休息需要请假

19. 您所从事的工作是否为您提供加班费等（　　）。

A. 按照标准工时制度时，标准工作时间外、休息日及法定休假日工作的，按照小时工资的 1.5 倍、2 倍及 3 倍支付工资

B. 实行计件工资制度的，在完成定额后，给予计件单价的 1.5 倍支付工资

C. 实行计件工资制度的，在完成定额后，给予计件单价的 2 倍支付工资

D. 实行计件工资制度的，在完成定额后，给予计件单价的 3 倍支付工资

E. 按照综合计算工时制度，根据单位制度给予加班费________________

F. 没有加班费

20. 您所从事的工作是否会提供餐补、交通补贴、租房补贴及高温补贴等补助（　　）。

A. 都提供　　B. 只提供部分　C. 都不提供

21. 如果工作中存在某种对身体有害的因素，单位是否采取了措施（　　）。

A. 采取了比较完备的保护措施　B. 采取了部分保护措施

C. 随便采取一些措施　　　　　D. 没有采取任何措施

22. 您进城务工时，家中子女怎么办（　　）。

A. 跟随自己　　　　　　　　　B. 随爷爷奶奶外公外婆照顾

C. 跟随其他亲戚生活　　　　　D. 没有子女

23. 对于目前的状况，您最大的困难是什么？（　　）。

A. 工资水平低，无法拥有一个良好的生活环境

B. 受到不公平待遇，如果工作歧视等

C. 子女教育、赡养老人等问题

D. 晋升空间小，甚至没有机会

24. 与城镇原居民相比，您进城后享受到的福利待遇差别大吗（　　）。

A. 差异很大　B. 差异不大

25. 您对您进城务工后享受的福利待遇还满意吗（　　）。

A. 十分满意　B. 基本满意　C. 较满意　　D. 不满意

26. 您希望政府能为您提供什么帮助（　　）（多选）。

A. 提供提升学历、技能的途径　B. 提供职业发展信息和方法指导

C. 建立人事档案，累积职业发展潜质

D. 解决子女在工作地上学问题

E. 能够在工作地租住长期安全廉价的住房

F. 其他____

记录员：　　　　　　　　　　记录时间：

附录二

进城农民生计的福利保障的调查问卷（2019年末）

您好，我是宁夏大学经济管理学院的学生，我们正在进行一项关于进城农民生计的福利保障的社会实践调查，包括调查户的经济状况、经济收入来源、生活水平、子女教育状况、医疗保障和健康状况等，并据此进行科学的分析和研究，以便为政府及其相关部门在民生方面提供更好的福利保障和民生政策，为全面解决进城农民的福利保障问题提供科学的依据。此问卷不登记姓名，请您放心作答，谢谢您真诚的合作！

调查时间：________________

调查对象：西部地区的进城农民工

A1：农户家庭基本信息

问题	计量单位	代码	数量
户主学历：①小学及以下；②初中；③高中；④职校、中专；⑤本科（大专）及以上	—	A01	
您家户籍人口数：	人	A03	
您家常住人口数：	人	A04	
其中：60岁以上老人有几人？	人	A05	
16岁以下未成年人有几人？	人	A06	
具有劳动能力的有几人？	人	A07	

续表

问题	计量单位	代码	数量
在家务农的有几人？	人	A08	
在外打工的有几人？	人	A09	
您家亲戚朋友从事的职业有哪些？ 务农；②养殖业：③经商；④建筑工人；⑤外出打工；⑥其他；	—	A10	
您家是建档立卡贫困户？①是；②否	人	A10_ 1	
您家建档立卡的时间是？	年	A10	
您家脱贫了吗？①是；②否（如果选否，则进入 A11 题的回答）	—	A11_ 1	
脱贫时间是？	年	A11	
进城前您的家庭人均纯收入是多少（回顾性的记忆推算）？	元	A12	
进城前您家的主要收入来源（可多选，按重要性顺序填写）①种植业；②养殖业：③经商；④本地（本县、乡镇）务工收入；⑤县外省内务工收入；⑥省外务工收入；⑦政府提供的生活保障性资金；⑧政府提供的扶贫项目资金；⑨其他	—	A13	
进城后您的家庭人均纯收入是多少（回顾性的记忆推算）？	元	A14	
进城后您的家庭总支出是多少？	元	A15	
进城后您家的主要收入来源（可多选，按重要性顺序填写）①种植业；②养殖业：③经商；④本地（本县、乡镇）务工收入；⑤省内其他市、县务工收入；⑥省外务工收入；⑦政府提供的生活保障性资金；⑧政府提供的扶贫项目资金；⑨其他	—	A16	
您认为过去导致您家不富裕的主因是什么？（最多选 3 项，按重要性顺序填写）①有致富想法但缺少技术；②家庭成员患重病或残疾；③子女上学负担重；④缺水；⑤耕地面积过少；⑥家中劳动力缺乏；⑦自然灾害或突发事件；⑧没有好的发展思路和想法；	—	A17	
您认为您家进城的主因是什么？（可多选，按重要性先后顺序填写）①当地政府鼓励移民搬迁；②务工便利；③医疗设施完善；④居住条件优良；⑤养老保险减轻了赡养老人的负担；⑥子女上学方便；⑦其他	—	A18	
您家是否已能做到不愁吃？①是【跳答 A21】　②否【继续答 A20】	—	A19	

续表

问题	计量单位	代码	数量
选择“否”的原因：①重大疾病致贫；②供养学生致贫；③无劳动能力致贫；④其他	—	A20	
您家是否已能做到不愁穿？①是【跳答 A23】 ②否【继续答 A22】	—	A21	
选择“否”的原因：①重大疾病致贫；②供养学生致贫；③无劳动能力致贫；④其他	—	A22	
您家是否已能做到冬季不愁取暖？①是【跳答 A25】 ②否【继续答 A24】	—	A23	
选择“否”的原因： ①家庭收入困难，无力承担取暖费用；②煤价太高；③缺乏取暖设备；④其他	—	A24	
您家目前的经济条件是否能够供养孩子读完小学和初中？ ①是；②否；③无 16 岁以下子女	—	A25	
进城后的困难：①没有城镇户口；②工作不好找；③子女入学有门槛；④房租太贵；⑤消费水平高于农村；	—	A29	
进城后生活质量是否有所提升：①是；②否；	—	A30	

A2：进城农民对福利保障的认知调查

问题	计量单位	代码	数量
您家是否获得了进城福利保障政策帮扶？ ①是【继续答 A27】 ②否【跳答 A28】	—	A26	
若是，获得了哪些帮扶措施？（可多选）①劳动力技能培训；②发展特色产业（如：引进果蔬种植或禽畜养殖、制造业、加工业等）；③小额信用贷款；④医疗救助；⑤子女助学补贴；⑥最低生活保障；⑦其他	—	A27	
您对现有的帮扶方式（如提供生活用品、现金帮助、解决生活难题、寻找致富出路等）是否满意？①是 ②否	—	A28	
当地负责移民的相关部门是否经常去了解你家基本信息、落实帮扶工作或宣传组织动员，您对其工作到位情况是否满意？ ①是【跳答 A29】 ②否【继续填答 A30】	-	A29	

续表

问题	计量单位	代码	数量
不满意的理由（可多选）：①没有人负责管理；②很少见到；③工作浮于表面，形式主义严重；④没有为我家带来实质性帮扶；⑤其他		A30	
您对进城福利保障工作成效是否满意？①是【跳答 A31】　②否【继续填答 A32】	—	A31	
不满意的主要原因是：①形式主义；②可持续性差；③成果不显著；④其他	—	A32	

主要指标解释：

常住人口：指住户成员中，经常在家居住或者调查期内居住时间超过一半的人员，以及本住户供养的学生。

具有劳动能力：是指男子 16 周岁到 60 周岁，女子 16 周岁到 55 周岁，同时具有劳动能力的人。

在家务农人数：指在家务农时间较长，且主要收入来源为农业收入的人。

在外打工人数：指在外务工时间较长，且主要收入来源为务工收入的人。

就业方面

1. 您所从事的行业

A. 工业

B. 建筑业

C. 交通运输业

D. 餐饮服务业

E. 其他

2. 您就业的方式是

A. 政府分配

B. 亲友介绍

C. 私人中介

D. 政府中介

E. 自己找

F. 招工广告

3. 您是否与单位签订劳动合同?

A. 是

B. 否

4. 如回答签订劳动合同，您清楚合同的内容吗?（没有或不清楚是否签订合同者请跳过）

A. 清楚

B. 知道一点

C. 不清楚

5. 您的工资待遇是?

A. 1000 元及以下

B. 1001—2000 元

C. 2001—3000 元

D. 3001—4000 元

E. 4000 元以上

6. 您所在的单位是否给您交纳保险?

A. 是

B. 否

7. 您认为单位提供保险是您工作的必要条件之一吗?

A. 是

B. 不是

8. 您进城务工的动机是什么?［多选题］

A. 高工资待遇

B. 生活条件便利

C. 子女教育

D. 随家庭迁移

E. 开阔眼界、学习

F. 其他______

9. 您对于进城务工曾有的顾虑是?（城镇职工请跳过）［多选题］

A. 城市生活成本太高

B. 担心找不到合适的工作

C. 不愿远离家庭或家乡

D. 担心工作中出意外

E. 担心工作缺乏保障

F. 其他

10. 您是否有过被克扣工资或者加班不给发工资的状况？

A. 没有

B. 有过一两次

C. 偶尔

D. 经常

E. 是，这种情况非常严重

11. 您进城后土地是怎样处理的？

A. 无偿给亲属、朋友、邻居耕种

B. 有偿租赁给他人

C. 闲置

D. 其他处理方式_______

农民工子女教育方面

1. 您认为农民工子女与非农民工子女在接受教育时获得的待遇如何？

A. 很不公平的对待

B. 比较公平的对待

C. 没什么差别

2. 在跟老师同学的交流中，您觉得有没有语言上的障碍？

A. 有，很严重

B. 有一点

C. 没有

3. 您子女就读的学校属于？

A. 公办学校

B. 民工子弟学校口私立学校

C. 其他

4. 学校的基础设施能够满足您子女正常的学习吗？

A. 不能，欠缺较大

B. 不能，有一点欠缺

5. 您怎样看待读书？

A. 读书是很好的出路，读书才能多赚钱

B. 只要能赚钱，不必多读书；

C. 读书关系到孩子的幸福人生，赚钱倒是，次要的

D. 其他

6. 您认为读书的目的是什么？

A. 迫于家长和老师的压力

B. 为了报答父母

C. 为了赚钱

D. 不知道为什么读书

E. 其他

7. 您认为文化水平对您来说是否重要？

A. 非常重要

B. 比较重要

C. 一般重要

D. 比较不重要

E. 非常不重要

8. 您认为孩子父母外出打工，对孩子的学习？

A. 不好的影响大

B. 没什么影响

9. 您是否经常参加家长会等学校组织的活动？

A. 根本不知道这些活动；

B. 很少参加

C. 不是很多

D. 比较多

10. 您喜欢这座城市吗？以后会不会留在这里？

A. 喜欢，会留下

B. 马马虎虎，看情况

C. 不喜欢，不留下

D. 其他______

11. 您上学期间，一个学期的学杂费、书本、学习资料等支出合计大约为______

A. 200 元以下

B. 200—500 元

C. 500 元以上

关于住房情况

1. 您目前通过何种方式在您所工作的城镇中解决自己的住房问题？

A. 自己租赁

B. 自己购买

C. 用工企业统一租赁

D. 包工头统一租赁

E. 用工企业的集体宿舍

F. 其他（请具体写明）

2. 如果您目前租房居住，每月房租支出______

A. 150 元以下

B. 150—300 元

C. 300—500 元

D. 500—1000 元

E. 1000 元以上

3. 如果您目前买房居住，您所购买的房屋性质为？

A. 普通商品房

B. 房改房

C. 小产权房

D. 农房

E. 其他（请具体写明）______

4. 如果您目前买房居住，您所购买房屋的单价为？

A. 3000 元以下

B. 3000—5000 元

C. 5000—10000 元

D. 10000 元以上

5. 居住的房屋的性质为？

A. 城市中的一般商品房

B. 房改房

C. 城中村中的农房

D. 城中村中房主自行搭建的房屋

E. 其他

6. 居住的地点______

A. 工作地点或工地内部

B. 市中心工作地点附近

C. 市中心远离工作地点

D. 城乡结合部

E. 农村

7. 居住房屋的自然情况______

A. 楼房

B. 平房

C. 简易房

D. 地下室

E. 工棚

F. 其他（请具体写明）______

8. 居住房屋的人均使用面积（平方米）为？

A. 5 以下

B. 5—15

C. 15—25

D. 25—35

E. 35 以上

9. 居住房屋的结构______

A. 有个房间

B. 有个客厅

C. 有（没有）独立的厨房

D. 有（没有）独立卫生间

E. 有（没有）独立的浴室

10. 整套房屋（或者整间）宿舍共住几个人？

A. 3

B. 4

C. 5

D. 6

E. 6 个以上

11. 请选择您目前所居住房屋中具有的设备______

A. 电视机

B. 电冰箱

C. 洗衣机

D. 空调

E. 影碟电话机

F. 天然气

关于创业补贴政策

1. 您是否已经创业或有创业的想法？

A. 是

B. 否

2. 您都了解哪些相关部门对进城农民工的创业补贴政策？

A. 社会保险补贴

B. 创业培训补贴

C. 创业担保贷款政策

D. 其他

3. 您都享有哪些相关部门对进城农民工的创业补贴政策？

A. 社会保险补贴

B. 创业培训补贴

C. 创业担保贷款政策

D. 其他

4. 补贴额度______

A. 5 万元以下

B. 5 万—10 万元

C. 10 万—15 万元

D. 15 万元以上

5. 你是否享有政府提供的创业技能培训？

A. 是

B. 否

关于医疗

1. 您生病后通常会怎么做？

A. 立即到正规医院检查、治疗

B. 到街头小医院、私人诊所、游医进行检查、治疗

C. 自己去药店买药

D. 能忍则忍，能拖则拖，不到万不得已不去医院

2. 您生病时的医疗费用由谁负担？

A. 全部由个人或者家庭负担

B. 全部由单位负担

C. 单位、个人共同负担

3. 您不参加医保的原因______

A. 不知道有相关的政策

B. 相关政策制定不合理

C. 觉得没有必要

D. 已参加新型农村医疗合作保险

E. 其他

4. 您本人是否有参加医保的意愿？

A. 是

B. 否

5. 你是否了解医疗保障的重要性？

A. 是

B. 否

调查员：　　　　　　记录时间：

附录三

移民福利满意度调查问卷

尊敬的先生/女士您好！

非常感谢您参与本次问卷调查活动。我们是×××，正在进行贫困地区移民搬迁进城农名的福利满意度研究，特邀您参与此次问卷调查活动，本次问卷调查完全采用无记名方式，内容保密且仅做统计意义上的数据分析、对比，请根据您自身实际情况，对相应的题目做出选择。

再次感谢您的配合！

调查对象曾住地：　　县　　乡（镇）　　村　　自然村

调查对象现住地：　　市　　区　　街道

一、被调查者的基本情况 A

A1	您户口所在地？（　　） 1. 市　2. 县　3. 乡　4. 村　5. 自然村	
A2	是否建档立卡户？（　　）　1. 不是　2　是	
A3	性别是？（　　）	1. 男 2. 女
A4	您的年龄介于？（　　）	1. 20 周岁以下（不包括 20 周岁） 2. 20—40 周岁（不包括 40 周岁） 3. 40—60 周岁（不包括 60 周岁） 4. 60—80 周岁（不包括 80 周岁） 5. 80 周岁以上

续表

A5	您的常居住地是？（　　）	1. 户口所在地 2. 镇 3. 县城（市） 4. 其他
A6	您的婚姻状况是？（　　）	1. 已婚 2. 未婚
A7	您的子女数量是？（　　）	1. 无 2. 一个 3. 两个 4. 三个及以上
A8	您的居住安排情况是？（　　）	1. 独居 2. 仅与配偶同住 3. 与子女等其他人同住
A9	您的受教育程度是？（　　）	1. 不识字 2. 小学 3. 初中 4. 中专/高中及以上

二、经济状况 B

B1. 您的月收入是多少钱？（元）（　　）

1. 2000 以下　2. 2000—3000　3. 3000—4000　4. 4000—5000

5. 5000 以上

B2. 您对收入的满意程度？（　　）

1. 非常不满意　2. 不满意　3. 一般　4. 满意

5. 非常满意

B3. 您是否有收入来源？（　　）如果有，请转入第四个问题

1. 有　2. 无

B4. 您的收入来源是什么？

三、居住条件 C

C1. 您的居住面积是多少？（平方米）

____

C2. 您的住房设施完备程度是？（　　）
1. 仅简单生活设施
2. 煤气、电视、洗衣机
3. 煤气、电视、洗衣机、冰箱、
4. 自来水、天然气（太阳能）
5. 房屋装修、家电齐备、手机
6. 房屋舒服，各项设施齐备

C3. 您对住房的满意程度？（　　）
1. 非常不满意　2. 不满意　3. 一般　4. 满意
5. 非常满意

C4. 您的生活便利程度是？（　　）
1. 非常不便利　2. 不便利　3. 基本能够满足需要　4. 比较便利
5. 非常便利

C5. 您的交通便利程度是？（　　）
1. 非常不便利　2. 不便利　3. 基本能够满足需要　4. 比较便利
5. 非常便利

C6. 您对居住地社区环境的满意程度？（　　）
1. 非常不满意　2. 不满意　3. 一般　4. 满意
5. 非常满意

四、社会保障 D

D1. 您是否有医疗保险？（　　）如果有，请转入第二个问题
1. 有　2. 无

D2. 您的医疗保险是多少（元）？
1. 200 以下　2. 200—300　3. 300—400　4. 400 以上

D3. 您对医疗保险的满意程度？(　　)

1. 非常不满意　2. 不满意　3. 一般　4. 满意

5. 非常满意

D4. 您是否有养老保险？(　　) 如果有，请转入第五个问题

1. 有　2. 无

D5. 您的养老保险是多少（元）？

1. 200 以下　2. 200—300　3. 300—400　4. 400 以上

D6. 您对养老金的满意程度？(　　)

1. 非常不满意　2. 不满意　3. 一般　4. 满意

5. 非常满意

D7. 您是否有其他保险？(　　) 如果有，转入第八个问题

1. 有　2. 没有

D8. 您的其他保险是什么？金额是多少？

___

D9. 您对其他保险的满意程度？

1. 非常不满意　2. 不满意　3. 一般　4. 满意

5. 非常满意

D10. 您是否有政府补助？(　　) 如果有，转入第十一个问题

1. 有　2 没有

D11. 您的政府补助是多少？

___

D12. 您对政府补助的满意程度？

1. 非常不满意　2. 不满意　3. 一般　4. 满意

5. 非常满意

五、人力资本提升 E

E1. 您是否参加过就业培训？(　　) 如果有，转入第二个问题

1. 是　2. 否

E2. 您对参加过的就业培训的满意程度？(　　)

1. 非常不满意　2. 不满意　3. 一般　4. 满意

5. 非常满意

E3. 您是否获得技能？（　　）如果有，转入第四个问题和第五个问题

1. 是　　2. 否

E4. 您获得了哪方面的技能？

____

E5. 您对获得的技能的满意程度？（　　）

1. 非常不满意　2. 不满意　3. 一般　4. 满意

5. 非常满意

E6. 您子女的教育与以前相比是否有提升？（　　）如果有，转入第七个问题

1. 是　　2. 否

E7. 您对子女教育的满意程度？（　　）

1. 非常不满意　2. 不满意　3. 一般　4. 满意

5. 非常满意

六、心理适应因素 F

F1. 您的进城适应程度怎么样？（　　）

1. 非常差　2. 不好　3. 一般　4. 好　5. 非常好

F2. 您的进城融入程度怎么样？（　　）

1. 非常差　2. 不好　3. 一般　4. 好　5. 非常好

F3. 您与同事的关系怎么样？（　）

1. 很不好　2. 不好　3. 一般　4. 好　5. 很好

F4. 您与邻里的关系怎么样？（　　）

1. 很不好　2. 不好　3. 一般　4. 好　5. 很好

F5. 您对精神文明氛围的满意程度？（　　）

1. 非常不满意　2. 不满意　3. 一般　4. 满意

5. 非常满意

附录四

西部农村老年人福利调查问卷

尊敬的先生/女士您好！

非常感谢您参与本次问卷调查活动。我们是×××，正在进行西部农村老年人福利问题研究，特邀您参与此次问卷调查活动，本次问卷调查完全采用无记名方式，内容保密且仅做统计意义上的数据分析、对比，请根据您自身实际情况，对相应的题目做出选择。

再次感谢您的配合！

调查对象所在　　县　　　乡（镇）　　　村　　　自然村

一、被调查者的基本情况

1	您户口所在地 县　乡　　村　　自然村	
2	是否建档立卡户　1. 不是　2. 是	
3	性别是	1. 男 2. 女
4	您的年龄介于?	1. 65—69 周岁 2. 70—74 周岁 3. 75—79 周岁 4. 80 周岁以上

续表

5	您的常居住地是？	1. 户口所在地　2. 镇　3. 县城（市） 4. 其他
6	您的婚姻状况是？	1. 有配偶 2. 丧偶
7	您的子女数量是？	1. 一个 2. 两个 3. 三个及以上
8	您的居住安排情况是？	1. 独居 2. 仅与配偶同住 3. 与子女等其他人同住
9	您的受教育程度是？	1. 不识字 2. 小学 3. 初中 4. 中专/高中及以上

二、基本保障

1. 您的医疗保险交多少钱（元）？

A. 200 以下　B. 200—300　C. 300—400　D. 400 以上

2. 您是否有养老金？（　）如果有 转入第三个问题

A. 有　B. 没有

3. 您的养老金数额

A. 100 元以下　B. 100—200 元　C. 200—300 元　D. 300 元以上

4. 您的医疗服务地是？（　）

A. 乡村卫生站

B. 镇卫生所

C. 县城医院

D. 市（区）以上医院

5. 对养老金的满意程度______

6. 对医疗保险的满意程度______

7. 对医疗服务的满意程度 ______

三、经济状况

1. 您的农业收入即来自土地（种植）或养殖折合收入是多少钱（元/月）?

____

2. 您子女给予的赡养费是多少钱（元/月）?

____

3. 您的集体或政府给予补贴收入来源是?（　　）

A. 征地补偿

B. 退耕还林补偿

C. 额外补贴

4. 对农村种植补贴的满意程度

5. 对养殖政策的满意程度

四、生活状况

1. 您的居住状况是?（　　）

A. 农村土坯房

B. 农村砖混房

C. 城镇住房

2. 您的住房设施完备程度是?（　　）

A. 仅简单生活设施

B. 煤气、电视、洗衣机

C. 煤气、电视、洗衣机、冰箱、

D. 自来水、天然气（太阳能）

E. 房屋装修、家电齐备、手机

F. 房屋舒服，各项设施齐备

3. 您的生活便利程度是?（　　）

A. 非常不便利

B. 不便利

C. 基本能够满足需要

D. 比较便利

E. 非常便利

4. 您的交通便利程度是？（　　）

A. 非常不便利

B. 不便利

C. 基本能够满足需要

D. 比较便利

E. 非常便利

5. 您对休闲娱乐的满意程度是？（　　）

A. 非常不满意

B. 不满意

C. 一般

D. 满意

E. 非常满意

6. 您对食物营养的满意程度是？（　　）

A. 非常不满意

B. 不满意

C. 一般

D. 满意

E. 非常满意

参考文献

1. Ellis E . Rural Livelihoods and Diversity in Developing Countries [M]. New-York: Oxford University Press, 2000: 26 – 78.
2. Chambers. R. , ConwayG. Sustainable Rural Livelihoods Practical Conceptsfor The 21st Century. Brighton: Institute of Development Studies, IDS, Discussion Paper, 1992: 296
3. Scoones I. Sustainable Rural Livelihoods: AFramework for Analysis, Brighton: Institute of Development Studies (IDS) . Working Paper , 1998: 72.
4. Amartya Sen. Rationality And Freedom [M]. 2002: 40 – 50.
5. BrandoliniA , Dalessio G Year. Measuring well-being in the function space In: General Conference of The International Association for Research in Income and Wealth [C], Cracow , Poland. 1998.
6. Nussbaum M Capabilities as fundamental entitlements; Sen and social justice [J]. Feminist Economics . 2003 9 (2 – 3): 33 – 59.
7. Sen A. Capability and Well-being [J]. The Quality of Life, 1993: 30 – 73.
8. Fearnside P M. Land-tenure issues as factors in environmental destruction in Brazilian Amazonia: the case of southernPará [J]. World Development, 2001, 29 (8): 1361 – 1372.
9. Kironde L. Comments on management of Peri-Urban Land and Land Taxation [C]. Kampala: the World Bank Regional Land Workshop. 2002.
10. William P. Quigley, Five Hundred Years of English Poor Laws, 1349 – 1834: Regulating the Working and Nonworking Poor, Akron Law Review, Vol. 30,

1996：105.

11. Berenger V ， Verdier-Chouchane A . Multidimensional measures of well-being：standard of living and quality of life across countries［J］World Development ，2007，35（7）：1259－1276.
12. DFID. Sustainable livelihoods guidance sheets［M］. London：Department For Intemational Development，2000.
13. Midgley. Livermore，The Handbook of Social Policy［M］. Thousand Oaks：Sage. Midgley，2000：4.
14. Amartya Sen；Amartya Sen. The Standard of Living：Lecture II，Lives and Capabilities［J］. Tanner Lectures in Human Values，1987：20－38.
15. Sen Amartya. Commodities and Capabilities［M］. 1999.
16. Tommaso M L. Measuring the well-being of children using a capabilityapproach：An application to Indian data［R］Child Working Paper 5/2006，center for Household income ，labour and demographic Economics，2006.
17. A. C. Pigou. The Economics of Welfare［M］. 1920：2－10.
18. Charles Booth. Life and Labour of the People in London［M］. 1902：20－45.
19. Sabina Alkire. Dimensions of HumanDevelopment［J］. World Development，2002，30（2）：181－205.
20. Midgley，James. 1997 Social Welfare in Globle Context，London：Sage：4.
21. Barber，Robert L. The Social Work Dictionary［M］. NASWPress，1999：45.
22. 庇古（A. C. Pigou）. 金镝译.《福利经济学》（上）［M］. 北京：华夏出版社，2007：9.
23. 诺曼·巴里. 储建国（译）. 福利［M］. 长春：吉林人民出版社，2005：17.
24. （日）一番濑康子著，沈洁等译：社会福利基础理论［M］，武汉：华中师范大学出版社，1998：2.
25. 舒尔茨，吴珠华等译. 论人力资本投资［M］. 北京：北京经济学院出版社，1990.
26. 贝克尔，梁小民译. 人力资本［M］. 北京：北京大学出版社，1987.
27. 国家统计局. 中华人民共和国2019年国民经济和社会发展统计公报.

国家统计局官方网，2020 年 2 月 28 日．
28. 姚明霞．福利经济学中非福利主义的兴起［J］．教学与研究，2005（8）：71 –76.
29. 袁方，蔡银莺．城市近郊被征地农民的福利变化测度——以武汉市江夏区五里界镇为实证．资源科学，2012，34（3）：449 –458.
30. 郑功成．中国社会福利的现状与发展取向．中国人民大学学报，2013（1）：2 –10.
31. 安祥生，陈园园，凌日平．基于结构方程模型的城镇化农民可持续非农生计分析——以晋西北朔州市为例［J］．地理研究，2014，33（11）：2021 –2033.
32. 靳小怡，李成华，杜海峰．可持续生计分析框架应用的新领域——农民工生计研究［J］．当代经济科学，2011（3）：103 –109.
33. 汪三贵．中国农村贫困家庭的识别［J］．农业技术经济，2007（1）：20 –31.
34. 国家统计局．中华人民共和国 2013 年、2019 年国民经济和社会发展统计公报．中国统计信息网 http：//www. cnstats.
35. 宁夏回族自治区统计局．宁夏回族自治区 2015 年国民经济和社会发展统计公报，http：//tj. nx. gov. cn/tjsj_ htr/tjgb_ htr/201605/t20160510_ 1470248. html.
36. 苏芳，徐中民，尚海洋．可持续生计分析研究综述［J］．地球科学进展，2009（1）：61 –68. .
37. 苏飞，马莉莎，庞凌峰等．杭州市农民工生计脆弱性特征与对策［J］．地理科学进展，2013（3）：389 –399.
38. 任义科，张生太，杜巍．农民工生计脆弱性的制度分析及其政策建议［J］．中国行政管理，2011（2）：39 –41.
39. 李聪，李树茁，费尔德曼等．劳动力迁移对西部贫困山区农户生计资本的影响［J］．人口与经济，2010（6）：20 –26.
40. 高文书．人力资本与进城农民工职业选择的实证研究［J］．人口与发展 2005，15（3）：38 –43.
41. 侯为民．城镇化进程中农民工的多维贫困问题分析［J］．河北经贸大学雪豹，2015（3）：99 –105.

42. 白志华．山西省贫困地区农村城镇化发展模式的再思考［J］．科技情报开发与经济，2013（10）：142－145.

43. 杨钧．人力资本视角下的农民工可持续发展问题研究［J］．黄冈师范学院学报，2013（4）：27－30.

44. 张新岭，赵永乐，林竹．农民工就业：人力资本和社会资本的耦合分析［J］．农村经济，2007（12）：117－120.

45. 陈昭玖，胡雯．人力资本、地缘特征与农民工市民化意愿——基于结构方程模型的实证分析［J］．农业技术经济，2016（1）：37－47.

46. 田北海，雷华等．人力资本与社会资本孰重孰轻：对农民工职业流动影响因素的再探讨——基于地位结构观与网络结构观的综合视角［J］．中国农村观察，2013（1）：34－47.

47. 谢旭轩，张世秋，朱山涛．退耕还林对农户可持续生计的影响［J］．北京大学学报（自然科学版），2010，46（3）：457－464.

48. 高更和．农民工务工目的地分布研究——以河南省为例［J］．经济地理，2015（5）：127－132.

49. 曾旭辉．非正式劳动力市场人力资本研究：以成都市进程农民工为个案［J］．中国农村经济，2004（3）：34－38.

50. 栾驭，任义科，赵亚男．农民工生计资本与社会融合［J］．山东社会科学，2012（11）：174－177.

51. 辜胜阻，成德宁．农村城镇化的战略意义与战略选择［J］．中国人口科学，1999（3）：32－37.

52. 徐惟诚．不列颠百科全书［M］．北京：中国大百科全书出版社，1999.

53. 厉以宁．福利与人权［J］．求是学刊，2002（3）：49－51.

54. 黄有光，张清津（译）．福祉经济学：一个趋于更全面分析的尝试［M］．大连：东北财经大学出版社，2005.

55. 袁方，史清华．不平等之再检验：可行能力和收入不平等与农民工福利．管理世界，2013（10）：1－13.

56. 高进云，乔荣锋，张安录．农地城市流转前后农户福利变化的模糊评价——基于森的可行能力理论［J］．管理世界，2007（6）：45－55.

57. 贾燕，李钢，朱新华等．农民集中居住前后福利状况变化研究——基于森的“可行能力”视角［J］．农业经济问题，2009（2）：30－36.

58. 王珊，张安录．农地城市流转的农户福利效应测度［J］．中国人口·资源与环境，2014（3）：108－112.
59. 樊雅丽．生态福利的引入与社会化——一个社会政策的研究视角［J］．河北学刊，2009（6）：132－135.
60. 邓禾，蒋杉秋．生态福利制度探索［J］．重庆大学学报（社会科学版），2014，20（1）：126－130.
61. 何凌云，秦尊文．主观幸福感、效用与社会福利［J］．学习与实践，2019（9）：33－47.
62. 荣朝和．简明市场经济学［M］．北京：高等教育出版社，1998.
63. 蔡昉．刘易斯转折点与公共政策方向的转变——关于中国社会保护的若干特征性事实［J］．中国社会科学，2010（6）：125－137.
64. 张广婷，江静，陈勇．中国劳动力转移与经济增长的实证研究［J］．中国工业经济，2010（10）：15－23.
65. 钱文荣，李宝值．初衷达成度、公平感知度对农民工留城意愿的影响及其代际差异——基于长江三角洲16城市的调研数据［J］．管理世界，2013（9）：89－101.
66. 谢勇．最低工资制度在农民工就业中的落实情况及影响因素研究［J］．经济管理，2010，32（3）：164－170.
67. 齐娜娜，米霞．我国农民工社会保障对策探析［J］．改革与开放．2019（20）：（58－61）．
68. 陈冬梅，袁艺豪．为什么社保改革后农民工参保率依然相对低？——以上海市杨浦区为例的实证研究［J］．上海经济研究，2014（10）：109－116.
69. 陆万军，张彬斌．就业类型、社会福利与流动人口城市融入——来自微观数据的经验证据［J］．经济学家，2018（8）：34－41.
70. 赵建国，周德水．养老保险、定居期望与新生代农民工城市融入［J］．农业技术经济，2018（10）：36－47.
71. 黄文琳．社会治理与新生代农民工教育福利研究［J］．社会福利（理论版），2018（7）：14－19.
72. 余雪飞．城中村改造中村民福利变化和保障问题研究——以广州市为例［J］．安徽农业科学，2010，38（21）：11585－11586＋11590.

73. 贾县民，万静丽．城中村失地农民生存状况的调查与分析——以西安市碑林、雁塔、未央三区为例［J］．中国集体经济，2011（30）：25－26.

74. 幸素园．浅谈农民的生活保障效用［J］．社会科学研究，2016（6）：78.

75. 叶仁．关于农民失地问题的思考［J］．中国农村经济，2018（2）：101.

76. 李淑萍．关于失地农民土地补偿金的使用与失地农民社会保障问题的探讨［J］．北方经济，2011（8）：25.

77. 毛莉．失地农民的公共服务保障与可持续发展若干问题研究［J］．法制博览，2015（34）：8－10.

78. 陈建兰，顾靖燕．土地换保障：城乡一体化背景下的农保转城保实践——以苏州市吴中区为例［J］．农业经济，2016（5）：91－93.

79. 毕红静，闫蓉．我国城镇化进程中失地农民养老保障问题研究［J］．科技创新与生产力，2017（9）：37－38.

80. 鲍海君，吴次芳．论失地农民社会保障体系建设［J］．管理世界，2002（10）：37－42.

81. 金红萍．构建失地农民社会保障的长效机制［J］．上海房地，2012（02）：35－36.

82. 杨佳良．失地农民就业保障满意度影响因素实证分析［D］．西北农林科技大学，2014.

83. 李国梁．可持续生计视角下失地农民就业能力开发［J］．开发研究，2014（1）：27－30.

84. 马志雄，张银银，丁士军．失地农户生计策略多样化研究［J］．华南农业大学学报（社会科学版），2016，15（3）：54－62.

85. 曹明．河南农民工社会保障现状分析［J］．决策探索，2006（11）：34＋47.

86. 田北海．社会福利概念辨析——兼论社会福利与社会保障的关系析［J］．学术界，2008（2）：278－282.

87. 国际劳工组织（主编），王刚义、魏新武译：社会保障基础［M］，长春：吉林大学出版社 1989：4.

88. 周沛．社会福利理论：福利制度、福利体制及福利体系辨析［J］．国家行政学院学报，2014（4）：80－85.

89. 刘继同．社会福利与社会保障界定的“国际惯例”及其中国版涵义［J］．学术界，2003（2）：57－66.
90. 方福前，吕文慧．中国城镇居民福利水平影响因素分析——基于阿马蒂亚·森的能力方法和结构方程模型［J］．管理世界，2009（4）：17－26.
91. 游和远，吴次芳，鲍海君．农地流转非农就业与农地转出户福利——来自黔浙鲁农户的证据［J］．农业经济问题，2013，34（3）：16－25.
92. 关江华，黄朝禧，胡银根．不同生计资产配置的农户宅基地流转家庭福利变化研究［J］．中国人口·资源与环境，2014，24（10）：135－142.
93. 彭开丽，朱海莲．农地城市流转对不同年龄阶段失地农民的福利影响研究［J］．中国土地科学，2015，29（1）：71－78.
94. 姚树荣，龙婷玉．农户福利视角下的美丽乡村建设模式比较研究［J］．四川大学学报（哲学社会科学版），2019（1）：170－180.
95. 叶静怡，王琼．进城务工人员福利水平的一个评价——基于Sen的可行能力理论［J］．经济学（季刊），2014，13（4）：1323－1344.
96. 袁方，史清华，晋洪涛．居住证制度会改善农民工福利吗？——以上海为例［J］．公共管理学报，2016，13（1）：105－116.
97. 李欢，张安录．农村宅基地退出前后农户福利测度及其动态变化——以浙江省德清县201户农户为例［J］．农业技术经济，2019（07）：79－90.
98. 龙亮军，王霞，郭兵．基于改进DEA模型的城市生态福利绩效评价研究——以我国35个大中城市为例［J］．自然资源学报，2017，32（4）：595－605.
99. 宋艳，苏子逢，门建营等．基于Sen可行能力理论的农民工福利制度改进研究［J］．管理世界，2017（11）：172－173.
100. 肖巍，钱箭星．“发展型福利”与社会保障体系的效率问题——从福利国家改革说起［J］．复旦学报（社会科学版），2011（5）：116－123.
101. 彭华民，齐麟．中国社会福利制度发展与转型：一个制度主义分析［J］．福建论坛（人文社会科学版），2011（10）：169－176.
102. 詹花秀．国际社会福利制度的变动趋势与中国福利制度模式选择——基于经济学视角的分析［J］．湖湘论坛，2017（4）：80－87.
103. 刘翠霄．从英美看社会保障制度在经济社会发展中的重要作用［J］．环球法律评论，2010（4）：136－143.

104. 陈丽洁. 从公平与效率角度分析社会保障制度 [J]. 学术研究, 1999 (8): 21-24.
105. 褚蓥. 英美社会福利模式的选择及启示 [J]. 国外社会科学, 2012 (2): 50-56.
106. 李晓云. 英国儿童福利政策分析及对我国的启发 [J]. 劳动保障世界, 2013, (18): 177-178.
107. 邱艳娟, 李亦珠. 浅析英国养老保险制度发展史 [J]. 劳动保障世界, 2013 (16): 27-28.
108. 韦建平, 孙来斌. "福利国家"与社会主义 [J]. 江汉论坛, 1999 (10): 46-49.
109. 李慧, 孙东升. 欧洲4国养老制度改革对中国推进新农保建设的启示 [J]. 世界农业, 2016 (8): 16-20.
110. 沈洁. 本世纪末福利改革的主要动向及其启示 [J]. 华中师范大学学报 (人文社会科学版), 1999, 38 (6): 52-58.
111. 匡亚林. 国家福利与福利国家——美、瑞、法老年人福利比较与借鉴 [J]. 中国民政, 2017 (11): 54-56.
112. 严敏, 朱春奎. 美国社会福利制度的历史发展与运营管理 [J]. 南京社会科学, 2014 (4): 88-94.
113. 蒋道霞. 美国社会福利体系介评 [J]. 学理论, 2018 (8): 160-162.
114. 杨超, 郭林. 关于完善我国儿童福利体系的若干思考 [J]. 科技经济市场, 2007 (2): 46-47.
115. 尚晓援, 李海燕, 伍晓明. 中国孤残儿童保护模式分析 [J]. 社会福利, 2003 (10): 38-41.
116. 丁奕宁, 魏云娜. 俄罗斯社会保障体系发展的研究与启示 [J]. 当代经济, 2019 (2): 139-141.
117. 田北海. 社会福利社会化的困境与出路 (J). 学习与实践, 2008 (6): 78-84.
118. 方福前, 吕文慧. 中国城镇居民福利水平影响因素分析——基于阿马蒂亚·森的能力方法和结构方程模型 [J]. 管理世界, 2009 (4): 17-26.
119. 袁方, 史清华, 卓建伟农民工福利贫困按功能性活动的变动分解——以上海为例 [J] 中国软科学, 2014 (7): 40-59.

120. 玛依拉·米吉提，阿依吐逊·玉素甫．经济增长、收入分配与贫困——对新疆农村居民贫困变动的实证分析［J］．经济问题 2010（1）：69.
121. 何强，吕光明．福利测度方法的研究述评［J］．财经问题研究，2009（7）：31－36.
122. 李立新，刘琳，王强．模糊灰色综合评价方法的构建及应用［J］．沈阳建筑大学学报（自然科学版），2008（4）：577－580.
123. 彭华民．中国组合式普惠型社会福利制度的构建［J］．学术月刊，2011（10）：16－22.
124. 钱宁．现代社会福利思想［M］．北京：高等教育出版社，2006（4）：318－336.
125. 宋士云．新中国社会福利制度发展的历史考察［J］．中国经济史研究，2009（3）：56－65.
126. 王子今，刘悦斌，常宗虎．中国社会福利史［M］．武汉：武汉大学出版社，2013：287.
127. 黄晨熹．中国福利［M］．上海：格致出版社、上海人民出版社，2009：236.
128. 韩俊江，荆悦，邓永强．社会保障与社会福利新论［M］．长春：吉林人民出版社，2015（6）：23.
129. 习近平．决胜全面建成小康社会夺取新时代中国特色社会主义伟大胜利［N］．人民日报 2017－10－28（1）．
130. 徐永林．我国农民社会保障研究［J］．经济问题探索，2003（7）：30－33.
131. 曾国安，胡晶晶．论中国城市偏向的社会保障制度与城乡居民收入差距［J］．湖北经济学院学报，2008（1）：9－14.
132. 国家统计局．第七次全国人口普查公报，国家统计局官网，2021 年 5 月 11 日．
133. 范斌．福利社会学［M］．北京：社会科学文献出版社，2006.
134. 杨琨．老年人的福利需要及其影响因素研究——基于适度普惠老年人福利数据库的分析．西北人口，2017，38（3）：61．
135. 肖萍．基于福利需要视角的城市残疾居民福利体系探讨［J］．华东理工大学学报（社科版），2012（6）：75－82.
136. 胡宏伟，时媛媛，张薇娜．需求与制度安排：城市化战略下的居家养老服务保障定位与发展［J］．人口与发展，2011，17（6）：54－64.
137. 贾云竹．北京市城市老年人对社区助老服务的需求研究［J］．人口研究，2002，26（2）：44－48.
138. 陈友华，徐愫．中国老年人口的健康状况、福利需求与前景［J］．人口学刊，2011（2）：34－39.
139. 郑杭生，汪雁．农户经济理论再议［J］．学海，2005，4（3）：66－75.
140. 林毅夫．小农与经济理性［J］．农村经济与社会，1988，4（3）：31－33.
141. 邓大松．农民行为的均衡与失衡［J］．经济研究参考，2002，4（79）：33.
142. 严瑞珍，孔祥智，程淑兰等．转轨时期农民行为与政府行为的轨迹［J］．经济学家，1997，4（5）：61－68.
143. 林阿妙，蔡雪雄．城乡融合发展中地方政府职责体系的优化研究［J］．经济问题，2020（11）：26－32.
144. 罗君．城乡融合发展的路径探析——以济宁市为例［J］．城乡建设，2020（10）：5.
145. 叶兴庆，金三林，韩杨．走城乡融合发展之路［M］．北京：中国发展出版社，2019（9）：17.
146. 翟昕．新时代城乡融合发展的内涵探析［J］．太原理工大学学报（社会科学版），2020，38（1）：19－26.
147. 杨志恒．城乡融合发展的理论溯源、内涵与机制分析［J］．地理与地理信息科学，2019（4）：111－116.
148. 高延雷，王志刚等城镇化与农民增收效应——基于异质性城镇化的理论分析与实证检验［J］．农村经济 2019（10）：39－45.
149. 林毅夫．“三农”问题与我国农村的未来发展［J］．农业经济问题，2003（3）：8－10.
150. 陈锡文．工业化、城镇化要为解决“三农”问题做出更大贡献［J］．经济研究，2011（10）：8－10.
151. 刘纯彬．农村劳动力转移与城镇化如何协调发展．城市发展研究，2005（5）：30－36.

152. 郭晓鸣，张克俊．让农民带着“土地财产权”进城．农业经济问题，2013（7）：4－10.

153. 王鹏飞，彭虎锋．城镇化发展影响农民收入的传导路径及区域性差异分析——基于协整的面板模型［J］．农业技术经济，2013（10）：73－79.

154. 钱潇克，莫蕙．新型城镇化与农民增收——基于我国地级市的空间计量分析［J］．经济经纬，2018（5）：30－36.

155. 张合林等．城乡融合发展与土地资源利用效率［J］．经济经纬，2020（10）：108－120.

156. 周新秀，刘岩．城乡融合发展评价指标体系的构建与应用——以山东为例［J］．山东财政学院学报，2010（11）：87－88.

157. 刘守英．乡村振兴要“活力、活人、活村”［J］．农村工作通讯 农村工作通讯，2018（9）：44.

158. 刘明辉，卢飞．城乡要素错配与城乡融合发展——基于中国级面板数据的实证研究［J］．农业技术经济，2019（2）：33－46.

159. 关江华．基于风险能力评价的农户宅基地流转福利变化研究［D］．华中农业大学，2014.

160. 徐同远．边沁的功利主义理论与分析法学思想［J］．比较法研究，2008（6）：119－130.

161. 杜丽群，王欢．经济思想演进历程中的学科认知——从蒙克莱田的“政治经济学”到马歇尔的“经济学”［J］．政治经济学评论，2019，10（4）：150－161.

162. 陈良谨主编．社会保障教程［M］．北京：知识出版社 1990：8.

163. 褚福灵．中国社会保障体系的科学架构研究［J］．社会保障研究，2010（1）：59－71.

164. 周沛．论社会福利的体系构建［J］．南京大学学报（哲学·人文科学·社会科学版），2007（6）：60－67＋140.

165. 景天魁．社会保障：公平社会的基础［J］．中国社会科学院研究生院学报，2006（6）：16－22.

166. 保罗·萨缪尔森，诺德豪斯著．宏观经济学［M］．萧琛译，北京：人民邮电出版社，2008：124－146.

167. 王珊，张安录．农地城市流转的农户福利效应测度［J］．中国人口·

资源与环境，2014（3）：108－112.

168. 李华红．西部地区农民工可持续就业的困与变——基于贵州样本的分析［J］．现代经济探讨，2013，(1)：64－68.

169. 郝雨霏，张顺．劳动力就业市场化、人力资本与人职匹配［J］．人口与经济，2016（2）：79－85.

170. 文雯，周宝同．基于农村人力资本的农户收入差异分析——以重庆市永川区青峰镇为例［J］．西南农业大学学报（社会科学版），2012，10(9)：31－36.

171. 21世纪经济报道/2021年/8月/19日/第003版．

172. 唐咏．从社会福利社会化视角思考政府购买社工服务的行为"［J］．甘肃社会科学，2010（7）：153－155.

173. 蔡禾．社会工作者的角色转换——从"管理者"到"服务者"［J］．新资本，2007（1）：29－31.

后　记

从准备申请项目至今，已经过去了4年。这本即将付梓出版的拙作，终于脱稿了，我感到很轻松。四年来，在繁忙的教学和其他事物之外，为完成计划任务书的内容，经历了多次下乡调研、到外县市调研，多次反复，辛苦难免，收获很多。具体研究中，资料的整理、方法的使用，也遇到一定的难题，但都在团队努力下一一克服了。书稿的成型，经历了几易书稿的过程，与项目申请书研究初步设想有一些不同，因为四年后，我国西部农村状况发生了很多变化，进城的农民生活状况也发生很多变化。课题原设计的一些问题也只能修改，但基本上遵循了小修小改的原则。

本书写作中几易其稿，由于“福利”的概念实在太多解释，既不是只指使生活幸福的获得的一切好处，也不是只指社会福利、社会保障，这给研究内容的范围边界带来了困难。而“进城农民”的范围也比较宽泛，即使是贫困地区的进城农民，范围也比较大，取得样本比较有一定难度。所以，本书设定了宁夏、甘肃、陕西等西北的一些贫困地区，由自发进城和劳务移民搬迁进城。对于前者，结合原迁出地区所在的村和乡镇的信息，由迁入地街道协助选取调查户；对于后者，由于居住相对集中，在所在社区的配合下找到住户。搬迁进城，时间跨度也比较长，所以时间范围定在2010年到2019年10年间进入城镇的居民。所以，研究中的资料可能从研究对象的范围、时间的跨度上有不很明确的地方，这也是研究困难和存在缺陷之处。本书的福利，由于受从2020年初的新型冠状病毒疫情影响，考虑到突发情况，资料截至2019年末。所以，研究结果也许不是很严谨、不是具有时效性。

原本打算2020年底出来的书，却因为种种原因被耽搁下来，直到2021年11月，才完成了初稿。

本书写作中，得到宁夏人力资源和社会保障厅有关人员的支持和帮助，在此表示感谢。感谢宁夏回族自治区扶贫办、宁夏盐池县劳动就业局，石嘴山市劳动就业局、宁夏吴忠市人力资源和社会保障局、宁夏吴忠市红寺堡区委、宁夏永宁闵宁镇、镇北堡镇区委会等的支持。感谢宁夏大学经济管理学院领导给与的支持。感谢宁夏大学经济管理学院杨国涛院长给与的帮助，感谢张会萍教授、夏淑琴教授、陈军梅副教授的帮助，感谢路金芳高级图书管理员的参与，感谢宁夏大学政法学院李丽婷副教授参与部分内容的撰写工作。感谢参与调研和资料整理的宁夏大学经济管理学院研究生戴悦、许天宇、于晓东、张睿同学，感谢本科生贾静、梁安、马静等同学所做的工作。

最后感谢我的家人，丈夫龚波林，在完成写作过程中给与我的理解和支持，没有他的帮助，我的这项工作也是难以完成的。

付梓出版的书稿由本人统稿校对完成，书中难免不当的疏漏。敬请读者批评指正。

李金香　于宁夏银川

2021年11月3日